글씨 콘서트

글쓰기 콘서트

초판 인쇄 2010년 2월 5일
초판 발행 2010년 2월 10일

지은이 심훈
펴낸이 유제구
펴낸곳 파워북

표지디자인 공간42
내지디자인 아베끄(02-3143-4947)

주 소 서울시 마포구 염리동 161-5 대동빌딩 4층
전 화 02)730-1412
팩 스 02)730-1410
등록번호 제300-1997-13호

가격 14,000원
ISBN 978-89-8160-149-2 (03710)

글쓰기 콘서트

심훈

목차

제3부: 문단론

제4부: 아이디어와 자료

[여는 글]

'에디슨'과 '박지성'

"글쓰기는 타고나는 것일까요? 아니면 후천적인 노력으로도 가능한 것일까요?"

"글쎄, 처음부터 글을 잘 쓰는 사람도 없겠지만, 그렇다고 누구나 다 소설가, 김훈이나 이외수처럼 될 수 있는 것도 아니겠죠?"

몇 해 전, 술자리에서 어느 학생으로부터 받은 질문이었다. 당시, 궁금증을 풀고자 했던 학생은 언론학부 전공생들 사이에서 상당한 글솜씨를 지니고 있었는데, 좀 더 좋은 글을 갖기 위해 제법 마음고생을 한 모양이었다. 안타깝게도 필자 역시, 정답을 몰랐기에 질문을 어름어름* 넘길 수밖에 없었다.

그로부터 몇 년 뒤. 박지성에 관한 인터뷰 기사를 우연히 읽게 됐다. 글에서 박지성은 중·고등학교 재학 시절, 동급생들 사이에서 최고의 두각을 나타내던 선수들이 "내 능력으로 도저히 따라잡을 수 없는 상대들이다"라며

* 어름어름: 언행을 똑똑하지 않게 하는 모양.

아버지에게 고백한 사실을 밝힌다. 그럼에도 불구하고, 그는 결코 포기하지 않고 발가락이 휘어지도록 훈련에 정진한다. 이후, 박지성이 걸어온 행보行步는 우리가 더 잘 알고 있다. 그러고 보면 2002년 월드컵에 대표로 뽑힐 당시는 물론, 월드컵이 끝나는 마당까지도 언론의 조명을 받던 스타들은 황선홍, 홍명보, 안정환과 송종국 같은 선수들이었다.

전구와 축음기 등을 선보인 세계적인 발명가, 토마스 에디슨은 "99%의 노력과 1%의 재능"이 자신을 만들었다고 얘기했지만, 글쓰기 역시 매한가지라는 생각이다. 노력을 기울인 만큼 성과를 거둘 수 있다는 점에서는 대동소이大同小異하기 때문이다.

박지성의 10대代 시절, 동급생들 사이에서 최고의 재능을 뽐냈던 이들이 이후, 박지성을 능가하는 행보行步를 보였다는 이야기는 읽은 적도 들은 적도 없다. 그러고 보면, 음치였던 강산에, 몸치였던 손담비가 자기 분야에서 당당하게 인정받기까지는 모두, 목이 터지고 발톱이 빠지도록 자신을 다그친 노력이 숨어 있었다. 그런 면에서 볼 때, "99% 노력과 1%의 재능"은 좋은 글을 갖고자 노력하는 이들에게 훌륭한 표제表題가 될 듯하다.

「한국인의 글쓰기」와 「A+ 글쓰기」에 이어 3부작의 완결판에 해당하는 「글쓰기 콘서트」를 내게 됐다. 물론, 수준은 '기초,' '실력,' '고급'의 3단계로 매겨볼 때 마지막에 해당하는 '최종' 단계다. 그러고 보면, 콘서트의 모태母胎인 클래식과 글쓰기는 묘한 상관 관계를 지니고 있다. 서론, 본론, 결론으로 구분되는 글쓰기 구조가 주제부–전개부–재현부로 전개되는 교향곡 1악장의 핵심, '소나타 형식'과 같은 구조를 이루고 있기 때문이다. 더불어, 기–승–전–결로 이뤄지는 글쓰기의 전개 방식 역시, 대부분 4악장으로 구성되는 교향곡과 닮은 꼴이다. 하지만, 무엇보다 중요한 것은 글쓰기에서 한두 개가 아닌 여러 구성요소가 조화를 이뤄야만 최상의 글이 탄생한다는 점이다. 마치, 여러 악기가 조화롭게 협연을 이뤄야 완벽하고 아름다운 콘서트가 탄생하는 것처럼.

책은 콘서트의 4악장과 마찬가지로 총 4부로 이뤄져 있다. '글과 무술이야기'라는 1부에서는 무술에 대한 비유를 통해 글에서 '무엇'이 중요하고, 또 '왜' 중요한지, 그리고 중요한 '무엇'을 챙기기 위해서는 '어떻게' 해야 하는지에 대해 설명하고 있다. 이와 함께, 2부와 3부에서는 좋은 글쓰기를 위한 여러 요령을 각각, 문장과 문단을 중심으로 소개하고 있다. 더불어, 해당 주제를 완전히 습득할 수 있도록 단문–중문–장문 등 3단계에 걸친 연습문제도 제공하고 있다. 물론, 주제와 더불어 연습문제의 난이도 역시 「한국인의 글쓰기」 및 「A^+ 글쓰기」보다 상향 조정했다. 제4부에서는 '아이디어와 자료'라는 주제를 통해 메모 및 자료와 관련된 이야기들을 수필 형식으로 소개하고 있다. 이에 관해서는 글 속에서 이야기하는 대로, 필자가 꾸준히 모아온 자료와 메모들이 수필의 밑바탕으로 활용됐다.

마지막으로 이 책에서는 이전에 발행됐던 「한국인의 글쓰기」 가운데에서 그 내용이 「글쓰기 콘서트」에 더 적합하다고 간주되는 2부 문장론의 '부호—괄호, 꺾쇠, 줄표'를 이곳으로 옮겨왔다. 이 점에 대해서는 사과의 말씀과 함께 독자 여러분의 관용을 바랄 뿐이다.

제1부

글과 무술 이야기

1장 공력功力과 필력筆力 I

공력功力과 필력筆力은 종이 한 장 차이
고수 되려면 밟아야 하는 기초 과정 똑같아

1백 명의 아이들이 모처럼 뜻을 모아 소림사少林寺에 입산했다. 평소 '아비요~'를 연발하며 '제2의 이소룡'을 꿈꾸던 열혈 소년들이다. 물론, 무술의 '무'자도 무르는 왕초보들. 다행히, 꿈나무들의 열정을 높이 산 주지 스님이 물 길고 방 청소 하는 일은 면하게 해주었다.

입사入寺 첫날부터 맹훈련이 시작됐다. 첫 단계는 가장 밑바닥 기초에 해당하는 정권 찌르기. 손등과 손목을 일직선으로 한 채 어깨에서부터 힘있게 뻗어야 하는 동작이다. 땅을 힘있게 디디는 발 자세 역시 단단해야 하기는 마찬가지. 보기와는 달리 만만치 않은 코스다. 며칠 겪어 보니, 대여섯 명의 동작이 심상치 않다. 아무리 일러줘도 돌아서면 금새 잊어버리는 태도가 제일 큰 문제다. 정확한 동작들이 모여 탄탄한 무도를 완성하는 법. 1주일이 지나도 별 진전이 없자 다섯 명에게 "보따리를 싸라"는 명命이 떨어졌다. 글쓰기로 치면, 제대로 써야 하는 받아쓰기 관문을 통과 못한 셈. 맞춤법에 해당하는 기초 자세 확립에 실패한 경우다. '아래한글'이나 '워드' 상의 빨간 밑줄을 전혀 개의치 않는 글쟁이들이 위의 부류에 속한다.

두 번째 관문은 기본 동작 연결 코스. 태권도로 치면 '품세'[•]에 해당하는 과정이다. '정권 찌르기'에 대한 단련이 어느 정도 이뤄지자, '발차기'를 결합한 연속 동작 훈련이 시작됐다. 이를테면, '손날 몸통막기'와 '앞차기'를 거쳐 '정권 찌르기'를 실시하는 응용 단계. 1 단계를 위태위태하게 통과했던 열 명이 딱 걸렸다. 구령을 불러주지 않으면 혼자서는 도무지 연결 동작들을 소화해 내지 못한다. 이들만 따로 모아 "동작 시작!"이라고 외치곤 말없이 지켜보니 가관이 따로 없다. 처음에는 일사 분란하게 움직이는 듯하더니, 조금 시간이 흐르자 여기저기서 엇박자가 발생하기 시작한다. 리듬을 타지 못하고 금새 자신들만의 무술 세계에 열중하는 것이 가장 큰 흠. 결국, "다음 기회에"라는 주지 스님의 권고가 날아든다. 글쓰기로 따지면 띄어쓰기와 쉼표 사용이 미숙한 단계다. 글의 호흡을 매끄럽고 고르게 다듬는 요령이 부족했던 셈. 띌 때 띄고 붙일 때 붙이는 기본기와 함께, 호흡을 골라주는 쉼표의 중요성을 잘 인식하지 못하는 탓이다. 역시, 스크린 상의 '빨간 줄'로부터 완전히 자유롭지 못한 상태다.

'품세' 동작이 어느 정도 무리 없이 진행되자 동기 간의 자웅雌雄[••] 이 드러나기 시작한다. "A는 절도가 넘치네," "B는 부드러운 동작이 일품이네," "C는 기氣가 범상치 않네" 등……. 하지만, 스스로 자신만의 연결 동작을 만들어 보라는 과제가 주어지자, 대번에 한계가 드러난다. 사부님과 사형師兄[•••]

[•] 품세: 겨루는 상대 없이 공격과 방어 기술을 익힐 수 있도록 구성해 놓은 태권도의 연속 동작 형식.

[••] 자웅雌雄: 원래는 암컷과 수컷을 이르던 말. 승부, 우열, 강약 따위를 비유적으로 일컫는 말이기도 하다. 암컷 '자雌,' 수컷 '웅雄.'

[•••] 사형師兄: 원래는 불교 용어로 같은 스승 밑에서 스승의 제자가 먼저 된 사람을 이르는 말이다. 스승 '사師,' 맏 '형兄.'

들의 눈길을 확 끌만한 멋들어진 동작을 만들어 내려니, 무리가 뒤따르고 과장도 동반된다. 위로부터 지적을 받지 않는 한, 현실적으로는 사용 불가능한 연결 동작이라는 것도 깨닫지 못한다. '오른발차기'는 왼발을 내밀고 있을 때, 훨씬 '파괴적'이라는 상식들이 무시되고 '억지춘향'* 격인 동작들이 눈에 뜨일 뿐이다. 물론, 자신의 동작에 대해 조언助言을 청하려 하지도 않는다. 그저, 혼자 구석에서 열심히 자신만의 무술 세계에 만족할 뿐이다. 글쓰기 훈련에서 가장 많은 노력이 요구되는 주어-목적어-술어 호응에 대한 얘기다. 제대로 교정받지 않는 한, 평생토록 문장 호응에 무리가 뒤따르지만 본인은 인지認知하지 못한다. 결국, 60명이 대거 탈락하면서 25명만 남게 됐다. 처음, 소림사를 찾은 아이들 넷 가운데 셋이 사라진 셈이다.

이제, 남은 아이들에게서는 제법 무술인의 티가 나기 시작한다. 공력功力까지 들먹이기에는 아직 미흡한 수준이지만, 적어도 어디 가서 업신여김을 받지는 않는다. 힘들게만 느껴지던 수련들이 슬슬 재미있게 다가오고, 영화 속에서 보아왔던 멋진 동작들도 조금씩 흉내가 가능해진다.

---

* 억지춘향: 일을 순리順理로 풀어가는 것이 아니라 억지로 우겨 겨우 이루어진 것을 이르는 말. 춘향전에서 나오는 것처럼 변 사또가 춘향으로 하여금 억지로 수청을 들게 하려고 핍박한 데서 나온 말이다.

공력功力과 필력筆力 II 2장

백 명 가운데 열 명 정도 살아남지만
글을 업으로 삼는 건 두세 명에 불과해

무술인의 티가 나기 시작한 아이들에게 큰스님이 드디어 한마디를 건넸다. "단단익선短短益善." 그동안, 수행 과정을 묵묵히 지켜보신 큰스님인지라 아이들은 그저 황송하기만 하다. 하지만, "짧을수록 좋다"는 것이 무엇인지에 대해서는 일언반구一言半句• 조차 없어 혼란스럽기만 하다.

며칠 밤을 설친 끝에, 몇몇 아이들이 감感을 잡고 불필요한 동작들을 줄여나가기 시작했다. 정권 찌르기, 발차기, 옆차기 등 모든 동작에 대한 재검토와 분석이 이뤄진 것은 당연지사當然之事. 그러고 보니, 멋있고 강하게만 보이던 무술 동작들이 많은 체력을 요要하는데다 몸마저 상하게 할 우려가 있다는 점들이 서서히 드러난다. 작문作文으로 따지자면, 짧은 글쓰기에 해당하는 단계다. 과감하게 생략할수록 문장에는 힘이 실리고, 품도 훨씬 덜 든다. 하지만, 수개월 동안 몸에 익은 무술 동작들을 하루아침에 고칠 수는 없

• 일언반구一言半句: 한 마디의 말과 한 구句의 반이라는 뜻으로 아주 짧은 말을 일컬음.

는 법. 결국, 스트레스를 견디지 못한 몇몇이 고비를 넘기지 못하고 짐을 싸고 말았다.

마침내, 여러 달의 산고產苦 끝에 연결 동작은 부드럽고 주먹질과 발길질이 짧은 실전 권법이 모습을 드러내기 시작한다. 문득 주위를 둘러보니, 남은 이들은 불과 열 명. 그러고 보니, 간결한 동작들을 부드럽게 연결시키느라 동기들이 사라지는 것도 챙기지 못했다. 남은 열 명의 소년들은 이제 문외한門外漢도 알아차릴 만한 발군拔群의 기량을 드러내기 시작한다. 주먹질과 발길질이 짧아지니 몸은 더 가벼워지고 움직임 역시 훨씬 기민해졌다. 어린아아이들이라곤 하나 웬만한 일반인들은 이제 대여섯 합合*도 제대로 받아내기 힘들 정도다.

움직임이 빨라지고 기술이 갑절로 늘어남에 따라, 소문도 산과 강을 훌쩍훌쩍 건너뛰기 시작한다. 덩달아 소년 고수들을 찾는 어른들의 발길도 잦아진다. "우리 아이 좀 잘 가르쳐 주세요." "동작 한번 보시고 무엇이 어색한지 지적해 주세요." "무술 잘하는 비결 좀 알려 주세요." 그런 가운데, 기다리고 기다리던 큰스님의 대명大命**이 떨어진다.

"이제 하산下山을 허許 하노라."

그렇게 좋을 수가 없다. "만세" 하는 소리에 서로 부둥켜 앉고 여기저기서 난리가 난다. '하산下山할 날이 오기는 할까?' 반신반의半信半疑하며 눈물 흘리던 이전의 설움들이 주마등走馬燈***처럼 눈앞을 스쳐 지나간다.

---

* 합合: 창, 칼 따위로 싸울 때, 창과 창, 또는 칼과 칼이 서로 한번 맞부딪침.

** 대명大命: 임금의 명령, 천명 또는 칙명이라고 함. 여기서는 높으신 분의 명령을 일컫는 의미로 쓰임.

*** 주마등走馬燈: '사물이 덧없이 빨리 변하여 돌아감'을 비유하는 말.

산을 내려오니 아이들은 이미 '별'이 돼 있었다. 여기저기서 '강연' 부탁과 함께 '시범 동작'을 보여달라고 난리다. 이리저리 불려 다니는 행사에 곤욕을 치른 끝에, 세 명이 의기투합意氣投合해 도장道場을 내기로 합의했다. 반면, 또 다른 네 명의 아이들은 현실에 순응하며 살아가기로 마음먹는다. 결코 무술이 궁극적인 목적은 아니었던 까닭에, 아버지의 일자리를 물려받거나 평소부터 꿈꿔오던 사업에 손을 대기 시작한 것이다. 한편, 나머지 셋은 "남을 가르치거나 일을 벌이는 게 체질적으로 맞지 않는다"며 괴나리봇짐* 하나 달랑 들고 정처 없는 유랑流浪의 길을 나선다. "무림의 숨은 고수를 찾기 위해," "혼자만의 무도를 완성하고자," "세상을 좀 더 경험하고 싶어서."

다행히 그동안의 기초 수련이 워낙 튼실했기에 몸뚱이 하나 믿고 돌아다니는 유랑 생활이 그렇게까지 고달프지만은 않다. 길거리에서 강도도 만나고, 여관에서 사기도 당하는 풍파風波 속에 무술은 인생 속에 녹아들어 가기 시작한다. 그러는 동안 다양한 유파流派를 경험하며, 관찰과 사색, 연마研磨**를 통해 얻은 지혜를 자신의 것으로 소화시키는 작업은 쉼 없이 진행된다. 오랜 방랑 속에 자신만의 무술을 완성시켜 나가는 경지에 다다르자 서서히 그들의 이름은 세간에 회자膾炙*** 되기 시작한다. 무술術이 무예藝가 되고, 무예가 무도道로 승화되는 '바람의 파이터'들은 그렇게 자신들의 존재를 강호江湖에 아로새긴다.

* 괴나리봇짐: 예전에 걸어서 먼 길을 떠날 때, 보자기에 싸서 어깨에 메던 작은 짐.

** 연마研磨: 학문이나 기술 따위를 힘써 배우고 닦음.

*** 회자膾炙: 회와 구운 고기라는 뜻으로, 칭찬을 받으며 사람의 입에 자주 오르내림을 이르는 말. 회 '회膾,' 고기 구울 '자炙.'

글쟁이 역시 매한가지다. 맞춤법과 띄어쓰기, 주술 호응을 거쳐, 짧은 글과 매끄러운 연결을 조리 있게 완성시켜 나가는 글은 백 명 가운데 열 명이 채 되지 않는다. 결국, 이마저도 그 가운데 셋만 평생의 업으로써 필명筆名을 드날리게 되지만.

글나라 수호지 3장

글은 나 자신을 나타내는 '거울'
그렇다면 여러분은 어떤 글?

'필국筆國'의 내로라하는 글들이 모처럼 한자리에 모였다. 가장 유능한 글을 재상으로 삼고자 하는 어명御命* 에 따른 것이다. '단문短文'이 운을 뗐다. "짧은 글이 아름답다." 그러자 '재미있는 글'이 나섰다. "지루함은 죄악이라네." 옆에 있던 '알찬 글'이 외쳤다. "'정보는 힘'이라는 사실도 모르나?" '힘센 글'이 맞받아쳤다. "적자생존適者生存, 약육강식弱肉强食!" 부드러운 글이 들고 나왔다. "이유극강以柔克剛** 일세!" 다들 그럴듯한 논리를 들고 나오는 터라 미처 기준을 정하지 못했던 임금님이 당황하고 말았다. "허허, 이렇듯 쓰임새가 다양하니 내 누굴 고를꼬! 재상 자리는 단 하나뿐인데……."

좋은 글, 유능한 글은 취하기도 어렵지만, 그것이 무엇인지 단언斷言하기

* 어명御命: 임금의 명령.

** 이유극강以柔克剛: 부드러움으로 강함을 제압함. 써 '이以,' 부드러울 '유柔,' 이길 '극克,' 강할 '강剛.'

도 어렵다. 독자들의 취향이 천차만별이듯, 글쓴이들의 개성 또한 제각각이기 때문이다. 그래도, 글쓴이를 희망하는 이들에게 보편적으로 적용되는 공통분모는 있게 마련. 해서, 이들에 대해 중언부언重言復言 읊어봤다.

'짧은 글'은 독자들의 부담을 덜어준다. 술술 내려가는 눈길이 버거울 리 없기 때문이다. '재미있는 글'은 읽는 이의 마음을 즐겁게 한다. 그야말로 시간 가는 줄 모르는 글이다. 반면, '지루한 글'을 만나는 눈길은 한없이 애처롭기만 하다. 정처 없이 헤매다가 한두 번 더 눈길을 뿌려 보지만 금새 실망한 채 결론만 챙긴다. 그렇다고, 짧은 글, 재미있는 글들이 오래 남는 것도 아니다. '책을 덮으면 잊혀지는 글'들이 태반太半이기 때문이다.

'기억에 남는 글'들은 다시 여러 종류가 있다. '신선한 지식으로 새로운 세계를 알려주는 글,' '생각의 물꼬를 터주는 글,' '감동으로 가슴을 찡하게 하는 글'들이 그것들이다. 나서기 싫어 어명御命을 마다한 채, 초야에 묻혀 사는 무림의 고수 글들도 의외로 많다. 복잡한 권법을 싫어하는 '간단한 글,' 군더더기 없는 초식•이 전개되는 '깔끔한 글,' 대중화를 지향하는 '쉬운 글' 등은 결코 만만찮은 내공內功의 소유자들이다. 반면, 동작 하나에 너무 많은 의미를 부여하는 '복잡한 글,' '주렁주렁 치장하는 너저분한 글,' 자기만의 세계에서 사는 '어려운 글'들은 사람들이 꾀지 않아 후계자 양성에도 어려움을 겪는 부류들이다.

백성들의 틈바구니에서도 나름대로 인정받고 사는 글들도 제법 눈에 띈다. 누구에게나 사랑받는 '정감 있는 글,' 가감 없이 진솔하게 전개되는 '솔직한 글,' 어려운 말 싫어하는 '평이한 글'들은 찾는 손길이 꾸준한 스테디셀

• 초식: 해당 무술 고유의 형식을 일컫는 말.

러들이다.

'책을 덮으면 남는 것이 생기는 글,' '덮자마자 내용이 기억나지 않는 글,' '오호!' 하는 감탄사가 절로 나오는 글,' '이런!' 하는 비아냥이 금새 나오는 글,' '대단하네!' 라는 생각이 자연스레 이는 글,' '이런 글은 나도 쓰겠다 하는 글' 들은 우리에게 가야 할 곳과 가지 말아야 할 곳을 일러주는 '표지판 글' 들이다. 마찬가지로 '밑줄 치는 글,' '각주 다는 글,' '수첩에 옮겨 적는 글,' '적어서 보관하는 글,' '책장 귀퉁이를 접게 하는 글,' '입 안에 머금는 글, '머릿속에 담는 글,' '가슴속에 품는 글' 들은 우리의 궁극적인 목표를 밝혀주는 '나침반 글' 들이다.

하지만, 이 모든 글들을 통틀어 다시 네 종류로 나눈다면 '내용과 글쓴이, 모두 기억나는 글,' '내용은 잊어도 글쓴이는 챙기는 글,' '글쓴이는 놓쳐도 내용은 남겨두는 글,' '내용도 글쓴이도 모두 관심 없는 글' 들로 정의할 수 있다. 반면, '글쓴이조차 관심 없는 글,' '스스로도 비하하는 글,' '할 수 없이 쓰는 글,' '중언부언하는 글,' '술 먹은 글,' '아는 척하는 글,' '베낀 글,' '두서없는 글,' '짜깁기한 글,' '급조된 글' 들은 마주침을 피해야 할 부류들이다.

글은 바로 우리 '자신' 이다. 여러분은 어떤 글이 되고 싶은가?

4장 당신의 필력筆力은?

가.

아래 문장을 읽고 '그렇다'에 해당하는 개수를 세어 점수를 기록해 보기 바랍니다. (1개당 1점씩)

1. 글을 쓰기 위해 컴퓨터나 책상 앞에 앉는 것이 두렵다.
2. 글을 쓰기 시작하면 좀처럼 시간이 흐르지 않는다.
3. 일단 다 쓴 글은 다시 들여다보지 않는 편이다.
4. 써 놓고 읽어 보면 고칠 곳이 눈에 잘 띄지 않는다.
5. 물음표, 느낌표, 큰/작은따옴표, 쉼표 따위의 문장부호를 잘 사용하지 않는다.
6. 머리말보다 결말을 중요시한다.
7. 한 줄짜리 문장을 쓰는 경우가 매우 드물다.
8. 블로그와 싸이를 포함해 주변에 자신의 글을 보여준 적이 거의 없다.

9. 컴퓨터로 문서 작업을 할 때 교정을 요구하며 모니터에 나오는 빨간 줄에 신경 쓰지 않는 편이다.
10. 마감 시한이 정해져 있는 글쓰기 이외의 글은 써 본 적이 거의 없다.
11. 정해진 분량에 맞추기보다 미달하거나 초과해서 글을 쓰는 때가 많다.
12. 일단 다 쓰고 고치기보다 한 문장, 한 문단씩 쓰고 나서 고치는 편이다.
13. 잘못된 철자나 오誤·탈자脫字로 지적을 받는 때가 있다.
14. 문장 하나가 다섯 줄을 넘어가는 문장을 쓰는 때가 있다.
15. 문단 들여쓰기 또는 문단 나누기를 하지 않는 편이다.

나.

아래 문장을 읽고 '그렇다'에 해당하는 개수를 세어 점수를 기록해 보기 바랍니다. (1개당 1점씩)

1. 싸이, 블로그 등의 글쓰기를 포함해 자신의 글을 남에게 보여준 적이 있다.
2. 글쓰기와 관련해 사전(인터넷 사전 포함)을 들여다본 적이 있다.
3. 잘된 글을 스크랩해 본 경험이 있다.
4. 글 잘 쓰는 몇몇 유명인들의 이름을 알고 있다.
5. 좋은 글을 베껴 써 본 적이 있다.
6. 오려 놓은 글과 베껴 쓴 문장들을 가끔 들춰볼 때가 있다.
7. 머리말, 몸통, 맺음말 가운데 가장 중요한 곳은 머리말이라고 생각한다.
8. 완성된 글을 제출한 후에도 한 번 더 읽어본 적이 있다.

9. 좋은 글을 발견하고 지은이의 이름을 확인해본 적이 있다.

10. 어려운 한자어를 쉬운 우리말로 바꾸려고 노력한 적이 있다.

11. 글을 다 쓴 후에 고쳐나가는 편이다.

12. 글을 쓰는 시간보다 고치는 시간이 더 많은 편이다.

13. 느낌표, 큰/작은따옴표, 물음표, 쉼표 등과 같은 문장부호를 종종 사용하는 편이다.

14. 글에서 두 줄 이하의 문장이 종종 눈에 띄는 편이다.

15. 문단 들여쓰기 또는 문단 나누기를 하는 편이다.

자가 진단 점검표

'가'의 예문들을 점검하면서 얻은 점수에서, '나'를 통해 얻은 점수를 빼보기 바랍니다. (예: 가 – 나 = ?)

15~11점: '시작이 반'이라는 격언대로 글에 대한 관심을 갖는 것부터 챙겨야 할 듯.

10~6점: 자주 읽고 자주 쓰는 습관을 기르는 것이 급선무인 '글쓰기' 초심자.

5~0점: 본인의 의지 여하에 따라 좋은 글을 쓸 가능성이 매우 높은 상태.

–1~–5점: 주변의 도움만 잘 받는다면 곧 좋은 글을 지닐 수 있는 가능성의 소유자.

–6~–10점: 글쓰기에 좀 더 많은 시간을 투자하기만 하면 스스로의 힘으로도 '글짱'의 경지에 오를 수 있음.

–11~–15: 이미 글로 먹고 살아도 지장 없을 정도로 탄탄한 글을 지니고 있음.

제2부

문장론

1장. '사이시옷 이야기'

2장. "10% 더 줄여라!"

3장. "시인은 글꽝"

4장. "비유냐 예시냐, 그것이 문제로다!"

5장. "순수 국어를 쓰자"

6장. 문장부호 이야기 I: '온점 논쟁은 아직도 진행중!'

7장. 문장부호 이야기 II: 주연 돋보이기 위한 감초, '괄호,' '꺾쇠,' '줄표'

1장 '사이시옷 이야기'

훈민정음 창제 이후부터 등장한 사이시옷
일정한 규칙 없어 국어학자들도 곤혹

문: '소수'와 '사시시옷' 사이의 공통점은?
답: 일정한 법칙을 적용하기가 힘들다는 것입니다.

지난 2006년, '창작과 비평사'(창비)에서 책 한 권을 펴낸 적이 있다. 국가인권위원회의 기획 아래, 만화가 10명이 차별 폐지와 인권 수호를 위해 만든 책이었다. 당시, 발간된 책 제목은 사람과 사람 사이를 부드럽게 이어준다는 의미에서 「사이시옷」. 앞, 뒷말을 자연스럽게 이어주는 '사이시옷'같이, 데면데면한* 현대의 인간 관계를 눅이고자** 하는 것이 그 의도였다.

재미있는 사실은 훈민정음의 탄생과 함께 등장한 사이시옷이 멋들어진 해석과는 달리 문법적으로 상당한 골칫덩어리였다는 점이다. 2, 3, 5, 7……의 순으로 나열되지만 일정한 전개 법칙은 아직까지 발견되지 않은 소수처럼,

* 데면데면하다: 사람을 대하는 태도가 친밀감이 없이 예사로운 모양.
** 눅이다: 굳은 것을 부드럽게 하다.

사이시옷 역시 특정한 법칙이 일관되게 적용되지 않고 있는 탓이다. 그러고 보면, 누구나 사이시옷의 사용 여부를 놓고 한두 번쯤은 골머리를 앓아 봤을 터. 해서, 「글쓰기 콘서트」의 문장 이야기는 첫 번째 주제로 '사이시옷'을 택했다.

지난 1806년 정동유의 「주영편晝永編」을 시작으로 지금까지 200여 년 이상 논의돼 온 사이시옷은 이미 15세기 국어에도 등장하고 있는 6백 년 된 문법 기호다. 당시, 앞말과 뒷말을 이어주는 사이 받침으로는 ㅅ 외에 ㄱ, ㄷ, ㅂ, ㅸ(순경음 ㅂ), ㆆ(순경음 ㅇ), ㅿ(반시옷) 등이 있었지만, 장구한 세월 속에 사이시옷만 살아남았다.

그런 역사를 지닌 사이시옷은 발음을 강제로 내라는 의미에서 만들어진 첨가 기호다. 예를 들어, 나무와 가지를 결합시킨 나뭇가지는 [나뭇가지]로 발음하기보다 [나묻까지]로 발음하라는 문법적 의도로 탄생된 기호라는 것이다. 해서, 사이시옷 뒤의 단어는 경음화 또는 격음화를 통해 강하게 발음해야 한다. 하지만, 정확히 어떤 경우에 사이시옷을 첨가하고, 어떤 경우에는 첨가하지 말아야 할지 등에 대해서는 아직도 전문가들 사이의 이견異見이 팽팽한 상태다. 때문에, 1933년 한글맞춤법통일안이 제정되던 당시, 국문학자들이 가장 어려워했던 숙제 중의 하나가 '사이시옷'에 대한 표기의 통일이었다. 현재, 한글맞춤법통일안 제7절 제30항은 그런 의미에서 수차례의 수정을 거쳐 완성된 것이다. 물론, 이마저도 아직 완전한 것은 아니지만.

이런 사이시옷에 대해 몇 개의 법칙을 간단히 소개하자면, 먼저 '숫자'와 '횟수'라는 단어들은 반드시 사이시옷이 들어가는 '한자합성어'로 기억해야 한다는 것이다. 물론, 한자끼리 결합한 합성어로서 사이시옷을 사용하는 이들은 이외에도 4개가 더 있지만 (셋방, 곳간, 찻잔, 툇간) 현실적인 글쓰기에서 이들이 사용될 가능성이 거의 없다는 사실을 감안해 보면, '숫자'와 '횟수'

등 수에 관한 두 단어만 기억하는 것이 편하다.

이제 좀 더 본격적으로 사이시옷의 규칙을 설명하기로 하자. 앞서 '숫자'와 '횟수' 등의 예외적인 경우를 소개하긴 했지만, 한자어끼리 결합할 경우에는 사이시옷을 넣지 않는 것이 옳다. 그러니까 사이시옷을 넣어야 할지, 말지를 결정하고자 한다면, 먼저 앞말과 뒷말이 모두 한자어인지 아닌지를 파악하는 것이 제일 중요하다. 예를 들어, 소주잔의 경우에는 '소줏잔'으로 쓰면 틀린 표기가 된다. 소주燒酒와 잔盞 모두, 한자어이기 때문이다.

두 번째로는 뒷말의 첫소리가 된소리 또는 거센소리임에도 불구하고 된소리 또는 거센소리로 표기되지 않을 경우, 사이시옷을 붙인다는 것이다. 예를 들어, 뒤깐[뒤+간], 바다까[바다+가], 나무까지[나무+가지]처럼 뒷말의 첫소리를 된소리 또는 거센소리로 표기하지 않을 때는 '뒷간,' '바닷가,' '나뭇가지'처럼 사이시옷을 넣는다는 것이다.

마지막으로 뒷말의 첫소리가 'ㄴ' 'ㅁ'으로 시작하며 앞말에서 'ㄴ'소리가 덧나는 경우, 사이시옷을 넣는 것을 들 수 있다. 한글맞춤법통일안에서 제시하고 있는 예로는 제삿날, 툇마루, 잇몸 등을 들 수 있다. 즉, [제산날], [퇸마루], [인몸] 등과 같이 뒷말의 첫소리는 ㄴ, ㅁ이며 발음상 앞말인 제사가 [제산], 툇이 [퇸], 이가 [인]으로 발음되는 경우가 이에 속한다.

결론적으로 말해, 사이시옷을 쓸지 안 쓸지를 결정하기 위해서는

1. '숫자'와 '횟수'를 제외한 한자어끼리의 결합인지
2. 뒷말이 된소리, 거센소리일 때 그 표기가 반영돼 있는지
3. ㄴ, ㅁ으로 시작하는 뒷말 앞에 ㄴ소리가 덧나는지

등 3단계의 검토 과정이 필요하다.

그렇다면 이쯤에서 문제 하나. 본문 내내 반복된 '뒷말'이라는 단어에서 사이시옷이 들어가는 이유는 위의 법칙 가운데 몇 번 때문일까? (정답은 39쪽에)

연습문제

가. 단문 연습

다음 중 밑줄 친 사이시옷의 쓰임이 맞는 것에는 O, 틀린 것에는 X표를 하기 바랍니다.

1. 요릿감이 훌륭해야 음식이 맛있는 것처럼 글감이 훌륭해야 글이 맛깔스럽다.
2. 경제가 어려울수록 허릿띠를 졸라매는 노력이 필요하다.
3. 세탁기가 발명된 이후, 냇가에서 빨래하는 풍경은 자연스레 사라졌다.
4. "갯똥도 약에 쓰려면 없다더니, 이게 그 짝이네!"
5. 옷의 원조는 털가죽, 라이터의 원조는 부싯돌이다.
6. 손 대는 것마다 어찌나 일이 잘 풀리던지 콧노래가 절로 나오기 시작했다.
7. 갈수록 대폿잔으로 술을 파는 집이 사라지고 있다.

8. 세뱃돈을 넣은 복주머니를 허릿춤에 꼭 붙들어 매고는 의기양양하게 사라졌다.

9. 연인과 단 둘이서 겨울 바닷가를 산책하는 낭만을 즐겨 본 적이 있는가?

10. "울릉도 동남쪽, 뱃길 따라 2백리, 외로운 섬 하나, 새들의 고향……."

11. '나뭇꾼과 선녀' 이야기에서 선녀는 결국, 가족대신 고향을 택한다.

12. 머릿말로 불리는 서론은 글의 인상을 좌지우지하는 관문關門이다.

13. 한국전쟁 이후, 국토는 그야말로 잿더미가 돼 버렸다.

14. 소줏잔과 양줏잔 가운데 어느 것의 용량이 더 많을까?

15. 워낙 조용한 찻집이다 보니 핏대를 세우기보다는 눈만 치켜뜰 뿐이었다.

16. 영어를 공부하기 시작한 지도 햇수로 어언 10년이 다 돼 간다.

17. "새로 분양받아 온 강아지의 머리가 이마는 짱구인데, 뒷통수는 평평해."

18. 주부에게 있어 제삿날은 불행이요, 곗날은 행복 그 자체이다.

19. 영화 제작의 뒷이야기를 담고 있는 글이 인터넷에 떠돌고 있다.

20. 양치질을 할 때는 윗니, 아랫니 모두 깨끗이 닦도록 해야 한다.

21. 대조와 댓구를 잘 사용할수록 글에 리듬감이 생겨 문장이 맛깔스러워진다.

22. 누구보다 약다고 생각했기에 벌건 대낮에 눈뜨고 당하니 홧병이 나고 말았다.

23. "댓가를 바라고 한 일이 아니기에 그저 쑥스러울 따름입니다."

나. 중문 연습

'사이시옷'이 잘못 쓰인 부분이 있는 경우에는 찾아서 바로잡아보기 바랍니다. 더불어, 올바르게 쓰인 경우는 사이시옷 법칙의 몇 번에 해당하는지도 얘기해 봅시다.

1. 지명地名을 보면 역사를 짐작할 수 있는 대표적인 곳으로 마포, 영등포, 제물포(인천) 등을 들 수 있는데, 이는 포浦란 지명地名이 나룻배가 정박하던 포구浦口를 일컫던 곳이기 때문이다.

2. "본 제품은 1회용품의 사용 개수뿐만 아니라, 1회용품의 사용 회수에 따라서도 매번 돈을 받고 있사오니, 이 점 착오 없으시기 바랍니다."

3. "그 사건이 있은 후, 집을 떠나온 지도 햇수로 어언 5년, 이제는 당시의 상황을 잊을 만한데도 좀처럼 고향으로 발길을 돌리지 못하고 있습니다."

4. 등록금이 천정부지로 치솟자 용돈이라도 벌어야 되겠다는 생각에 동네 골목길에서 군고구마를 팔기 시작했는데 자기 집 앞에서 장사를 하니 자릿세를 내라며 텃세를 부리는 집주인이 느닷없이 등장했다.

5. 천신만고 끝에 정상이 빤히 바라보이는 곳까지 당도했으나, 날씨가 어둑해지더니 눈보라마저 몰려오는 바람에 원정대는 훗날을 기약하며 눈물을 머금고 후퇴하지 않을 수 없었다.

6. "혼자 독립해 살기 시작하면서부터 전셋집을 전전해 온 것도 이젠 신물이 나려고 하네. 과연 언제쯤이면 나만의 안락한 보금자리를 마련할 수 있을까?"

7. 첫아이의 배꼽을 볼 때마다 떠오르는 아버지로서의 추억은, 의사의 배려로 분만실에 들어가 막 태어난 핏덩어리의 탯줄을 직접 가위로 자르던 장면이었다.

다. 장문 연습

다음 글에서 사이시옷이 들어가야 되는 낱말들을 찾아 사이시옷을 넣은 후, 사이시옷 법칙의 몇 번에 해당하는 것인지 이야기해 보기 바랍니다.

1. 우리 몸은 사이시옷의 보고寶庫이다. 해서 사이시옷 표기가 헛갈린다면, 우리 몸에서 사이시옷이 들어가는 곳과 들어가지 않은 곳을 찾아보며 수많은 용례用例를 직접 연습해 볼 수 있다. 예를 들어, 얼굴에서 귓가, 귓바퀴, 콧등, 콧구멍, 콧털, 잇몸, 머릿털, 혓바늘 등은 사이시옷이 반드시 들어가야 하는 부분들로 알아 두도록 하자. 더불어 몸에서는 핏기, 핏대, 핏줄, 갈빗뼈, 갈빗대 등을 표기할 때 사이시옷을 챙겨줘야 한다. 반면, 배살, 혀바닥, 폐병 등은 사이시옷이 들어가면 안 되는 신체 부분들이다. 그렇다면, 여기에서 문제 하나. 위에서 사이시옷과 관련해 소개한 여러 예제 가운데 '한자 + 한자'의 합성어인 까닭에 사이시옷을 쓰지 않고 있는 낱말(들)은?

2. 겨울이면 동네 어귀에 반드시 등장하곤 했던 군고구마 장수와 군밤 장수가 어느덧 우리 주변에서 사라지고 있다. 귀불까지 푹 덮은 털모자를 뒤집어쓴 채, 원통형 드럼통 앞에서 장작불을 쬐며 "군고구마 사려~"를 외치던 모습은 1980년대를 기억하는 이들에게 결코 낯설지 않은 겨울 풍경이었다. 그러고 보면, "메밀묵 사려~ 찹쌀떡"을 외치던 찹쌀떡 장수도 어느 틈엔가 우리의 귓가에서 사라져 버렸다. 비단 겨울뿐 아니라, 매일 아침이면 어김없이 종을 땡강땡강 울리며 "두부 사려~"를 외치던 두부 장수, 코맹맹이 소리로 "양은 냄비나 헌 신발 팔아요~"를 되풀이하던 엿장수 등은 어느덧 추억 속의 장면으로 변하고 말았다.

   그렇게 생각해보면, 과거의 우리네 삶은 굳이 장을 보러 가지 않더라도 하루 종일 골목길에서 온갖 종류의 잡상인들과 봇짐장수들을 맞이하던 장터의 삶, 그것이었다. 고정된 장소에 머무르지 않은 채, 자리세도, 텃세도 없이 우리의 곁을 스치듯 지나가던 보부상들은 바람 따라 떠도는 방랑객이었고. 하지만, 언제부터인지 주택가까지 파고든 슈퍼마켓과 편의점, 대형 마트들이 위생적인 포장과 휘황찬란한 조명 아래 유랑민 같던 잡상인들과 봇짐장수들을 우리 곁에서 내몰며 '근대'라는 달력을 '현대'로 바꿔놓기 시작했다.

정답

가. 단문연습

1. ○

※ '요릿감'은 한문 + 한글의 합성어임. 뒷말이 된소리로 변하므로 사이시옷을 넣어줘야 한다. '사이시옷 법칙'의 2번에 해당.

2. ×

※ 뒷말에 된소리가 들어 있다. 사이시옷을 넣을 필요가 없다.

3. ○

※ '냇가'는 한글 + 한글의 합성어임. 뒷말이 된소리로 변하므로 사이시옷을 넣어줘야 한다. '사이시옷 법칙'의 2번에 해당.

4. ×

※ 뒷말에 된소리가 들어 있다. 사이시옷을 넣을 필요가 없다.

5. ○

※ '부시'는 부싯돌을 쳐서 불이 일어나게 하는 쇳조각으로 순 우리말이다. 따라서

한글 + 한글 합성어인 '부싯돌'은 뒷말이 된소리로 변하므로 사이시옷을 넣어줘야 한다. '사이시옷 법칙'의 2번에 해당.

6. ○

※ 한글 + 한글의 합성어임. ㄴ, ㅁ으로 시작하는 뒷말 앞에 ㄴ소리가 덧나는 경우임. '사이시옷 법칙'의 3번에 해당.

7. ○

※ 흔히 한자어로 착각하기 쉬운 '대포'는 큰 술잔 또는 큰 술잔으로 마시는 술을 가리키는 순 우리말. 따라서 한글 + 한문 합성어이므로 뒷말이 된소리로 변하는 '사이시옷 법칙'의 2번에 해당.

8. ○, ×

※ '세뱃돈'은 한문 + 한글, '허릿춤'은 한글 + 한글임. '사이시옷 법칙'의 2번에 따라 각각 사이시옷을 첨가하거나 빼 줘야 한다.

9. ○

※ '바닷가'는 한글 + 한글의 합성어임. 뒷말이 된소리로 변하므로 사이시옷을 넣어줘야 한다. '사이시옷 법칙'의 2번에 해당.

10. ○

※ 한글 + 한글의 합성어임. 뒷말이 된소리로 변하므로 사이시옷을 넣어줘야 한다. '사이시옷 법칙'의 2번에 해당.

11. ×

※ 한글 + 한글 합성어임. 뒷말의 표기에 이미 된소리가 반영돼 있으므로 사이시옷을 넣어줄 필요가 없다.

12. ○

※ 한글 + 한글의 합성어임. ㄴ, ㅁ으로 시작하는 뒷말 앞에 ㄴ소리가 덧나는 경우임. '사이시옷 법칙'의 3번에 해당.

13. ○

※ 한글 + 한글의 합성어임. 뒷말이 된소리로 변하므로 사이시옷을 넣어줘야 한다. '사이시옷 법칙'의 2번에 해당.

14. ×, ×

※ 둘 다 소주燒酒 + 잔盞, 양주洋酒 + 잔盞으로 이뤄진 한자 + 한자 합성어들이다. 앞서 설명했던 '숫자'와 '횟수'를 제외하면 한자 + 한자 합성어 사이에는 사이시옷을 넣지 않는다. '사이시옷 법칙'의 1번에 해당.

15. ○

※ 한글 + 한글의 합성어임. 뒷말이 된소리로 변하므로 사이시옷을 넣어줘야 한다. '사이시옷 법칙'의 2번에 해당.

16. ○

※ 한글 + 한자의 합성어임. 자칫 한자 + 한자의 합성어로 오해하기 쉽다. 뒷말이 된소리로 변하므로 사이시옷을 넣어줘야 한다. '사이시옷 법칙'의 2번에 해당.

17. ×

※ 한글 + 한글의 합성어임. 뒷말에 거센소리 표기가 들어가 있으므로 사이시옷을 넣을 필요가 없다.

18. ○, ○

※ 모두 한자 + 한글의 합성어임. ㄴ, ㅁ으로 시작하는 뒷말 앞에 ㄴ소리가 덧나는 경우임. '사이시옷 법칙'의 3번에 해당.

19. ○

※ 한글 + 한글의 합성어임. 뒷말이 ㅇ으로 시작하나 ㄴ 소리가 나며, 뒷말 앞에서도 ㄴ 소리가 덧나는 경우임. '사이시옷 법칙'의 3번에 해당.

20. ○, ○

※ 한글 + 한글의 합성어임. ㄴ, ㅁ으로 시작하는 뒷말 앞에 ㄴ소리가 덧나는 경우임. '사이시옷 법칙'의 3번에 해당.

21. ×

※ 한자 대對 + 한자 구句의 합성어임. '숫자'와 '횟수'의 예외에 속하지 않는 까닭에 사이시옷을 넣어서는 안 된다. '사이시옷 법칙'의 1번에 해당.

22. ×

※ 한자 화火 + 한자 병病의 합성어임. '숫자'와 '횟수'의 예외에 속하지 않는 까닭에 사이시옷을 넣어서는 안 된다. '사이시옷 법칙'의 1번에 해당.

23. ×

※ 한자 대代 + 한자 가價의 합성어임. '숫자'와 '횟수'의 예외에 속하지 않는 까닭에 사이시옷을 넣어서는 안 된다. '사이시옷 법칙'의 1번에 해당.

나. 중문 연습

1. 틀린 곳 없음.

   ※ '나룻배'는 한글 + 한글의 합성어임. 뒷말이 된소리로 변하므로 사이시옷을 넣어줘야 한다. '사이시옷 법칙'의 2번에 해당.

2. '개수'는 맞음(한자 + 한자로 '사이시옷 법칙'의 1번에 해당). 하지만 '회수'는 '숫자'와 함께 한자 합성어의 예외에 속하기에 '횟수'로 바꿔주어야 함.

3. 틀린 곳 없음.

   ※ '햇수'가 한글 + 한글의 합성어임. 뒷말이 된소리로 변하므로 사이시옷을 넣어줘야 한다. '사이시옷 법칙'의 2번에 해당.

4. 틀린 곳 없음.

   ※ '자릿세,' '텃세' 모두 한글 + 한자 세貰의 합성어임. 뒷말이 된소리로 변하므로 사이시옷을 넣어줘야 한다. '사이시옷 법칙'의 2번에 해당.

5. 틀린 곳 없음.

※ '훗날'에서 ㄴ, ㅁ으로 시작하는 뒷말 앞에 ㄴ소리가 덧나는 경우임. '사이시옷 법칙'의 3번에 해당.

6. 틀린 곳 없음.

※ '전셋집'은 한문 전세傳貰 + 한글의 합성어임. 뒷말이 된소리로 변하므로 사이시옷을 넣어줘야 한다. '사이시옷 법칙'의 2번에 해당.

7. 틀린 곳 없음.

※ '핏덩어리'는 한글 + 한글의 합성어임. 뒷말이 된소리로 변하므로 사이시옷을 넣어줘야 한다. 이와 함께 '탯줄'은 한문 태胎 + 한글의 합성어임. 역시 뒷말이 된소리로 변하므로 사이시옷을 넣어줘야 한다. '사이시옷 법칙'의 2번에 해당.

다. 장문 연습

1. 뒷말이 된소리 또는 거센소리인 까닭에 사이시옷을 제거해 줘야 하는 낱말들: 콧털 → 코털, 머릿털 → 머리털, 갈빗뼈 → 갈비뼈('사이시옷 법칙'의 2번에 해당)

뒷말이 된소리로 변하는 까닭에 사이시옷을 첨가해 줘야 하는 낱말들: 혀바닥 → 혓바닥, 배살 → 뱃살

한자 + 한자의 합성어인 까닭에 사이시옷을 쓰지않는 낱말: 폐肺 + 병病

2. 귀불 → 귓불(한글 + 한글), 자리세 → 자릿세(한글 + 한문)

※ 모두 뒷말이 된소리로 변하는 까닭에 '사이시옷 법칙'의 2번에 해당하므로 사이시옷을 넣어줘야 한다.

"10% 더 줄여라!" 2장

현재 몸무게에서 10% 줄이는 심정으로
결연하게 잘라야 몸처럼 글도 날렵해져

일전에 「한국인의 글쓰기」에서 '단단익선短短益善'을 주제로 글을 쓴 적이 있다. '짧을수록 좋다'는 의미에서 문장 길이를 줄여야 한다는 내용이 그것이었다. 마찬가지로, 「A+ 글쓰기」에서도 "사무라이의 이름으로" 불필요한 문장과 문단을 과감하게 삭제하라고 주문한 적이 있다.

「글쓰기 콘서트」 역시, 어느 정도 글솜씨를 갖춘 독자들을 위해 그 마지막 단계에 해당하는 '10% 더 줄여라 편'을 준비했다. 요지는 웬만큼 다듬어진 글에서 다시 '조금 더' 줄여 보라는 것. 하지만, 말이 좋아 10%지, 이미 다이어트를 마친 몸에서 다시 10%의 체중을 줄이라고 한다면, 그 의미가 어떤 것인지 보다 명확해질 것이다.

미국이 자랑하는 대문호大文豪,• 헤밍웨이는 간결하고 힘찬 문체로 인간의 비극적인 모습을 사실감 있게 그려낸 20세기 소설가였다. 그런 그가 하나의

• 대문호大文豪: 세상에 널리 알려진 매우 뛰어난 작가. 글월 '문文,' 뛰어날 '호豪.'

문장에는 하나의 주어만 사용하는 실험정신으로 완성한 소설이 「노인과 바다」였다. 훗날, 헤밍웨이에게 노벨 문학상이라는 영예를 안겨 준 「노인과 바다」는 이후, 소설가를 꿈꾸는 미국인들의 습작 교과서가 됐다.

그러고 보면, 짧을수록 좋다는 '단단익선의 법칙'은 비단 글에만 한정된 게 아니다. 영화는 물론이거니와 드라마, 광고, 뉴스 같은 TV 프로그램에서조차 방영 분량이 짧아지는 것은 세계적인 추세다. '시간이 돈'인 배금拜金* 시대에 늘어지고 처지는 대상은 용납될 수 없기 때문이다. 오죽했으면, 이에 대한 반발로 슬로우slow 운동이라는 것이 생겨났을까?

어떻게 해야 글피**를 10% 정도 줄일 수 있을까? 사실, 소설과 달리 일상적인 글쓰기에서 홑문장만으로 글을 엮어나간다는 것은 대단히 어렵다. 특히, 여러 사실이 복합적으로 어우러진 정보를 제공해야 하는 리포트와 보고서, 논문 등을 홑문장만으로 구성하는 것은 불가능에 가깝다.

따라서, 필자의 경우에는 '10% 줄이기'를 위해 관형사, 형용사, 부사(어구) 같은 수식어구부터 쳐낼 것을 권하는 바이다. 다시 말해, 수식어구를 주렁주렁 매다는 만연체보다 팍팍하리만큼 단조로운 건조체로 글을 엮으라는 말이다.

그렇게 볼 때, 극강極强의 글쓰기를 지향하는 글짱 지망생들은 문장의 평균 길이가 두 줄을 넘지 않는 '극한極限의 줄이기'를 시도해야 한다. 모름지기, 몸짱이 설렁설렁 되지 않듯, 글짱 역시 어영부영 되지 않기에. 그렇다면, 이 글에서 두 줄을 넘긴 문장은 22개의 전체 문장 가운데 몇 개나

---

* 배금拜金: 돈을 최고의 가치로 여기고 숭배함. 절할 '배拜,' 금 '금金.'

** 글피: 글의 '몸피'를 뜻하는 의미에서 필자가 조어造語한 용어. 참고로 '몸피'란 몸통의 굵기를 의미하는 순 우리말.

될까? 더불어, 여러분이 마지막으로 써 본 글에서 두 줄을 넘긴 문장의 개수는?

27쪽 정답: 3번

연습문제

가. 단문 연습

'10% 줄이기'를 위해 일부 단어를 제거하거나 문장의 표현을 바꾸되, 순수 국어를 한자어로 고침으로써 (예: 빛이 바래졌다 → 퇴색했다) 문장의 길이를 줄이는 것은 피해 보도록 합시다.

1. 사람들은 전쟁터와 같은 사회에서 치열하게 경쟁하며 살아가고 있다.

2. "흙은 살아있는 모든 생물들의 어머니요, 마음의 고향이다."

3. 한글은 우리나라 역사에서 가장 위대한 성과로 인정되는 소중한 유산 가운데 하나이다.

4. 일전에 어느 글을 통해 "생각은 천천히, 행동은 신속하게"라고 주문하는 조언을 건넨 적이 있다.

5. 21세기의 현대 사회에서 '아토피'에 대한 공포는 광범위하게 퍼져 있다.

6. 순기능 이상으로 역기능이 크다면, 순기능은 빛이 바래질 수밖에 없다.

7. 소문이란 당사자에게 직접 들어보지 않는 이상, 그 진위 여부를 믿을 것이 못되게 마련이다.

8. 좋은 글, 유능한 글은 취하기도 어렵지만, 그것이 무엇인지 꼭 집어 단언斷言하기도 어렵다.

9. 꼭두새벽부터 일어나 밤 늦게까지 쉬지 않고 일을 해야 하는 것이 농사다.

10. 정부는 인구를 유지하기에 모든 역량을 집중시킬 필요가 있다.

11. 몇 가지 사항만 고친다면 단박에 인기있는 음식점으로 도약할 수 있을 것이다.

12. "본 출판사의 총서叢書[•]는 우리 인간의 지적 호기심이 멈추지 않는 한, 계속 발간됩니다."

13. 비록 입맛이 없다 하더라도 잘 먹어야 감기가 빨리 낫는다.

14. 온갖 종류의 정보가 넘쳐나다 보니 잘못된 사실을 알고 있는 경우도 많다.

15. 세계적인 경기침체의 바람은 앞으로도 한동안 계속될 전망이다.

16. 막상 죽음에 대한 생각을 해보려고 하니 아직은 실감이 나지 않는다.

17. 건강식품에 대한 관심이 가까운 시일 안에 쉽게 변할 것 같지는 않다.

• 총서叢書: 일정한 형식과 체재로, 계속해서 출판되어 한 질을 이루는 책들. 거느릴 '총叢,' 책 '서書.'

나. 중문 연습

역시, 일부 단어를 제거하거나 문장의 표현을 바꿔줌으로써 글피를 줄여보기 바랍니다.

1. 야심차게 준비됐던 공연이 패러디의 본질을 전혀 이해하지 못했던 시민들의 거센 반발 때문에 결국, 시도조차 돼보지 못하고 취소되고 말았다.

2. "이 전시회의 하이라이트는 참가자인 관람객들이 스스로 자신들의 정성과 소망을 담아서 직접 도자기 만들기를 체험해 본 후, 가마에 넣고 구워서 가져가는 것입니다."

3. 현대음악이 대중들에게 더욱 가까이 다가가기 위해 어떤 종류의 노력이 필요한가에 대해서는 전문가들과 비평가들이 함께 모여 고민해야 한다.

4. 대중매체는 시청률을 조금이라도 더 높이기 위해 자극적인 영상이나 극단적인 사례로 대중들을 공포 속에 몰아넣는 방법을 자제해야 한다.

5. 인터넷에 떠도는 정보는 홍수를 이루고 있고, 이러한 정보에 대해 신뢰할 만한 평가를 해주는 사람이나 기관을 찾기는 쉽지 않다. 아니, 어쩌면 서양의학과 함께 한의학을, 게다가 민간에 떠도는 각종 치료요법까지 과학적으로 아우르기는 불가능에 가까워 보인다.

6. 한국의 판소리는 일제 강점기 동안 전통이 단절되는 위기를 맞이하지만 20세기 후반부터 다시 서서히, 그러나 다양한 모습으로 되살아나기 시작한다.

7. 여러 가지 사실이 복합적으로 어우러진 정보를 제공해야 하는 리포트와 보고서, 논문 등에서 홑문장만으로 글을 구성하는 것은 거의 불가능에 가깝다.

8. 멋있고 힘이 있어 강하게만 보이던 기존의 무술 동작들이 사실은 많은 체력을 필요로 하는데다 몸마저 상하게 할 우려가 있다는 점들이 속속 드러나고 있다.

다. 장문 연습

다음 글을 읽고 '10% 줄이기'에 도전해 보기 바랍니다. 반드시 모든 문장을 줄일 필요는 없으며 글맛을 해치지 않는 범위 내에서 최선을 다해보기 바랍니다.

1. 생활양식의 주기와 템포, 속도가 빨라진다는 것은 사회의 변화 역시 빨라진다는 것을 의미한다. 기존의 속도와 질서가 붕괴되고, 새로운 환경이 기존의 체계를 접수하기에 삶의 방식이 이전과는 다르게 전개된다는 것이다. 마찬가지 의미에서 임진왜란과 정유재란, 병자호란 등을 겪은 조선조 후기 역시 글쓰기에 있어서 21세기의 한국과 같은 '단단익선' 경향을 경험한 바 있다. 이에 대해 「미쳐야 미친다」라는 책으로 유명한 한양대 국문과 정민 교수의 말을 들어보자.

   "18세기로 접어들면서 산문에는 작지만 큰 변화가 일어난다. 소품화 경향이 그것이다. 소품은 길이만 짧다고 붙인 이름이 아니다. 짧은 글 속에 삶의 반짝이는 순간을 포착하고 있어야 소품이다. 읽고 나면 가슴이 시원해지거나, 반대로 답답해져야 소품이다. 생활의 묘사가 있고, 삶의 단면이 드러나는 글, 사람 사는 냄새가 풀풀 나는 그런 글을 이 시기 문인들은 즐겨 썼다."

   – 정민, 「미쳐야 미친다」, 245쪽

필자의 본문 역시 '10%를 줄이는 대상'으로 도마질해보기 바랍니다. 정답은 없으며, 필자의 글을 교정본다는 심정으로 연습 삼아 '10% 줄이기'에 도전해 보기 바랍니다.

2. 일전에 「한국인의 글쓰기」에서 '단단익선短短益善'을 주제로 글을 쓴 적이 있다. '짧을수록 좋다'는 의미에서 문장 길이를 줄여야 한다는 내용이 그것이었다. 마찬가지로, 「A+ 글쓰기」에서도 "사무라이의 이름으로" 불필요한 문장과 문단을 과감하게 삭제하라고 주문한 적이 있다.

   「글쓰기 콘서트」 역시, 어느 정도 글솜씨를 갖춘 독자들을 위해 그 마지막 단계에 해당하는 '10% 더 줄여라 편'을 준비했다. 요지는 웬만큼 다듬어진 글에서 다시 '조금 더' 줄여 보라는 것. 하지만, 말이 좋아 10%지, 이미 다이어트를 마친 몸에서 다시 10%의 체중을 줄이라고 한다면, 그 의미가 어떤 것인지 보다 명확해질 것이다.

미국이 자랑하는 대문호大文豪, 헤밍웨이는 간결하고 힘찬 문체로 인간의 비극적인 모습을 사실감 있게 그려낸 20세기 소설가였다. 그런 그가 하나의 문장에는 하나의 주어만 사용하는 실험정신으로 완성한 소설이 「노인과 바다」였다. 훗날, 헤밍웨이에게 노벨 문학상이라는 영예를 안겨 준 「노인과 바다」는 이후, 소설가를 꿈꾸는 미국인들의 습작 교과서가 됐다.

그러고 보면, 짧을수록 좋다는 '단단익선의 법칙'은 비단 글에만 한정된 게 아니다. 영화는 물론이거니와 드라마, 광고, 뉴스 같은 TV 프로그램에서조차 방영 분량이 짧아지는 것은 세계적인 추세다. '시간이 돈'인 배금拜金 시대에 늘어지고 처지는 대상은 용납될 수 없기 때문이다. 오죽했으면, 이에 대한 반발로 슬로우slow 운동이라는 것이 생겨났을까?

어떻게 해야 글피를 10% 정도 줄일 수 있을까? 사실, 소설과 달리 일상적인 글쓰기에서 홑문장만으로 글을 엮어나간다는 것은 대단히 어렵다. 특히, 여러 사실이 복합적으로 어우러진 정보를 제공해야 하는 리포트와 보고서, 논문 등을 홑문장만으로 구성하는 것은 불가능에 가깝다.

따라서, 필자의 경우에는 '10% 줄이기'를 위해 관형사, 형용사, 부사(어구) 같은 수식어구부터 쳐낼 것을 권하는 바이다. 다시 말해, 수식어구를 주렁주렁 매다는 만연체보다 팍팍하리만큼 단조로운 건조체로 글을 엮으라는 말이다.

그렇게 볼 때, 극강極强의 글쓰기를 지향하는 글짱 지망생들은 문장의 평균 길이가 두 줄을 넘지 않는 '극한極限의 줄이기'를 시도해야 한다. 모름지기, 몸짱이 설렁설렁 되지 않듯, 글짱 역시 어영부영 되지 않기에. 그렇다면, 이 글에서 두 줄을 넘긴 문장은 22개의 전체 문장 가운데 몇 개나 될까? 더불어, 여러분이 마지막으로 써 본 글에서 두 줄을 넘긴 문장의 개수는?

가. 단문 연습

1. 사람들은 전쟁터~~와~~ 같은 사회에서 치열하게 경쟁하며 살아가고 있다.

   ※ 조사 '와'를 줄여도 문맥에는 하등 상관이 없다. 만일 '치열하게'를 줄인다면 글맛이 달라질 것이므로 이는 그대로 놓아두는 것이 작가의 의도를 살리는 길이다. 마찬가지로 '살아가고 있다' 역시 글맛을 고려해 볼 때, 그대로 놓아두는 것이 낫다.

2. "흙은 ~~살아있는~~ 모든 생물들의 어머니요, 마음의 고향이다."

   ※ 생물들은 모두 살아있다. 그런 의미에서 뜻이 되풀이되는 낱말은 제거해 주는 것이 좋다.

3. 한글은 우리나라 역사에서 가장 ~~위대한 성과로 인정되는~~ 소중한 유산 ~~가운데 하나~~이다. (○)

   한글은 우리나라 역사에서 가장 ~~위대한 성과로 인정되는~~ 소중한 유산 가운데 하나이다. (★)

   ※ 글맛을 따져 볼 때, 조금 더 길긴 하지만 두 번째 것이 훨씬 낫다.

4. 일전에 어느 글을 통해 "생각은 천천히, 행동은 신속하게"라~~고 주문하~~는 조언을 건넨 적이 있다. 또는
일전에 어느 글을 통해 "생각은 천천히, 행동은 신속하게"라고 주문~~하는 조언을 건넨~~한 적이 있다.

5. ~~21세기의~~ 현대 사회에서 '아토피'에 대한 공포는 광범위하게 퍼져 있다.
※ '21세기'라는 말이 사족蛇足이다.

6. 순기능 ~~이상으로~~ 보다 역기능이 크다면, 순기능은 빛이 바래질 수밖에 없다.
※ 글 앞머리의 '순기능'이라는 문구를 남겨두어야 글맛이 변하지 않는다. 따라서, 자연스러우면서도 간결하게 글맛을 유지하기 위해서는 '이상으로'를 '보다'로 바꿔주는 것이 좋다.

7. 소문이란 당사자에게 직접 들어보지 않는 이상, ~~그 진위 여부를~~ 믿을 것이 못되게 마련이다.
※ '그 진위 여부를'이라는 부분을 빼도 전혀 지장이 없는 글이다.

8. 좋은 글, 유능한 글은 취하기도 어렵지만, ~~그것이~~ 무엇인지 ~~꼭 집어~~ 단언斷言하기도 어렵다.

9. (꼭두)새벽부터 ~~일어나~~ 밤 늦게까지 쉬지 않고 일을 해야 하는 것이 농사다.
※ '쉬지 않고'를 빼면 글의 전달력이 떨어진다. 제거하지 않도록 주의하자.

10. 정부는 인구~~를~~ 유지~~하기~~에 모든 역량을 집중시킬 필요가 있다.
※ 한 글자라도 줄이는 것이 요령이다.

11. 몇 가지 ~~사항~~만 고친다면 단박에 인기~~있는~~ 음식점으로 도약할 수 있을 것이다.

12. "본 출판사의 총서叢書는 우리 ~~인간~~의 지적 호기심이 멈추지 않는 한, 계속 발간됩니다." (○)

"본 출판사의 총서叢書는 ~~우리~~ 인간의 지적 호기심이 멈추지 않는 한, 계속 발간됩니다." (★)

※ 글자 몇 개를 줄임으로써 전체적인 글맛도 바꿀 수 있다.

13. ~~비록~~ 입맛이 없~~다 하~~더라도 잘 먹어야 감기가 빨리 낫는다.

14. (온갖) ~~종류의~~ 정보가 넘쳐나다 보니 잘못된 사실을 알고 있는 경우도 많다.

※ '온갖'은 빼도 그만, 넣어도 그만인 부사다. 하지만 한 글자라도 줄이려면 빼는 것이 좋다.

15. 세계적인 경기침체의 바람은 ~~앞으로도~~ 한동안 계속될 전망이다.

※ '전망'이라는 말이 있기에 '앞으로도'라는 말은 의미의 중복에 해당한다. 마땅히 제거해 주는 것이 좋다.

16. 막상 죽음에 대~~한~~해 생각~~을~~ 해보려~~고 하~~니 아직은 실감이 나지 않는다.

17. 건강식품에 대한 관심이 ~~가까운 시일 안에~~ 쉽게 변할 것 같지는 않다.

※ '쉽게 변할 것 같지는 않다'는 말이 이미 '가까운 시일 안'이라는 의미를 내포하고 있다.

나. 중문 연습

1. 야심차게 준비됐던 공연이 패러디의 본질을 ~~전혀~~ 이해하지 못했던 시민들의 거센 반발 때문에 결국, 시도조차 돼보지 못하고 취소되고 말았다.

※ 뒤에 '거센'이란 낱말이 있기에 '전혀'라는 말은 사족蛇足이다. 둘 중 하나를 없애주는 것이 좋다.

2. "이 전시회의 하이라이트는 ~~참가자인~~ 관람객들이 ~~스스로 자신들의 정성과 소망을 담아서~~ 직접 도자기 만들기를 체험해 본 후, 가마에 넣고 구워서 가져가

는 것입니다."

※ '직접'이라는 단어 하나로 많은 설명이 대체 가능하다. '참가자인'과 '스스로 자신들의 정성과 소망을 담아서'는 과감하게 없애줘도 문맥상 전혀 문제될 것이 없다.

3. 현대음악이 대중들에게 더욱 가까이 다가가기 위해 어떤 ~~종류의~~ 노력이 필요한가에 대해서는 전문가~~들과~~와 비평가들이 함께 ~~모여~~ 고민해야 한다.

※ '전문가들'과 '비평가들'이라고 씀으로써 같은 표현을 반복하기보다 한쪽을 없애주는 것이 낫다. 이와 함께, 고민을 하기 위해 반드시 모일 필요는 없다. 역시 '함께 고민해야 한다'라는 표현만으로도 충분하다.

4. 대중매체는 시청률을 ~~조금이라도 더~~ 높이기 위해 자극적인 영상이나 극단적인 사례로 대중들을 공포 속에 몰아넣는 방법을 자제해야 한다.

※ '조금이라도 더'와 같은 표현은 전형적인 사족蛇足이다. 이러한 사족을 없애는 것이 날렵한 글을 쓰는 요령이다.

5. 인터넷에 떠도는 정보는 홍수를 이루고 있고, 이러한 정보에 대해 신뢰할 만한 평가를 해주는 사람이나 기관을 찾기는 쉽지 않다. 아니, 어쩌면 서양의학과 ~~함께~~ 한의학~~을~~은 물론, ~~게다가~~ 민간~~에 떠도는 각종 치료~~요법까지 과학적으로 아우르기는 불가능~~에 가까워~~해 보인다.

※ 열거를 위해 사용된 부사(함께)와 형용사(각종), 조사(을, 에)와 동사(떠도는)를 없애주는 것이 핵심이다.

6. ~~한국의~~ 판소리는 일제 강점기 동안 전통이 단절되는 위기를 맞이하지만 20세기 후반부터 ~~다시~~ 서서히, 그러나 다양한 모습으로 되살아나기 시작한다.

※ '한국의'이라는 단어와 '다시'라는 단어는 사족蛇足이다. 없애줘도 글맛에는 변함이 없다.

7. 여러 ~~가지~~ 사실이 복합적으로 어우러진 정보를 제공해야 하는 리포트와 보고서, 논문 등에서 홑문장만으로 글을 구성하는 것은 ~~거의~~ 불가능에 가깝다.

※ '가지'와 '거의' 모두 사족蛇足이다.

8. 멋있고 힘~~이~~ 있어 강하게만 보이던 ~~기존의~~ 무술 동작들이 사실은 많은 체력을 필요로 하는데다 몸마저 상하게 할 우려가 있다는 점들이 속속 드러나고 있다.

※ 글맛을 해치지 않는 범위 내에서 문장마다 한두 글자씩만 줄여줘도 전체 분량에서 적잖은 사족蛇足들을 덜어낼 수 있다.

다. 장문 연습

1. 생활양식의 ~~주기와 템포~~, 속도가 빨라진다는 것은 사회의 변화 역시 빨라진다는 것을 의미한다. 기존의 ~~속도와~~ 질서가 붕괴되고, 새로운 환경이 기존의 체계를 접수하기에 삶의 방식이 이전과는 다르게 전개된다는 것이다. 마찬가지로 ~~의미에서~~ 임진왜란과 정유재란, 병자호란 등을 겪은 조선조 후기 역시 글쓰기에 있어서 ~~21세기의 한국~~요즘과 같은 '단단익선' 경향을 경험한 바 있다. 이에 대해 「미쳐야 미친다」라는 책으로 유명한 한양대 국문과 정민 교수의 말을 들어보자.

> "18세기로 접어들면서 산문에는 작지만 큰 변화가 일어난다. 소품화 경향이 그것이다. 소품은 길이만 짧다고 붙인 이름이 아니다. 짧은 글 속에 삶의 반짝이는 순간을 포착하고 있어야 소품이다. 읽고 나면 가슴이 시원해지거나, 반대로 답답해져야 소품이다. 생활의 묘사가 있고, 삶의 단면이 드러나는 글, 사람 사는 냄새가 풀풀 나는 그런 글을 이 시기 문인들은 즐겨 썼다."

※ 양서良書답게 10%조차 줄이기가 쉽지 않을 정도로 군더더기 없이 쓰여진 글이다. 정답은 없지만, 한 부분이라도 줄이고자 노력했다는 것 자체가 성공인 셈이다.

3장 "시인은 글꽝"

묘사하기 어려운 개념과 상황 설명은
'수치,' '실례'와 '비교'로 이해 도와야

나의 고향은
저 산 넘어 또 저 구름 밖
아라사*의 소문이 자주 들리는 곳.
나는 문득
가로수 스치는 저녁 바람 소리 속에서
여엄-염 송아지 부르는 소리를 듣고 멈춰 선다.

-김기림의 〈향수〉

수필가이자 문학평론가이기도 한 김기림은 이 땅에 모더니즘을 소개한 최초의 시인이었다. 1936년에 발표된 그의 첫 시집, '기상도'는 당시 감상주의感傷主義에 빠져 있던 조선 시단詩壇에 과학적 합리주의를 선보임으로써 신

* 아라사俄羅斯: 한자를 가지고 '러시아'의 음을 나타낸 말.

선한 충격을 몰고 왔다. 그런 면에서 볼 때, '바다와 나비,' '연륜,' '길' 등 지금도 인구에 널리 회자膾炙되고 있는 그의 시들은 기지 넘치는 감각성이 유감없이 발휘된 모더니즘 시학의 극치極致였다. 하지만, 그런 그가 작금昨今* 의 기준에 비춰볼 때 '글짱'이라면? 비유比喩와 은유隱喩, 직유直喩와 대유代喩**가 생명인 시적 표현이 독자들의 이해를 돕기 위해 구체적으로 표현해야 하는 글쓰기에서는 구축驅逐***해야 할 대상이라는 얘기다.

「한국인의 글쓰기」라는 필자의 책에서 '피카소는 글짱'이라는 주제로 '묘사'에 대해 다룬 적이 있다. 장면이나 모습이 구체적으로 떠오를 수 있도록 실사實寫****를 잘해야 한다는 얘기였다. 이번 장章은 그 속편에 해당하는 '수치'와 '비교' 제시에 관한 글이다. '개념'이나 '행위'같이 묘사가 어려운 대상들은 수치를 동원하거나 다른 대상과의 비교를 통해 독자들이 구체적으로 이해할 수 있도록 도와줘야 한다는 것이다.

언론사에 들어가서 글쓰기에 관한 기본기가 어느 정도 다져지기 시작하면 신경 써야 하는 분야가 있다. 이른바, 독자의 머릿속에 그림이 그려지도록 구체적으로 설명하는 것이다. 이 같은 원칙은 특히 상황을 이해하기 어려운 대상을 표현하고자 할 때 적극적으로 활용돼 해당 기자의 능력을 검증檢證하는 시험대가 되기도 한다. 예를 들어, 달라진 세법稅法에 따라 연말정산을 통해 돌려받는 세금의 규모가 바뀌게 되었다는 상황을 설명한다고 치자. 언론

---

* 작금昨今: 어제와 오늘. 요즘을 이르는 말. 어제 '작昨,' 오늘 '금今.'

** 대유代喩: 사물의 일부나 속성을 나타내는 말로써 그 사물과 관계 있는 다른 사물을 나타내는 비유. 간호사를 '백의白衣의 천사'로 표현하는 것을 예로 들 수 있다.

*** 구축驅逐: 어떤 세력 따위를 몰아서 쫓아냄.

**** 실사實寫: 실제 물건, 실제 경치 따위를 그리거나 찍음. 또는 그런 그림이나 사진.

에서는 이러한 상황을 결코, "세율이 종전의 15%에서 14%로 1% 포인트• 가 줄어들어, 총 3,000억 원 정도가 국민에게 다시 돌아간다"고만 기술하지 않는다. 반드시 예제를 통해 "연봉 4,000만원의 김○○씨는 연말정산을 통해 지난해에는 120만 원을 돌려받았지만, 올해에는 150만 원으로 30만 원을 더 돌려받을 수 있게 된다"고 설명함으로써 독자가 세율 변화를 피부로 느낄 수 있도록 하는 것이다.

중요한 사실은 독자의 입장을 고려해 자신이 쓰는 글을 얼마나 쉽게 전달할 수 있느냐 하는 것이다. "매년 10만 헥타르의 녹지綠地가 사라지고 있다"고 표현하기보다 "여의도의 300배 정도에 해당하는 녹지가 해마다 사라지고 있다"라고 풀이하거나, "500m 높이의 건축물"이라고 기술하기보다 "63빌딩의 두 배 높이"라고 설명하는 이유가 여기에 있다.

그런 면에서 볼 때, 속도에서부터 면적, 무게, 크기, 길이는 물론, 전문용어에 이르기까지 일반인의 머릿속에 심어줄 대표적인 비교 개념을 동원하는 것은 대단히 중요하다. "세금 1조 원이 더 걷혔다"라고 쓰고 끝내기보다 "이는 1,000만 가구를 기준으로 놓고 볼 때, 한 집당 10만 원씩 세금을 더 낸 셈이다"라고 한 줄 더 붙인다는 것이다.

이에 대해, 「한국의 이공계는 글쓰기가 두렵다」의 저자, 임재춘은 몇몇 요령으로 ① 명백한 수치를 제시하거나, ② 비교를 통해 독자들의 이해를 도우라고 조언하고 있다. 그런 의미에서 김기림의 '향수'는 적어도 '글짱'을 지향하는 이들의 입장에선 다음과 같이 고쳐 써야 한다.

• %포인트point: 퍼센트 간의 변화를 나타내는 단위. 예를 들어, 100%에서 90%로 비율이 변화하면, 100%에서 10%가 줄었다고 표현하지 않고, 10%포인트가 줄어들었다고 표현해야 한다. 10%가 줄었다는 표현은 100에서 10이 줄었을 때, "100에서 10%가 줄어든 90"과 같이 사용해야 한다.

나의 고향은
적유령 산맥의 백산을 북으로 넘어 약 10km 밖
아라사의 소문이 일주일에 서너 번은 들리는 곳.
나는 문득
가로수 스치는 저녁 바람 소리 속에서
여엄-염 송아지 부르는 소리를 듣고 멈춰 선다.

그렇다면, 위의 개작改作 시는 수치 제시와 비교 가운데 어떤 것을 사용했을까? (정답은 70쪽에)

연습문제

가. 단문 연습

다음은 수치 제시나 비교 면에서 정보가 부족해 독자들의 피부에 깊이 와 닿지 않는 문장들입니다. 필요한 경우에는 적절한 수치와 비교 문장을 **임의**로 넣어가면서 좀 더 구체적인 문장으로 만들어 보기 바랍니다.

1. 중국의 호황에 힘입어 국내 경제 성장률이 지난해의 수치를 훌쩍 뛰어넘었다.

2. 치타는 지상에서 순간 속도가 가장 빠른 동물이다.

3. 한반도 대운하가 연간 물류 비용을 획기적으로 줄일 수 있다는 주장이 제기되고 있다.

4. 어제 태어난 신생아는 무게가 7kg에 이르는 '수퍼 베이비' 였다.

5. 무제한급 역도 선수들은 일반인보다 밥을 훨씬 많이 먹는다.

6. 올해의 예산 규모가 지난해에 비해 줄어들었다.

7. 경매에 올려진 박수근 화백의 미공개작 그림 크기가 3호인 것으로 밝혀졌다.

8. 서울에는 대한민국에서 가장 많은 인구가 몰려 살고 있다.

9. '본 목욕탕의 사우나 실은 매우 뜨거우니 들어갈 때 주의하시기 바랍니다.'

10. 빛은 지구상에서 가장 빨리 이동하는 물질이다.

11. 이번에 발매發賣되는 신차新車는 실내를 좀 더 넓게 만든 것이 특징이다.

12. "본 정수기의 온수는 무척 뜨거우니 조심하시기 바랍니다."

13. 70대 중반임에도 불구하고, 할머니의 피부는 무척 고운 편이다.

14. 새로 나온 디카폰의 화질이 획기적으로 개선돼 1,000만 화소에 달한다.

15. 지난해의 소주 판매량이 1억 상자(360ml, 30개)에 달한 것으로 조사됐다.

16. 논밭 넓이의 단위를 나타내는 마지기는 논과 밭의 경우, 그 크기가 조금씩 다르다.

17. 세계 경기가 불황인 가운데 국내시장의 금값이 한 달 새 두 배나 폭등했다.

18. 국민투표권자의 하한 연령을 낮추는 개정안이 지난 2007년 국회에서 의결됐다.

19. 기온이 영하 3도였지만 바람이 세차게 불어 훨씬 춥게 느껴지는 날씨였다.

나. 중문 연습 I

다음은 수치 제시나 비교 면에서 정보가 부족해 독자들의 가슴에 깊이 와 닿지 않는 문장들입니다. 필요한 경우에는 적절한 수치와 비교 문장을 **임의**로 넣어가면서 좀 더 구체적인 문장으로 만들어 보기 바랍니다.

1. 한국 축구가 갈수록 퇴락하고 있다. 월드컵 4강까지 나간 실력이었는데, 이후부터 내리막길을 걷더니 이제는 세계 축구의 변방으로 밀려나고 있다.

2. 지난 2007년 섣달 그믐날 하루 동안 전송된 문자 메시지는 모두 5억여 건에 달했다. 하루 평균 메시지 전송 건수인 2억 6,700만 건의 배에 해당하는 엄청난 양이었다.

3. 지난달부터 우리 집 애완견의 식사량을 지속적으로 조절한 결과, 녀석의 몸무게가 200g 정도 줄어들었다. 한 달 만의 변화치고는 대단한 일이었다.

4. 신종 인플루엔자의 여파로 해외 여행객의 수가 급격히 줄어들면서 여행업계가 직격탄을 맞고 있다. 안 그래도 경기 불황으로 매출이 부진하던 터라 많은 업체가 도산 직전까지 몰리고 있다는 후문이다.

5. 구세군 자선냄비가 모금 금액 미달로 목표액 31억 원을 채우지 못해 모금 활동을 연장하기로 결정했다. 구세군이 24일 동안의 모금 기간 안에 목표액을 채우지 못한 것은 지난 1928년 국내에서 모금을 시작한 이래 2007년 연말이 처음이다.

다. 중문 연습 II

실례를 들어 구체적인 수치를 제시함으로써 뒷말을 재미있게 이어보기 바랍니다. 물론, 정답은 없으며 독자들의 머리에 확 와 닿을 수 있도록 상황을 맛깔스럽게 전개시켜 보세요.

1. 지난 50년간 하루도 빼지 않고 한결같이 매일 점심과 저녁에 소주 1병씩을 들던 A씨가 올 초부터 금주禁酒를 선언했다. 더 이상 술을 마실 경우, 건강이 위태로울 수 있다는 의사의 진단 때문이었다. 그러고 보면, 그동안 A씨가 마신 소주의 양은…….

2. 하루도 거르지 않고 비가 오나 눈이 오나 5km씩 조깅을 한 지도 어언 20년. 그동안 B씨의 몸에도 많은 변화가 찾아왔다. 우선, 쉬이 피곤해지던 몸이 좀처럼 피로를 느끼지 않게 됐다. 더불어, 체중도 20kg 정도가 줄어들면서 툭 튀어나왔던 배가 어느새 홀쭉해졌다. 사실, B씨가 그동안 뛴 거리는…….

3. 대학교 1학년 때부터 매일 두 갑씩 담배를 피워온 K(40)씨가 마침내 금연을 선포했다. 치솟는 담뱃값을 감당하지 못해 조금이나마 용돈을 건져볼 심산에서였다. 그러고 보면, 그동안 품질, 상표 불문하고 줄기차게 2,000원짜리 담배를 고집해온 K씨는…….

4. 현대인들은 하루 일과의 상당량을 비생산적이고 소모적인 일로 낭비하고 있다. 그 단적인 예로 출퇴근 시의 시간 지체와 TV 시청을 꼽을 수 있다. 예를 들어, B기업에 다니는 L부장(50)의 하루를 보자. 안양에 사는 L부장은 서울 도심의 직장까지 출근하는 데 평균 1시간 30분을 소요한다. 물론, 퇴근 시에도 집에 돌아오는 데 비슷한 시간이 걸린다. 이와 함께, 집에 도착해서부터 취침 전까지 L부장이 TV를 시청하는 평균 시간은 약 2시간. 그것도 토요일, 일요일에는 5시간 이상씩을 TV와 함께 보낸다. 그렇게 볼 때, 30살부터 직장 생활을 시작한 L부장은 얼마나 많은 시간을 길바닥과 TV 앞에서 소모했을까?

라. 장문 연습

독자들이 보다 생생하게 받아들일 수 있도록 구체적으로 써 보기 바랍니다. 물론, 정답은 없으며 수치 제시와 비교를 통해 여러분들이 이해하기 쉬운 글쓰기를 연습한다는 데 목적이 있습니다. (참고로, 형식 문단 나누기는 의도적으로 하지 않았습니다.)

1. 지구의 역사 50억 년 가운데 인류의 역사는 아무리 길게 잡아야 1만 년도 채 되지 않는다. 그야말로 장구한 세월 속에 순간적인 시간인 셈이다. 예를 들어, 고조선 건국이 지금 기준에선 까마득한 과거라고는 하나 지구의 나이에서 볼 땐 '새 발의 피'에 불과할 뿐이다. 그렇게 따지자면, 삼국 시대의 등장과 신라에 의한 삼국 통일은 순간에도 못 미치는 찰나에 불과할 터. 더욱이 조선 시대의 역사가 500년이라고는 하나 지구의 나이에 비하면 아무것도 아니기에 일제에 의한 36년간의 식민통치는 그야말로 있어도 그만, 없어도 그만일 정도로 지구는 기억조차 하지 못할 사건에 불과하다. 그렇다면, 이는 지구의 입장에서 볼 때 우리의 존재가 그만큼 덧없다는 것을 의미하기도 하며, 또 그렇게 짧기에 더욱 소중하다는 것을 뜻하기도 할 것이다. (지구의 역사가 1년 365일이라고 가정할 때, 오늘 현재는 1년 중의 12월 31일 밤 12시라고 가정하고, 지구의 1년에 비춰서 다시 한번 재미있게 써보기 바랍니다.)

구체적인 수치 제시와 함께 실질적인 예를 들어가며 본문을 보다 풍성하고 재미있게 꾸며보기 바랍니다.

2. 현재의 고등학교 과목들은 필요 이상으로 그 수가 많다. 더군다나, 고등학교를 졸업한 후, 대학에서든 사회에서든 인생의 첫발을 딛고자 하는 이들에게 그 교과목들이 얼마나 유용할지도 의문이다. 해서, 개인적으로는 차라리 실생활에 유용한 과목들을 가르쳤으면 좋겠다는 바람이다. 미국이나 일본, 독일과 같은 선진국에서는 사회 생활을 위한 지식 중심으로 교과목들을 가르치고 있다는 기사를 읽은 적이 있다. 그런 면에 비춰볼 때, 내신 등급 차별화와 수능 점수 서열화를 위해 존재하는 대한민국 공공公共 교육은 안타까운 존재일 뿐이다. 더욱이, 수업 방식과 시험 방식 모두 교과서에 제시된 내용만 외우고 써내도록 강제한다는 점에서 본다면, 기계적 암기만 조장助長 하고 있다는 비판도 결코 지나치지는 않으리라.

그렇다면, 인간이 지닌 모든 자질을 조화롭게 발달시키기 위한 전인全人교육은 요원遙遠[••]한 것일까? 그런 의미에서 여러 자립형 대안代案 학교가 진행하고 있는 다양한 실험은 최선最善의 답을 찾아나가기 위한 시도라는 점에서 매우 참신하다는 생각이다.

[•] 조장助長: 도와서 더 자라게 함. (주로 부정적인 의미로 쓰임).

[••] 요원遙遠: 까마득함. 멀 '요遙,' 멀 '원遠.'

정답

가. 단문 연습

1. 중국의 호황에 힘입어 국내 경제 성장률이 지난해의 5%를 훌쩍 뛰어넘은 7%에 달하고 있다.

   ※ 구체적인 수치 제시가 부족한 글이다.

2. 치타는 지상에서 순간 속도가 시속 100km에 이를 정도로 가장 빠른 동물이다.

   ※ 구체적인 수치 제시가 부족한 글이다. 호기심을 충족시키기 위한 차원에서라도 관련 수치를 제공해야 한다.

3. 한반도 대운하가 연간 물류 비용을 최대 5조 원까지 획기적으로 줄일 수 있다는 주장이 제기되고 있다.

   ※ 구체적인 수치 제시가 부족한 글이다.

4. 어제 태어난 신생아는 무게가 7kg으로 웬만한 신생아의 배에 이르는 '수퍼 베이비'였다.

   ※ 신생아의 경우, 평균 몸무게는 3.4~3.5kg이라고 한다. 그렇게 볼 때, 위의 예문

에서 등장하는 수퍼 베이비는 신생아 평균 몸무게의 배에 달하는 수치이다. 물론, 이 같은 경우도 관련 자료를 찾아보아야 그 수치가 의미하는 바를 제대로 전달할 수 있다. 요지는 발품을 팔아야 구체적이고 실용적인 글을 쓸 수 있다는 것이다.

5. 무제한급 역도 선수들은 일반인보다 밥을 ~~훨씬~~ 적게는 세 배에서부터 많게는 열 배에 이르기까지 많이 먹는다.

※ 구체적인 수치가 필요하다. '훨씬'이라고 하면 어느 정도인지 감이 오지 않는다. 하지만, 세 배에서 열 배라는 실례를 곁들이면 이야기는 달라진다.

6. 올해의 예산 규모가 지난해~~에 비해~~의 120조 원에서 8.3%가 감소된 110조 원으로 줄어들었다.

※ 구체적인 수치 제시가 부족한 글이다.

7. 경매에 올려진 박수근 화백의 미공개작 그림 크기가 A4용지보다 약간 작은 3호인 것으로 밝혀졌다.

※ 그림에서의 호수 크기를 잘 모르는 독자들을 위해 비교가 필요한 글이다. 참고로 1호라고 하면 엽서 한 장 정도의 크기이며, 3호는 가로×세로가 대략 27×20cm 정도 된다. A4용지의 경우는 가로×세로가 대략 30×21cm이다.

8. 서울에는 대한민국에서 가장 많은 1천만 명 이상의 인구가 몰려 살고 있다.

※ 누구나 다 알고 있다 하더라도 구체적인 수치가 빠져 있는 글이다.

9. '본 목욕탕의 사우나 실은 실내 온도가 80도로 매우 뜨거우니 들어갈 때 주의하시기 바랍니다.'

※ 구체적인 수치가 빠져 있는 글이다.

10. 빛은 초당 30만km로 1초에 지구를 일곱 바퀴 반이나 돌 정도로 지구상에서 가장 빨리 이동하는 물질이다.

※ 구체적인 수치를 제시하면 독자들은 빛의 빠름을 보다 입체적으로 느낄 수 있다.

11. 이번에 발매發賣되는 신차新車는 동급 모델에 비해 실내를 ~~좀 더~~ 약 10% 이상 넓게 만든 것이 특징이다.

※ 구체적인 수치 및 비교가 빠져 있는 글이다.

12. "본 정수기의 온수는 100도에 달할 정도로 무척 뜨거우니 조심하시기 바랍니다."

※ 어느 정도로 뜨거운지 모를 소비자들이 확실히 이해할 수 있도록 구체적인 수치를 제시하는 것이 좋다.

13. 70대 중반임에도 불구하고, 할머니의 피부는 40대 여성의 피부 못지않게 무척 고운 편이다.

※ 비교를 통해 할머니의 피부 상태를 보다 구체적으로 짐작할 수 있다.

14. 새로 나온 디카폰의 화질이 획기적으로 개선돼 기존의 500만 화소보다 배는 향상된 1,000만 화소에 달한다.

※ 구체적인 수치 및 비교를 통해 성능 개선의 정도를 보다 생생하게 전달하고 있다.

15. 지난해의 소주 판매량이 1억 상자(360ml, 30개)로 국민 1인당 약 60병, 4인 가족당 약 8박스에 달한 것으로 조사됐다.

※ 개인에게 대입한 수치를 제공하면 글이 훨씬 구체적으로 살아난다. 1억 상자, 30억 병이라면 어마어마하다고만 느낄 뿐, 어느 정도인지 감이 오지 않는다.

16. 논밭 넓이의 단위를 나타내는 마지기는 논~~과~~의 경우, 약 150~300평이며 밭~~의 경우~~은 약 100평 정도로 그 크기가 조금씩 다르다.

※ 구체적인 수치가 빠져 있어 그 크기가 얼마나 차이 나는지 알 수 없는 글이다.

17. 세계 경기가 불황인 가운데 국내시장의 금값이 한 달 새 1돈당 10만 원에서 20만 원으로 두 배나 폭등했다.

※ 구체적인 수치가 빠져 있어 가격이 얼마나 올랐는지 알 수 없다. 10만 원은 임의

로 적은 것이며, 얼마가 됐든 가격을 추적해 적어 주는 것이 독자를 배려하는 길이다.

18. 국민투표권자의 하한 연령을 20세에서 19세로 낮추는 개정안이 지난 2007년 국회에서 의결됐다.

※ 구체적인 수치 제시가 미흡한 글이다.

19. 기온이 영하 3도였지만 바람이 세차게 불어 피부 체감온도는 영하 20도에 이를 정도로 훨씬 춥게 느껴지는 날씨였다.

※ 구체적인 수치 제시가 미흡한 글이다.

나. 중문 연습 I

1. 한국 축구가 갈수록 퇴락하고 있다. 2002년엔 월드컵 4강까지 나간 실력이었는데, 이후부터 내리막길을 걷더니 ~~이제는~~ 20××년 현재는 피파(FIFA) 랭킹 ××위에 그칠 정도로 세계 축구의 변방으로 밀려나고 있다.

※ 구체적인 수치 제시가 필요하다. 인터넷에서 직접 찾아보고 구체적인 수치를 넣어보도록 하자.

2. 지난 2007년 섣달 그믐날 하루 동안 전송된 문자 메시지는 모두 5억여 건에 달했다. 하루 평균 문자 메시지 전송 건수인 2억 6,700만 건의 배에 해당하는 것으로 5천만 국민 모두가 핸드폰을 지니고 있다 해도 1인당 10건씩은 문자를 주고받은 엄청난 양이었다.

※ 독자들이 보다 구체적으로 실감할 수 있도록 개인적인 수치로 바꿔줄 필요가 있다.

3. 지난달부터 우리 집 애완견의 식사량을 지속적으로 조절한 결과, 녀석의 몸무게가 200g 정도 줄어들었다. 몸 전체의 무게가 2kg에 불과했던 녀석이라 사람으로 치자면 70kg의 몸무게를 7kg이나 줄인 것으로 한 달 만의 변화치고

는 대단한 일이었다.

※ 변화에 따른 구체적인 수치의 제시와 함께 비교를 통해 다이어트의 강도가 얼마나 높았는지를 쉽게 짐작하게 할 수 있다.

4. 신종 인플루엔자의 여파로 해외 여행객의 수가 평년의 절반 가까이 이상 줄어들면서 여행업계가 직격탄을 맞고 있다. 안 그래도 경기 불황으로 매출이 부진하던 터라 5개 가운데 2군데는 도산 직전까지 몰리고 있다는 후문이다.

※ 역시 구체적인 수치가 부족한 글이다. 관련자료를 검색하는 발품을 팔면 좀 더 생생한 글을 만들 수 있다.

5. 구세군 자선냄비가 5억 원의 모금 금액 미달로 목표액 31억 원을 채우지 못해 모금 활동을 연장하기로 결정했다. 구세군이 24일 동안의 모금 기간 안에 목표액을 채우지 못한 것은 지난 1928년 국내에서 모금을 시작한 이래 2007년 연말이 처음이다.

※ 구체적인 수치가 빠져 있다. 임의로 적어 넣긴 했지만 독자들이 마땅히 궁금해 할 정보를 제공한 데 그 의의가 있다 하겠다.

다. 중문 연습 II

1. 지난 50년간 하루도 빠지 않고 한결같이 매일 점심과 저녁에 소주 1병씩을 들던 A씨가 올 초부터 금주禁酒를 선언했다. 더 이상 술을 마실 경우, 건강이 위태로울 수 있다는 의사의 진단 때문이었다. 그러고 보면, 그동안 A씨가 마신 소주의 양은 약 3만 6,500병으로 360ml짜리 30개가 들어가는 소주 박스로 치면, 1,216박스에 해당하는 어마어마한 양이다. 이를 부피로 환산하면 1만 3천ℓ로 13톤의 무게에 해당하며 가격으로도 개당 1천 원(일반 가게)으로 계산할 경우, 3,650만 원에 해당하는 금액이다.

2. 하루도 거르지 않고 비가 오나 눈이 오나 5km씩 조깅을 한 지도 어언 20년. 그동안 B씨의 몸에도 많은 변화가 찾아왔다. 우선, 쉬이 피곤해지던 몸이 좀처럼 피로를 느끼지 않게 됐다. 더불어, 체중도 20kg 정도가 줄어들면서 툭

튀어나왔던 배가 어느새 홀쭉해졌다. 사실, B씨가 그동안 뛴 거리는 3만 6,000여km로 서울과 부산을 40번 정도 왕복했으며, 약 9,500km에 달하는 서울 LA 간 거리를 두 번, 4만km에 이르는 지구는 거의 한 바퀴를 돈 것에 해당한다.

3. 대학교 1학년 때부터 매일 두 갑씩 담배를 피워온 K(40)씨가 마침내 금연을 선포했다. 치솟는 담뱃값을 감당하지 못해 조금이나마 용돈을 건져볼 심산에 서였다. 그러고 보면, 그동안 품질, 상표 불문하고 줄기차게 2,000원짜리 담배를 고집해온 K씨는 19세 때부터 장장 21년간 1만 5,000여 갑을 피워왔다. 10개들이 보루로는 1,500개에 이르는 이들 담배를 금액으로 환산해보면 자그마치 3,000만 원. 적금을 들었으면 오히려 4~5천만 원대로 불어났을 이 같은 금액은 결국 K씨의 폐와 건강만 손상시킨 채 한 줌의 연기가 돼 공기 속으로 사라져 버리고 말았다.

4. 현대인들은 하루 일과의 상당량을 비생산적이고 소모적인 일로 낭비하고 있다. 그 단적인 예로 출퇴근 시의 시간 지체와 TV 시청을 꼽을 수 있다. 예를 들어, B기업에 다니는 L부장(50)의 하루를 보자. 안양에 사는 L부장은 서울 도심의 직장까지 출근하는 데 평균 1시간 30분을 소요한다. 물론, 퇴근 시에도 집에 돌아오는 데 비슷한 시간이 걸린다. 이와 함께, 집에 도착해서부터 취침 전까지 L부장이 TV를 시청하는 평균 시간은 약 2시간. 그것도 토요일, 일요일에는 5시간 이상씩을 TV와 함께 보낸다. 그렇게 볼 때, 30살부터 직장 생활을 시작한 L부장은 얼마나 많은 시간을 길바닥과 TV 앞에서 소모했을까? 20년 동안 L부장이 길거리에서 소모한 시간은 주 5일 근무제로 따져 봤을 경우, 1주일에 15시간, 한 달이면 60시간, 1년이면 720시간이며 20년이면 1만 4,400시간에 달한다. 마찬가지로, TV 시청의 경우에도 1주일에 20시간, 한 달이면 80시간, 1년이면 960시간이며 20년으로 계산하면 1만 9,200시간에 이른다. 햇수로 따지자면, 출퇴근에 1년 8개월, TV 시청에 2년 2개월로 도합 3년 10개월에 달한다. 그렇게 따져 볼 때, 현대 사회에서의 기술 발달이 인간에게 효율적인 시간 관리와 함께 더 많은 여가 선용을 가져다 줬다고는 하나 1백 년 전의 한국 사회와 비교해 볼 때 그다지 설득력이 있어 보이지 않는다면, 이는 필자의 지나친 과장일까?

라. 장문 연습

1. 지구의 역사 50억 년 가운데 인류의 역사는 아무리 길게 잡아야 1만 년도 채 되지 않는다. 그야말로 장구한 세월 속에 순간적인 시간인 셈이다. 이는 지구의 나이를 1년으로 축소해 환산했을 경우, 1년 356일은 총 52만 5,600분이므로 1년이라는 지구 나이에서 1분에 해당하는 기간이 1만 년 정도라는 사실에 비춰볼 때, 인류의 역사는 12월 31일 밤 11시 59분에 시작됐다는 것을 뜻한다. 그렇게 따지자면 1초가 흐를 때마다 167년이 흘러가버린 인류 역사에서 삼국 시대의 등장과 신라에 의한 삼국 통일은 아무리 길게 잡아야 1천 년에 불과하기에, 초秒로 따지자면 6초 정도에 불과할 터. 더욱이 조선 시대의 역사가 500년이라고는 하나 한 살로 환산된 지구의 나이에 비춰볼 때에는 3초 정도에 해당하기에 일제에 의한 36년간의 식민 통치는 0.2초로 지구는 기억조차 못할 사건에 불과하다. 그렇다면, 이는 지구의 입장에서 볼 때 우리의 존재가 그만큼 덧없다는 것을 의미하기도 하며, 또 그렇게 짧기에 더욱 소중하다는 것을 뜻하기도 할 것이다.

※ 귀찮더라도 해당 기간을 일일이 치환置換해 독자들이 보다 친근하게 느낄 수 있도록 비교를 통해 구체적으로 예시해 주는 것이 필요하다.

2. 현재의 고등학교 과목들은 필요 이상으로 그 수가 많다. 예를 들어, 고등학교 1학년생의 경우, 국어, 영어, 수학을 비롯해 과학, 사회, 국사, 미술, 체육, 음악, 기술가정, 도덕, 한문 등 적어도 12개 이상을 들어야 하는 것이 현실이다. 여기에다 제2 외국어와 생물, 화학 등 4과목으로 세분화되는 과학 과목, 또 한국지리, 세계지리 등을 포함해 10개로 세분되는 심화 사회 등을 챙기노라면 고등학생들이 챙겨야 하는 과목 수는 기하급수적으로 늘어나게 된다. 더군다나, 고등학교를 졸업한 후, 대학에서든 사회에서든 인생의 첫발을 딛고자 하는 이들에게 그 교과목들이 얼마나 유용할지도 의문이다. 해서, 개인적으로는 차라리 실생활에 유용한 과목들을 가르쳤으면 좋겠다는 바람이다. 미국이나 일본, 독일과 같은 선진국에서는 사회 생활을 위한 지식 중심으로 교과목들을 가르치고 있다는 기사를 읽은 적이 있다. 예를 들면, 자동차 운전 교습에서부터 통장 개설 및 재테크를 위한 생활 경제, 계약 등과 관련한 법률 상식

등에 이르기까지 그야말로 고등학교만 졸업하고 사회에 나갈 경우, 당장 자신의 앞날을 개척하는 데 도움이 될 과목들이 이에 속한다. 그런 면에 비춰볼 때, 내신 등급 차별화와 수능 점수 서열화를 위해 존재하는 대한민국 공공公共교육은 안타까운 존재일 뿐이다. 더욱이, 수업 방식과 시험 방식 모두 교과서에 제시된 내용만 외우고 써내도록 강제한다는 점에서 본다면 기계적 암기만 조장助長하고 있다는 비판도 결코 지나치지는 않으리라. 그렇다면, 인간이 지닌 모든 자질을 조화롭게 발달시키는 전인全人교육은 요원遙遠한 것일까? 그런 의미에서 여러 자립형 대안代案 학교가 진행하고 있는 다양한 실험은 최선最善의 답을 찾아나가기 위한 시도라는 점에서 매우 참신하다는 생각이다.

※ 구체적인 수치와 함께 실례實例가 생략돼 있어, 독자들에게 보다 자세한 정보를 제공한다는 차원에서 관련 정보를 수집해 제시해 주는 노력이 필요하다. 다음 장章에서 실례實例에 대해 좀 더 깊이 있게 다뤄보기로 하자.

4장

"비유냐 예시냐, 그것이 문제로다!"

비유와 예시, 적절히 섞으면 죽은 글도 살아나
문학과 경전經傳은 비유, 예시의 보고寶庫

앞 글에서 구체적인 글쓰기를 강조한 바 있다. 그렇다면, 수치 제시를 통한 구체화와 더불어 상대방에게 깊은 인상을 심어주는 강렬한 글쓰기의 또 다른 요령으로는 무엇을 들 수 있을까? 취향과 개성에 따라 여러 요령이 있겠지만, 촌철살인寸鐵殺人의 '비유' 또는 시의적절한 '예시' 하나가 글 전체를 살릴 수도 죽일 수도 있다. 그러고 보면, 한때 한국과 일본에서 선풍적인 인기를 끌었던 「초밥왕」과 「신의 물방울」 모두 먹을거리, 마실거리를 다양한 소재와 사물에 견주어 봄으로써 독자의 흥미를 고조시킨 만화책들이었다.

사실, 낯선 개념을 쉽게 전달하기 위한 '비유'와 '예시'는 독자의 이해를 도와주는 특급 도우미다. 그런 '비유'와 '예시'는 각각 두 종류로 나눠볼 수 있는데, 먼저 '비유'에는 '~처럼,' '~같이' 등과 같은 비교격 조사를 이용한 '직유直喩'와, 'A는 B다'라고 단도직입적으로 풀이하는 '은유隱喩'가 있다. 대부분의 경우, '비유'는 독자의 오감을 자극하기 위해 작가가 주관적으로 사용하는 것으로 문학성을 강하게 내포하게 마련이다.

반면, '예시'는 객관적인 사실을 전달하면서 독자의 이해를 돕기 위해 주변의 예를 끌어들이는 것으로 논리적이며 설명적인 특징을 지니게 마련이다. 그런 '예시'에는 '사물 예시'(실례)와 '상황 예시'가 있는데 비타민 C가 풍부한 과일들을 소개하면서 레몬, 딸기, 오렌지 등을 거론하는 것은 '사물 예시'에, 비타민 C가 몸에 좋다는 점을 설명하면서 노화 방지 및 피부 미용에 도움이 된다고 덧붙이는 것은 '상황 예시'에 속한다. 덧붙이자면, '사물 예시'는 열거 등을 이용해 관련 정보를 나열하는 반면, '상황 예시'는 문장에서부터 문단에 이르기까지 다소 장황하게 설명하는 특징을 지니고 있다. 하지만, '사물 예시'가 됐든, '상황 예시'가 됐든 어느 한쪽만 되풀이해 쓰기보다 '비유'와 함께 적절히 사용하는 것이 글의 설득력을 높이는 데 더욱 효과적이다. 그렇다면, '비유'와 '예시'에 있어 역대 최고의 문학가로는 누구를 꼽을 수 있을까? 이에 관해 「한국의 이공계는 글쓰기가 두렵다」의 저자, 임재춘의 말을 들어보자.

> 비유에 관한 한 최고의 스승은 예수와 석가이다. 예수의 경우……목동에게는 '잃어버린 한 마리 양의 비유'로, 아버지에게는 '탕자의 비유'로, 농부에게는 '가라지*의 비유'로 (하나님의 사랑과 심판을) 설명하였다. 석가도 득도를 하고 난 직후에 제자들에게 많은 설법을 하였으나 그들이 알아듣지 못하자 그 이후로는 아주 쉬운 비유를 사용하였다. 예수나 석가보다 더 위대한 성인도 많았지만 그들은 대중을 이해시키지 못해 역사 속에 묻혀 버렸다. (57쪽)

어떻게 해야 '비유'와 '예시' 능력을 향상시킬 수 있을까? 가장 좋은 방법

* 가라지: 볏과의 한해살이풀. 성경에서는 알곡의 반대말로 쭉정이와 같은 의미로 쓰임.

으로는 역시, 문학 작품을 가까이하는 것을 들 수 있다. 소설과 수필은 작가들이 머리를 쥐어짜며 창작해 낸 '비유'와 '예시'의 보고寶庫들이기 때문이다. 그런 고로 문학 작품 속에는 독자들의 공감을 최대한 끌어내기 위해 하루를 1년같이 고민한 작가들의 정성이 알알이 녹아 있다.

마찬가지로, 경전經典을 읽는 것도 '예시'와 '비유' 능력 향상에 커다란 도움을 준다. 이에 대해 「나의 동양 고전 독법: 강의」를 저술한 신영복 전 성공회대 교수는 '맹자孟子'를 적임자로 추천하고 있다. 불가능한 일을 뜻하는 '연목구어緣木求魚'나 별 차이 없이 대동소이大同小異함을 일컫는 '오십보백보五十步百步'같이 간결하면서도 정곡을 찌르는 '비유'가 넘친다는 이유에서다. 그러고 보면, '우물 안 개구리'라는 '예제'를 사용했던 장자莊子 역시 비유에 있어서는 가히 한 가닥 하는 성인이었다.

그렇다면, 이쯤에서 상황 퀴즈 하나. 맹자의 '연목구어緣木求魚'와 '오십보백보五十步百步'는 직유법일까, 은유법일까? (정답은 94쪽에)

53쪽 정답: 구체적인 수치 제시('10km 밖,' '일주일에 서너 번은')를 사용하고 있다.

알아두기

비유와 예시의 또 다른 보고寶庫로는 속담과 격언을 들 수 있다. 그런 의미에서, 속담 사전이나 격언 사전을 하나쯤 구비하는 것도 좋은 방법이다.

좋은 비유, 좋은 예시들

〈미술〉

"카라바조(미켈란젤로)는 1571년 9월 29일, 밀라노 근처에 있는 카라바조라는 작은 마을에서 태어났다. 이름은 원래 미켈란젤로 메리시Michelangelo Mersi였는데 출신지를 따서 이름을 부르곤 했던 당시의 풍습에 따라 나중에 카라바조라고 불리게 된다. 우리나라에서 춘천댁, 강원댁이라고 부르던 것처럼 말이다. (예시: 상황)

– 조이한, 「위험한 미술관」, 29쪽.

문화는 꽃이다. 사상의 뿌리, 정치 · 제도의 줄기, 경제 · 사회의 건강한 수액이 가지 끝까지 고루 펼쳐진 다음에야 비로소 문화라는 귀한 꽃이 핀다. 지금 한국 문화는 겉보기에는 화려한 듯싶으나 내실을 살펴보면 주체성의 혼란, 방법론의 혼미로 우리 정서와 유리된 거친 들판의 가시밭길을 헤매고 있다. 법고창신이라야 한다! 문화는 선인들의 과거를 성실하게 배워 발전적 미래를 이어가는 재창조 과정이다. 문화의 꽃은 무엇보다도 우리 시대가 김홍도 시대에 못지않은 훌륭한 사회를 이룰 때에만 피어난다. 무엇보다 근본적으로 우리의 삶 그 자체가 아름다워져야 한다. (비유: 은유)

– 오주석의 「한국의 미 특강」, 277쪽.

〈수학〉

유치원부터 중학교까지 꽤 오랫동안 피아노를 쳤는데, 수학 공부를 하다가 가끔씩 피아노곡을 연주할 때와 유사한 느낌을 받곤 했다. 예를 들어 수학 원리를 배우고 이를 익히기 위해 연습문제를 풀 때는 하논을 칠 때와 비슷한 기분이 들었다. 하논은 체력을 연마하듯 음계와 화음을 연습하고 손가락 훈련을 하는 곳인데, 교과서의 지루한 연습문제들은 수학의 하논으로 다가왔다.

바흐의 피아노 곡은 화려한 디자인의 드레스보다는 무채색의 정장처럼 엄숙하게 여겨져 처음에는 좋아하지 않았지만, 언제부터인가 바흐의 음악이 갖는 정교한 구조에 매료되었다. 오른손의 멜로디가 옮아가 양손이 대화를 하듯 호응하는 전개 방식을 이해하게 되면서 바흐 음악의 조직적인 구성이 갖는 아름다움을 느낄 수 있었다. 빈틈없이 잘 조직된 수학의 형식과 바흐 음악의 견고한 구조에서 동형성을 찾은 것이다.

모차르트 변주곡을 칠 때면 하나의 주제구가 얼마나 다양하게 변환될 수 있는지 경탄하게 된다. 수학 문제를 풀 때에도 동일한 개념이나 원리를 묻는 문제가 주어진 조건과 구해야 하는 항목을 달리하며 어찌나 다양하게 변신하는지 감탄할 때가 있다. 무한한 변환의 가능성에서 변주곡과 수학 문제의 동질성을 발견할 수 있다.

쇼팽의 연인인 조르주 상드는 강아지를 길렀는데, 어느 날 쇼팽에게 강아지를 음악으로 표현해 달라고 부탁한다. 그래서 탄생한 것이 유명한 '강아지 왈츠'다. 강아지 왈츠 도입 부분에서 반복되는 멜로디는 바로 강아지가 자기 꼬리를 물려고 뱅뱅 도는 귀여운 모습을 표현한 것이라고 한다. 수학 문제를 풀거나 증명할 때 한참 진행을 시켰다가 다시 원점으로 돌아오는 미궁에 빠질 때에는 강아지 왈츠의 초반 멜로디가 떠오르곤 했다.

재즈는 악보의 상당 부분이 비어 있어 연주자가 청중과 교감을 이루면서 즉흥적으로 음악을 만들어 내는 경우가 많다. 그런 의미에서 재즈의 본질은 자유라고 할 수 있는데, 이는 '수학의 본질은 자유'라고 말한 수학자 칸토어의 생각과도 서로 통한다.

오스트리아를 방문했을 때 잘츠부르크의 명물인 '모차르트 초콜릿'을 맛보았다. 100년이 넘도록 생산되고 있는 모차르트 초콜릿을 입에 넣으면 달콤한 맛이 금방 입안 가득히 퍼지지만 마지막에는 약간 쓴맛이 난다. 초반에 달콤하다가 마지막이 쓴 초콜릿의 맛은 음악 신동으로 화려하게 데뷔한 어린 시절과 달리 젊은 나이에 쓸쓸하게 세상을 떠난 모차르트의 일생을 떠오르게 한다. 단순한 계산 위주였던 초등학교에서 수학을 달콤하게 여기지만, 중학교나 고등학교에 이르러서는 수학의 쓴맛을 경험하는 학생들이 대다수이다. 독자들이 수학 공부의 쓴맛을 경험하지 않고 오래도록 수학의 단맛을 음미할 수 있도록 하는 데 이 책이 조금이나마 도움이 된다면 더없이 기쁠 것 같다. (비유: 직유+은유; 예시: 상황)

–박경미의 「수학콘서트」 서문.

〈과학〉

DNA는 우리의 몸속에 살고 있다. 그것은 몸의 한곳에 집중되어 있는 것이 아니고 각 세포에 분포해 있다. 한 인간의 몸을 구성하고 있는 세포 수는 평균 약 10^{15}개이다. 예외적인 경우가 있기는 하지만 그들 세포 모두에는 그 사람 신체의 완전한 DNA 사본이 포함되어 있다. 이 DNA는 뉴클레오티드의 A, T, C, G라는 알파벳을 이용해 몸을 만드는 방법에 관한 한 세트의 지령이라고 생각해도 좋다.

그것은 마치 거대한 빌딩의 모든 방에 그 빌딩 전체의 설계도를 넣어 둔 '책장'이 있는 것과도 같다. 세포 내의 이 책장은 핵이라고 불린다. 인간의 설계도는 46권이나 되며 이 수는 종에 따라 다르다. 우리는 각 '권'을 염색체라고 부른다. 현미경으로 보면 염색체는 기다란 실처럼 보인다. 유전자는 그것을 따라서 질서정연하게 줄지어 있다. 어떤 유전자가 어디에서 끝나고 다음 유전자가 어디에서부터 시작하는가를 판단하는 것은 쉽지 않으며, 실제로 의미 있는 일이 아닐지도 모른다. 이 장에서 이야기하고 있듯이 어쩌면 이것도 다행스럽게 우리의 목적과는 별로 관계가 없다. (비유: 직유+은유; 예시: 상황)

–리처드 도킨스, 「이기적 유전자」, 51쪽.

〈역사〉

“우리의 번영을 시기하는 정부에게 우리를 통치할 권리가 있는가? 없다고 대답하는 사람은 누구나 독립을 찬성하는 사람이다. 왜냐하면 독립이란 단순히 ‘우리 스스로가 우리의 법률을 만드느냐’를 분명히 하면 되는 것이기 때문이다. 만약 식민지가 오늘날까지 영국의 통치 밑에 번영하지 않았느냐고 누가 묻는다면 나는 다음과 같이 반박하겠다. 지금까지 이 어린아이는 우유를 먹고도 잘 자랐으니까 고기를 먹을 필요가 없다는 이야기가 마찬가지다…… 하나님이 영국과 아메리카 사이에 먼 거리를 두신 것은 한쪽이 다른 한쪽을 통치할 수 없다는 하나님의 뜻을 뚜렷이 나타낸 것이다…… 한 대륙이 한 섬의 통치를 영원히 받아야 한다고 생각하는 것은 어리석은 일이다.” 이 선전문서의 반응은 그야말로 굉장하였다. 런던에서는 신사들이 신 뒷축에 T.P.라는 그의 이름의 약자를 새긴 징을 박아 신고 다니면서 그것을 밟아 대는 것이 유행할 만큼, 토마스 페인은 그들의 미움을 샀다. 아메리카에서 「상식」은 농촌에 사는 급진파의 성서가 되었으며 3개월도 못 되어 12만 부가 팔렸다. 급진파의 의기는 앙양되고 완고한 보수당원도 전향을 했으며 워싱턴까지도 이 책자를 높이 평가하였다. “그럴듯한 주장이다. 반대할 수 없는 정당성이 있다.” (예시 : 상황)

—앙드레 모로아, 「미국사」, 147쪽.

〈한시〉

청나라 때 김성탄金聖嘆이 쓴 「쾌설快說」은 세상을 살아가면서 경험한 33개의 통쾌한 장면을 하나씩 떠올리며 적은 글이다. 그 가운데 “자제들이 글 외우는 소리가 유창하여 마치 병 속의 물을 따르는 것만 같으니 또한 통쾌하지 아니한가?”라는 구절이 있다. 어린것이 어느새 글을 익혀 그 어려운 글을 줄줄 읽을 때 과연 흐뭇하지 않을 어버이가 어디 있을까? (비유 : 직유)

—정민, 「책 읽는 소리」, 15쪽.

〈철학〉

이상하게 들릴지 모르지만, 역사적으로 볼 때 모든 인간이 자유롭고 평등하다는 믿음은 아주 희한한 견해에 속한다. 인류는 오랜 세월 동안 왕, 귀족, 평민이라는 신분의 차이를 당연한 것으로 받아들이며 살아왔다. 우리가 집안에 부모님이 있고 형제간에도 나름의 서열이 있다는 사실을 자연스럽게 여기듯, 불과 200여 년 전까지만 해도 사람들은 국가에는 존엄한 왕과 고귀한 혈통(귀족)이 있으며 평민들은 그들의 다스림과 보호를 받는 것이 지당하다고 생각했다. (예시 : 상황)

—안광복, 「역사, 철학을 만나다」, 135쪽.

〈소설〉

"참, 읍내 어무님 당부신디요, 부디 건강허시라고요."

"고맙소. 그럼 ……."

정하섭은 돌아섰다. 그리고 뒷산 쪽을 향하여 날쌔게 뛰기 시작했다. 그의 모습은 이내 어둠에 묻혔고, 눈을 부릅뜨다시피 한 소화의 시야에서도 사라지고 말았다. 그러나, 소화는 그 자리에서 움직일 줄을 몰랐다. 아니 움직일 수가 없었다. 지금 그녀의 가슴에서는 실타래가 풀려나가고 있었던 것이다. 그 끝은 정하섭에게 묶여 있었다. 정하섭이 아무리 험한 길을 아무리 멀리 가도 끊어지지도 동이 나지도 않을 것이다. 그것은 그녀의 가슴에서 끝도 한도 없이 만들어지는 인연의 실이었던 것이다. (비유 : 은유)

—조정래, 「태백산맥」, 1권, 206쪽.

술 양푼을 연해 갈아 드리는 동안에 한방에 가득한 술김은 무지개가 되고 여러 입에서 나오는 이야기는 꽃이 피었다. (비유 : 은유)

—홍명희, 「林巨正」, 4권 272쪽.

"사내의 정이란 들물과 같아서 여러 갈래로 흐르지만, 여편네 정은 폭포같이 외골로 쏘칩니다" (비유 : 직유)

—홍명희, 「林巨正」, 8권 144쪽.

〈경제〉

경제적 시대를 구별하는 것은 무엇이 생산되는가가 아니고 어떻게, 어떠한 노동수단으로 생산되는가이다. 무명옷이냐 비단옷이냐에 의해 경제적 시대가 구별되는 것이 아니라, 옷을 어떻게 생산하느냐, 물로 만드느냐 방직기로 만드느냐에 따라 경제적 시대가 달라진다는 것이다. 노동수단은 인간 노동력 발달의 척도일 뿐 아니라 노동자가 맺는 사회적 관계의 지표이기도 하다. 봉건적 생산관계는 물레에 조응하며, 자본주의적 방직기에 조응한다.

특정의 생산력에 조응하는 특정의 생산관계가 결합되면, 이것이 사회의 물질적 기초인 경제구조를 이룬다. 이제 이 경제구조를 토대로 기둥과 들보가 올라간다. 기둥과 들보는 소유관계를 공고히 해주는 법적, 정치적 제도들이다. 〈경국대전〉은 조선의 양반이 종에 대한 지배, 그들의 소유관계를 법적으로 표현한 것이다.

법적, 물리적 강제만으로 시스템을 유지하는 것은 어리석은 일이다. 지붕에 기와를 얹듯, 생산 관계와 지배 구조를 장식해 줄 이데올로기적 예술품이 필요하다. 이 이데올로기적 예술품은 건축물의 내구성을 강화하는 데 중대한 역할을 맡기도 한다. 중세 유럽의 귀족은 기독교로부터 종교적 지원을 받았으며, 조선의 양반은 성리학으로부터 이데올로기적 장식물을 공급받았다. 고대 그리스의 위대한 사상가 아리스토텔레스가 노예를 '말하는 짐승'으로 인식했던 것은 그가 타고난 불평등 옹호자였기 때문도, 그의 지적 능력이 부족해서도 아니라 그가 살고 있는 그리스 사회가 노예노동에 의존하고 있었기 때문이다. 그는 자신의 존재를 부정할 수 없었다. (예시: 상황)

—황광우, 「철학 콘서트」, 253쪽.

〈건축〉

바흐의 음악은 건축적이다. 음표 하나하나를 벽돌 쌓듯이 빼곡히 쌓아올려 만든 위대한 구조물이다. 대칭, 병치, 조바꿈을 화려하게 구사해 가며 만들어낸 음악은 음표 하나만 위치를 바꿔도 전체를 다시 조정해야 하는 구조물이다. 건축이 그렇듯이.

음악의 감상은 단순히 멜로디를 따라가는 데 그치지 않는다. 다양하게 동원되는 악기의 음색을 빼놓을 수 없다. 고음에 이른 오보에가 찌르듯이 공간을 파고드는 소리, 저음의 첼로가 활과 현 사이에서 거칠게 긁히며 만드는 소리는 진정한 음악 감상을 이루는 중요한 재료다. 이 맛은 작곡가의 창조적 영감뿐 아니라 연주자의 기량에 의존하는 바가 크다. 이 맛의 감상을 위해 수천만 원짜리 오디오 기기가 오늘도 판매되고 그 맛의 음미 결과로 수많은 연주평이 존재하는 것이다. (비유: 직유+은유)

–서현, 「건축, 음악처럼 듣고 미술처럼 보다」, 109쪽.

연습문제

가. 단문 연습 I

문학적인 상상력을 발휘하여 아래의 빈칸에 적절한 비유를 채워보기 바랍니다. 물론, 정답은 없으며 글의 문맥이 자연스러워지도록 애쓰면 됩니다.

1. 사탕을 사달라고 떼쓰며 ________ 같이 달라붙는 그 녀석에게 넌덜머리가 난다.

2. '________'더니 일을 많이 벌여 놓은 탓에 여기저기서 사건이 터지자 도무지 정신을 차릴 수가 없다.

3. 평생을 무명無名과 가난에 시달렸지만 죽는 순간까지 붓을 놓지 않았던 고흐에게 예술은 곧 ________ 었/였다.

4. 술 못 마시는 내게 회식자리에서 폭탄주를 만나는 기분은 그야말로 ________ 기분이다.

5. 쫓아도 쫓아도 ______ 같이 달려드는 통에 결국, 견디지 못하고 내빼고 말았다.

6. 한 달째 계속되는 불볕 더위에 ________ 마냥 갈라진 논두렁을 보니 가슴이 메어 터질 것 같다.

7. "우리 회사 제품은 시간이 흐를수록 오히려 진가(眞價)를 발휘한다는 면에서 ________ 같다고 볼 수 있습니다."

8. 천天, 지地 인人이 조화를 이뤄 만들어진 완벽한 포도주는 흔히 ________ 로 불린다.

9. "커피는 ________ 다. ________ (하)니까!"

10. 3만 피트 상공에 다다르자 발 밑에 ________ 같은 구름들이 손에 잡힐 듯 펼쳐졌다.

나. 단문 연습 II

다음은 사물 예시나 상황 예시 측면에서 정보가 부족해 독자들의 피부에 깊이 와 닿지 않는 문장들입니다. 필요한 경우에는 실례를 임의로 넣어가면서 좀 더 구체적인 문장으로 만들어 보기 바랍니다.

1. L사의 A 승용차는 연비가 리터당 무려 25km이며, 주유량은 40리터에 달한다.

2. 이 약은 경미한 부작용이 있기에 복용 시 주의하기 바랍니다.

3. 미국은 세계에서 세 번째로 큰 나라로 광활한 영토를 지니고 있다.

4. '200ml의 물을 부은 후, 분말을 넣고 잘 저어주기 바랍니다.'

5. 땅 위와 물속에서 동시에 살 수 있는 동물은 파충류가 아닌 양서류이다.

6. 영미권에서 '틴에이저'라 함은 'teen'이란 단어가 들어간 연령대를 일컫는 말이다.

7. 대륙과 동떨어져 있는 호주에는 특이한 동물들이 많다.

다. 중문 연습 I

역시, 문학적인 상상력을 발휘하여 아래의 빈칸에 적절한 비유를 채워보기 바랍니다.

1. "세금이 또 오른다지만 웬만한 자영업들은 이리저리 빠져나갈 것이 뻔하고, 결국에는 수입이 낱낱이 드러나 있는 직장인들의 ________ 만 털릴 것이라는 게 솔직한 심정이다."

2. 평생토록 나와 함께 있어 줄 것 같던 친구가 갑작스레 이민을 떠나버리자 한동안 내 마음은 ________ 같이 그렇게 공허할 수 없었다.

3. 이성이 있을 때는 ________ 처럼 부드럽다가도 우리끼리만 있을 때는 ________ 같이 까칠해지는 그에게 '지킬 박사와 하이드'란 별명이 붙었다.

4. "월선의 얼굴은 시시로 변했다. 입술은 푸르스름했고 떨고 있었다. 눈은 ______ 듯 움직일 줄 몰랐다. 양 볼을 감싼 명주수건 사이로 비어져 나온 머리칼이 바람에 나부낀다." (박경리, 「토지」, 2권, 415쪽.)

5. 월선은 강가를 향해 뛰어가는 두 아이의 모습을 바라봤다. 아이들의 모습은 차츰 작아져서 _______ 알만큼 되고 _______ 알만큼 되고 그런 뒤 없어져버렸다. (박경리, 「토지」, 4권, 275쪽.)

6. 구약 성서와 그리스도의 생애와 사도들과 성자들의 이야기로 창을 가득 채우고 있는 교회들은 ________ (이)나 ________ 의 중세판이라고 할 수 있다. (조너선 글랜시, 「사진과 그림으로 보는 건축의 역사」, 56쪽.)

라. 중문 연습 II

다음 글에서는 적절치 못한 비유/예시가 사용되고 있습니다. 곰곰이 생각해서 왜 잘못된 비유/예시인지를 파악한 후, 올바르게 바꿔보기 바랍니다.

1. 학교 안에서 밥과 고기, 김치 등을 쉽게 접할 수 있지만 '찌개다운 찌개'는 접하기가 쉽지 않다. 비록 교내 식당의 메뉴에 '찌개'가 있다고는 하나 집에서 먹던 찌개와는 차원이 다르다. 마찬가지로, 학교 인근 식당에서도 여러 찌개들을 팔고는 있지만, '찌개다운 찌개'를 맛보기는 서울 집값이 내리는 것만큼이나 어려운 일이다.

2. 하나의 글 안에서 서론 본론 결론을 만들고 이 세 부분을 연결하는 데 가장 중요한 요소가 바로 논리다. 소위 논리적 전개라는 것인데, 이것이 잘못되면 글이 맥을 이어 흐르지 못하고 실패로 끝난다. 논리가 없는 글은 글이 아니다. 횡설수설이다. 인체로 말하자면 피와 같은 존재가 글에서는 논리다.

마. 장문 연습 I

독자의 이해를 돕는 측면에서 아래의 빈칸에 적절한 예시를 채워보기 바랍니다.

1. 홍콩 경마는 레이스 수준이나 시설뿐 아니라 다양한 베팅의 승식으로 더욱 흥미를 높이고 있다. 한국의 경우, 단승 · 연승 · 복승 · 쌍승 · 복연승식 등 4개뿐이지만 홍콩의 경우는 무려 11가지에 이른다. 1~3위를 순서대로 맞히는 삼쌍승식, 순서에 상관없이 3마필을 맞히는 삼복승식, 그리고 2개, 3개, 6개 경주의 1위마를 모두 적중시켜야 하는 더블, 트레블, 식스업 등이 있다. 한국의 승식이 산수의 ________ 수준에 머물렀다면 홍콩 경마는 수학의 ________ 수준이라고 할 수 있다. 과학적인 분석도 필요한 만큼, 베팅 적중의 스릴은 곱절이 된다.

   —배병만, 〈스포츠 월드〉

2. “촌철살인의 비유는 ‘금배지’의 향방도 가름합니다. 지난 17대 국회의원 선거에서 톡톡 튀는 언변言辯으로 돌풍을 일으켰던 민주노동당의 노회찬 후보. ‘고기 탄 불판은 갈아야 한다’며 권력 교체를 위한 국민들의 지지를 호소했습니다. 결국, 노회찬 후보는 민노당이 전국 당 득표율에서 13.1%를 기록하는 기염 속에 8번째 비례대표로 국회에 등원登院하는 기쁨을 맞보았습니다. 하지만, 다음 국회의원 선거인 18대 총선總選에서는 촌철살인의 비유를 제대로 살리지 못하며 낙선落選하는 아픔을 맞보았습니다. 비유 하나로 금배지의 당락當落이 결정됐다면 과장일까요? 그런 의미로 비유해 보자면, 작금昨今* 의 국회는 의자를 쌓아 출입구를 봉쇄하고, 이에 맞서 해머로 문을 부수며 진입을 시도한다는 점에서 ______ 의 ______ 같다는 생각입니다. 금배지를 달았을 뿐, ______ 와 다를 바 없다는 의미에서 말입니다.”

바. 장문 연습 II

다음 글에서는 적절치 못한 비유/예시가 사용되고 있습니다. 곰곰이 생각해서 왜 잘못된 비유/예시인지를 파악한 후, 올바른 비유/예시로 바꿔보기 바랍니다.

1. 표현의 자유, 출판의 자유를 옹호했던 밀턴의 「자유론」은 독자에게 층층이 쌓여진 지하계단을 어둠 속에서 걷는 것과 같은 느낌을 준다. 책 속에서 밀의 논리는 점층적이기에 끝까지 책을 독파讀破하는 독자에게 큰 깨달음을 안겨준다. 하지만 그 과정은 쉽지 않다. 어둠은 어려운 단어가 될 수도 있고, 지나친 구문句文의 반복이 될 수도 있다. 해서, 이 책의 첫 장을 넘기려 하는 독자에게 굵은 목소리로 충고해 주고 싶다. “독자여, 집중하게. 자칫 어둠 속에서 굴러 떨어지게 되면 3~4페이지를 후퇴할 수도 있으니깐.”

* 작금昨今: 어제와 오늘을 아울러 이르는 말. 요즘이라는 뜻. 어제 ‘작昨,’ 이제 ‘금今.’

2. 성난 바다와 같은 사회에서 자신은 선장과도 같은 존재이다. 키를 잡지 못하고 방향을 잃으면, 파도에 휩쓸리거나 거대한 바다 속 미아가 되어 버리는 것처럼 자신을 바로잡지 못하거나 바로 보지 못한다면 사회 부적응자가 되어 버릴 것이다. 따라서, 끊임없이 자신의 위치를 확인하며 명확히 설정한 목적지를 향해 나가는 것이 중요하다. 그렇게 자신을 다잡아 가며 목적지를 향해 흔들림 없이 나아갈 때 비로소 좌초되거나 표류하지 않고 똑바로 전진해 갈 수 있는 추진력을 얻을 수 있을 것이다.

3. 한국 비하 논란으로 지난 16일 방영 중지 결정이 내려졌던 일본 케이블TV 키즈스테이션의 애니메이션 '헤타리아'를 두고 일본 네티즌들이 방송 재개 청원운동을 펼쳐 또다시 논란이 되고 있다. 일본의 서명사이트 '서명 TV'에서는 지난 17일부터 '헤타리아 애니메이션 부흥 서명' 운동이 시작됐다. 1,000명을 목표로 시작된 서명운동에는 22일 밤 12시까지 약 500명이 참여했다. 서명에 참여한 일본 네티즌들은 "한국의 일방적인 항의에 의해 TV 방송이 중지되는 것은 납득할 수 없다," "청천병력 같은 압력에 굴하면 안 된다"고 주장했다.

– 2009년 1월 23일 〈조선일보〉, 인터넷판 기사

※ 위의 글은 연습문제를 위해 원래의 신문 기사를 조금 바꾼 것임.

정답

가. 단문연습 I

1. 사탕을 사달라고 떼쓰며 거머리 같이 달라붙는 그 녀석에게 넌덜머리가 난다.

2. '가지 많은 나무, 바람 잘 날 없다'더니 일을 많이 벌여 놓은 탓에 여기저기서 사건이 터지자 도무지 정신을 차릴 수가 없다.

3. 평생을 무명無名과 가난에 시달렸지만 죽는 순간까지 붓을 놓지 않았던 고흐에게 예술은 곧 삶, 그 자체였다.

4. 술 못 마시는 내게 회식자리에서 폭탄주를 만나는 기분은 그야말로 밤중에 강도 만난 기분이다.

   ※ 조선일보에서 어느 해, 최홍섭이라는 기자가 쓴 칼럼에서 나온 비유이다. 술을 좋아하는 탓에 술 못하는 이들의 심정을 제대로 헤아리지 못하던 필자였는데 이 비유를 통해 당사자들의 기분을 조금이나마 이해할 수 있게 되었다.

5. 쫓아도 쫓아도 각다귀같이 달려드는 통에 결국, 견디지 못하고 내빼고 말았다.

   ※ 각다귀란 다리가 긴 모기의 일종이다. 남의 것을 뜯어먹고 사는 사람을 비유적

으로 이르는 말로 문학 작품에 자주 소개되곤 한다.

6. 한 달째 계속되는 불볕 더위에 거북이 등껍질마냥 갈라진 논두렁을 보니 가슴이 메어 터질 것 같다.

7. "우리 회사의 제품은 시간이 흐를수록 오히려 진가眞價를 발휘한다는 면에서 골동품과 같다고 볼 수 있습니다."

   ※ 어느 지하철 역의 광고판에 적혀 있던 문구이다. 당시 광고 문구에는 골동품이라는 말 대신 '보석'이라는 말이 적혀 있었다. 하지만, 비유가 적절치 않아 '골동품'이라는 용어로 대체對替해 봤다.

8. 천天, 지地, 인人이 조화를 이뤄 만들어진 완벽한 포도주는 흔히 '신의 물방울'로 불린다.

   ※ 작은따옴표로 둘러싸 주는 것이 포인트다.

9. "커피는 악마다. 검은색이니까!"

10. 3만 피트 상공에 다다르자 발 밑에 솜이불 같은 구름들이 손에 잡힐 듯 펼쳐졌다.

나. 단문연습 II

1. L사의 A 승용차는 연비가 리터당 무려 25km이며, 주유량은 40리터에 달해 단 한 번의 주유로 서울에서 부산까지 왕복이 가능하다.

   ※ 상황 예시를 제시하면 의미가 더욱 살아나는 문장이다. 독자가 직접 계산을 해야 하는 수고를 덜어주는 좋은 글이다.

2. 이 약은 어지럼증, 메슥거림, 가려움 등의 경미한 부작용이 있기에 복용 시 주의하기 바랍니다.

※ 상황 예시가 부족한 글이다. 소비자의 입장에서 경미한 부작용이 무엇인지 궁금할 수밖에 없다. 기왕이면 「A+ 글쓰기」에서 소개한 바 있는 '열거 3 · 3의 법칙'에 따라 세 가지 정도를 나열해 주는 것이 좋다.

3. 미국은 러시아, 캐나다에 이어 세계에서 세 번째로 큰 나라로 남북한을 합친 면적의 50배에 달할 정도로 광활한 영토를 지니고 있다.

※ 정확하게 따지자면 사물/상황 예시라기보다 유관 정보가 실종된 글이라고 할 수 있다. 어쨌든, 이 글을 읽는 독자들은 당연히 세계에서 가장 넓은 나라와 그 다음 나라가 어디인지 궁금해할 것이다. 더불어, 앞 장章에서 설명한 대로 얼마나 커다란지에 대한 비교 설명도 독자들을 배려하는 차원에서 필요하다.

4. 물컵 한 잔에 해당하는 '200ml의 물을 부은 후, 분말을 넣고 잘 저어주기 바랍니다.'

※ 사물 예시가 필요하다. '물컵 한 잔'만 인용하는 것으로 충분하지 않을 수 있지만, 이 정도로라도 곁들여 제시하는 자세가 필요하다.

5. 땅 위와 물속에서 동시에 살 수 있는 동물은 뱀, 악어, 도마뱀과 같은 파충류가 아닌 개구리, 두꺼비, 도롱뇽 등과 같은 양서류이다.

※ 구체적인 사물 예시가 필요한 글이다. '열거 3 · 3의 법칙'에 따라 세 가지 정도를 나열해 주는 것이 좋다.

6. 영미권에서 '틴에이저'라 함은 'thirteen,' 'fourteen,' 'fifteen'처럼 'teen'이란 단어가 들어간 연령대를 일컫는 말이다.

※ 상황 예시가 빠져 있는 글이다. 운율까지 고려한 '열거 3 · 3의 법칙'에 따라 세 가지 정도를 나열해 주는 것이 좋다.

7. 대륙과 동떨어져 있는 호주에는 캥거루, 코알라, 오리너구리 등 특이한 동물들이 많다.

※ 구체적인 사물 예시가 생략돼 있다.

다. 중문연습 I

1. "세금이 또 오른다지만 웬만한 자영업들은 이리저리 빠져나갈 것이 뻔하고, 결국에는 수입이 낱낱이 드러나 있는 직장인들의 유리지갑만 털릴 것이라는 게 솔직한 심정이다."

2 평생토록 나와 함께 있어 줄 것 같던 친구가 갑작스레 이민을 떠나버리자 한동안 내 마음은 추수를 끝낸 논처럼 그렇게 공허할 수 없었다.

3. 이성이 있을 때는 솜털처럼 부드럽다가도 우리끼리만 있을 때는 돼지털 같이 까칠해지는 그에게 '지킬 박사와 하이드'란 별명이 붙었다.

4. "월선의 얼굴은 시시로 변했다. 입술은 푸르스름했고 떨고 있었다. 눈은 구슬을 끼운 듯 움직일 줄 몰랐다. 양 볼을 감싼 명주수건 사이로 비어져 나온 머리칼이 바람에 나부낀다."

5. 월선은 강가를 향해 뛰어가는 두 아이의 모습을 바라봤다. 아이들의 모습은 차츰 작아져서 콩알만큼 되고 녹두알만큼 되고 그런 뒤 없어져 버렸다.

6. 구약 성서와 그리스도의 생애와 사도들과 성자들의 이야기로 창을 가득 채우고 있는 교회들은 텔레비전이나 극장의 중세판이라고 할 수 있다.

라. 중문연습 II

1. 학교 안에서 밥과 고기, 김치 등을 쉽게 접할 수 있지만 '찌개다운 찌개'는 접하기가 쉽지 않다. 비록 교내 식당의 메뉴에 '찌개'가 있다고는 하나 집에서 먹던 찌개와는 차원이 다르다. 마찬가지로, 학교 인근 식당에서도 여러 찌개들을 팔고는 있지만, '찌개다운 찌개'를 맛보기는 서울 집값이 내리는 것만큼이나 어려운 일이다.

※ 좋은 찌개를 '만날 확률'이 그만큼 낮다는 것을 의미하는 작가의 글이다. 하지만, 작가의 상황 예시는 어떠한 사물을 만날 확률이 낮다는 것을 의미하기보다 어떠한 시기가 올 확률이 드물다는 것으로 대입代入되고 있다. 다시 말해, 발품을 팔아도 만나기가 쉽지 않는 찌개와 달리, 가만히 기다리고 있어도 좀처럼 내리지 않는 집값은 상황 예시 대상 자체로 적절하지 않다는 것이다. 따라서 본 글이 적절한 상황 예시를 사용하려면 문장의 끝 부분을 다음과 같은 직유법을 이용해 바꾸는 것이 자연스럽다.

예) 마찬가지로, 학교 인근 식당에서도 여러 찌개들을 팔고는 있지만, '찌개다운 찌개'를 맛보기는 모래사장에서 바늘 찾기만큼이나 어려운 일이다.

2. 하나의 글 안에서 서론 본론 결론을 만들고 이 세 부분을 연결하는 데 가장 중요한 요소가 바로 논리다. 소위 논리적 전개라는 것인데, 이것이 잘못되면 글이 맥을 이어 흐르지 못하고 실패로 끝난다. 논리가 없는 글은 글이 아니다. 횡설수설이다. 인체로 말하자면 피와 같은 존재가 글에서는 논리다.

※ 비유가 적절치 못한 글이다. 논리가 없는 글은 서론 본론 결론 간의 연결이 자연스럽지 못해 '횡설수설한다'는 것이 핵심이다. 따라서, 본 글이 적절한 비유를 사용하려면 다음과 같이 세 부분으로 돼 있는 구성물을 하나로 연결시켜 주는 매개자를 도입해야 한다.

예) 인체로 말하자면 머리와 몸, 다리를 연결해주는 척추 같은 존재가 글에서는 논리다.

마. 장문연습 I

1. 홍콩 경마는 레이스 수준이나 시설뿐 아니라 다양한 베팅의 승식으로 더욱 흥미를 높이고 있다. 한국의 경우, 단승·연승·복승·쌍승·복연승식 등 4개뿐이지만 홍콩의 경우는 무려 11가지에 이른다. 1~3위를 순서대로 맞히는 삼쌍승식, 순서에 상관없이 3마필을 맞히는 삼복승식, 그리고 2개, 3개, 6개 경주의 1위마를 모두 적중시켜야 하는 더블, 트레블, 식스업 등이 있다. 한국의 승식이 산수의 구구단 수준에 머물렀다면 홍콩 경마는 수학의 미적분 수

준이라고 할 수 있다. 과학적인 분석도 필요한 만큼, 베팅 적중의 스릴은 곱절이 된다.

2. "촌철살인의 비유는 '금배지'의 향방도 가름합니다. 지난 17대 국회의원 선거에서 톡톡 튀는 언변言辯으로 돌풍을 일으켰던 민주노동당의 노회찬 후보. '고기 탄 불판은 갈아야 한다'며 권력 교체를 위한 국민들의 지지를 호소했습니다. 결국, 노회찬 후보는 민노당이 전국 당 득표율에서 13.1%를 기록하는 기염 속에 8번째 비례대표로 국회에 등원登院하는 기쁨을 맛보았습니다. 하지만, 다음 국회의원 선거인 18대 총선總選에서는 촌철살인의 비유를 제대로 살리지 못하며 낙선落選하는 아픔을 맛보았습니다. 비유 하나로 금배지의 당락當落이 결정됐다면 과장일까요? 그런 의미로 비유해 보자면, 작금昨今의 국회는 의자를 쌓아 출입구를 봉쇄하고, 이에 맞서 해머로 문을 부수며 진입을 시도한다는 점에서 조직폭력배들의 전쟁터 같다는 생각입니다. 금배지를 달았을 뿐, 조직폭력배와 다를 바 없다는 의미에서 말입니다."

바. 장문연습 II

1. 표현의 자유, 출판의 자유를 옹호했던 밀턴의 「자유론」은 독자에게 층층이 쌓여진 지하계단을 어둠 속에서 걷는 것과 같은 느낌을 준다. 책 속에서 밀의 논리는 점층적이기에 끝까지 책을 독파讀破하는 독자에게 큰 깨달음을 안겨준다. 하지만 그 과정은 쉽지 않다. 어둠은 어려운 단어가 될 수도 있고, 지나친 구문句文의 반복이 될 수도 있다. 해서, 이 책의 첫 장을 넘기려 하는 독자에게 굵은 목소리로 충고해 주고 싶다. "독자여, 집중하게. 자칫 어둠 속에서 굴러 떨어지게 되면 3~4페이지를 후퇴할 수도 있으니깐."

※ 책의 내용이 점층적이라는 설명과 달리 상황 예시적인 비유는 어둠 속을 걷는 것이라 표현하고 있어 손질이 필요하다. 이에 따라 다음과 같이 바꿔주는 비유가 훨씬 적절해 보인다.

예) 표현의 자유, 출판의 자유를 옹호했던 밀턴의 「자유론」은 독자에게 층층이 쌓여진 돌무더기를 오르는 것과 같은 느낌을 준다. 책 속에서 밀의 논리는 점층적이기에 끝까지 책을 독파讀破하는 독자에게 큰 깨달음을 안겨준다. 하지만 그 과정은 쉽지 않다. 불규칙하게 쌓여져 있는 돌무더기는 어려운 단어가 될 수도 있고, 지나친 구문句文의 반복이 될 수도 있다. 해서, 이 책의 첫 장을 넘기려 하는 독자에게 굵은 목소리로 충고해 주고 싶다. "독자여, 집중하게. 자칫 발을 헛디뎌 굴러 떨어지게 되면 3~4페이지를 후퇴할 수도 있으니깐."

2. 성난 바다와 같은 사회에서 자신은 선장과도 같은 존재이다. 키를 잡지 못하고 방향을 잃으면, 파도에 휩쓸리거나 거대한 바다 속 미아가 되어 버리는 것처럼 자신을 바로잡지 못하거나 바로 보지 못한다면 사회 부적응자가 되어 버릴 것이다. 따라서, 끊임없이 자신의 위치를 확인하며 명확히 설정한 목적지를 향해 나가는 것이 중요하다. 그렇게 자신을 다잡아 가며 목적지를 향해 흔들림 없이 나아갈 때 비로소 좌초되거나 표류하지 않고 똑바로 전진해 갈 수 있는 추진력을 얻을 수 있을 것이다.

※ 선장이란 말 그대로 배의 운행을 책임지는 사람이다. 그런 연유로 선장이란 비유는 여러 사람들 또는 어느 조직을 책임지는 경우에 사용해야 적절하다. 따라서 보다 적절한 비유를 사용하려면 다음과 같이 바꿔주는 것이 좋다.

예) 성난 바다와 같은 사회에서 자신은 외로이 줄타기를 하는 광대와 같은 존재이다. 평행봉을 제대로 유지하지 못하고 균형을 잃으면, 파도에 휩쓸리거나 거대한 바다 속 미아가 되어 버리는 것처럼 자신을 바로잡지 못하거나 바로 보지 못한다면 사회 부적응자가 되어 버릴 것이다.

3. 한국 비하 논란으로 지난 16일 방영 중지 결정이 내려졌던 일본 케이블TV 키즈스테이션의 애니메이션 '헤타리아'를 두고 일본 네티즌들이 방송 재개 청원운동을 펼쳐 또다시 논란이 되고 있다. 일본의 서명사이트 '서명 TV'에서는 지난 17일부터 '헤타리아 애니메이션 부흥 서명' 운동이 시작됐다. 1,000명을 목표로 시작된 서명운동에는 22일 밤 12시까지 약 500명이 참여했다. 서명에 참여한 일본 네티즌들은 "한국의 일방적인 항의에 의해 TV 방송이 중지되는 것은 납득할 수 없다," "청천벽력 같은 압력에 굴하면 안 된다"고 주장했다.

※ 부당한 압력을 강조하기 위해 동원한 '청천병력'의 비유가 적절치 않다. 청천벽력青天霹靂이란 한자어 뜻 그대로 '푸른 하늘에 날벼락'을 의미하는 고사성어이다. 문맥을 고려해 볼 때, 분서갱유焚書坑儒란 고사성어를 집어넣는 것이 더 나아 보인다. '분서갱유'란 중국 진秦나라의 시황제가 학자들의 정치적 비판을 막기 위해 민간의 책 가운데 의약, 복서, 농업에 관한 것만 제외하고 모든 서적을 불태우고 수많은 유생을 구덩이에 묻어 죽인 일이다. 불사를 분 '焚,' 글 서 '書,' 구덩이 갱 '坑,' 선비 유 '儒.'

5장 "순수 국어를 쓰자"

유명 대하大河소설 읽고 주제별로
자신만의 단어장 만드는 것이 요령

"저 혹시, 뭐 하나 물어봐도 될까요?"

"거저, 물어보시기요."

"북한에서는 '샹들리에'를 '떼-불-알'이라고 부른다는데, 정말인가요?"

"네??? …… !!! 하하하. 그럴 리가 있겠습네까? 우리는 샹들리에를 '무리등'이라고 부르고 있습네다. 하하하!!!"

남북 협력 사업차, 북한을 자주 드나드는 지인知人으로부터 몇 해 전에 들은 실화實話다. 당시, 지인은 술자리에서 대남 사업 담당 참사관과 대화를 나누던 도중, 갑작스레 궁금증이 일어 어렵사리 말을 꺼냈다고 한다. 이후, 냉랭했던 술자리는 급속도로 화기애애해졌다고 한다.

「글쓰기 콘서트」에서 난데없이 북한 이야기를 꺼내는 이유는 이번 장章의 주제가 '순수 국어'에 관한 것이기 때문이다. 주지하다시피, 북한의 우리말 살리기 노력은 존경스럽다 못해 처절하기까지 하다. 그런 연장선상에서 누군가에 의해 우스갯소리로 만들어졌을 '떼불알' 사건은 글쓰기를 업業으로

삶는 필자에게 많은 것을 느끼게 해주었다.

돌이켜보면, 인류의 생활양식을 일거에 바꿔버린 자본주의는 전통적인 언어마저 순식간에 박멸撲滅시켜 버렸다. 우리 역시 예외는 아니어서, 급격한 산업화, 도시화로 농사와 먹거리, 사계절과 자연 현상 등에 대한 조상들의 소중한 언어 유산遺產이 순식간에 사라져 버렸다. 그런 관점에서 볼 때, 몇 해 전, 모 방송사에서 방영했던 '우리말 바루기*'라는 프로그램은 꺼져가는 촛불을 살리기 위한 안타까운 몸부림이었다.

해서, 「글쓰기 콘서트」의 글짱 지망생들은 척박한 환경 속에서 순수 국어를 수호하는 '우리말 지킴이'로 거듭나야 한다는 것이 필자의 생각이다. 때문에, 어려운 한자 용어나 외래어를 쓰기보다 가급적 순수 국어로 대체代替하는 노력은 매우 중요하다.

어떻게 해야 순수 국어를 잘 활용할 수 있을까? 필자가 건네는 첫 번째 요령으로는 글을 읽다가 어감語感이 좋거나 정감 있는 우리말을 발견할 경우, '주제별'로 모아 놓는 것을 들 수 있다. 예를 들어, 필자가 가끔 사용하는 몽니**나 몰강스럽다***와 같은 표현은 「임꺽정」, 「태백산맥」, 「토지」와 같은 장편소설을 읽다 발견한 용어들로 '부정적인 단어들'이라는 주제 아래 별도로 모아 놓은 것들이다.

이와 함께, 시중에서 판매되고 있는 순수 우리말 사전을 들춰보며 한자어나 외래어를 바꿔주는 노력 역시 또다른 요령으로 꼽아볼 수 있다. 그렇게

---

* 바루기: '바르게 하다'라는 의미를 지닌 타동사 '바루다'의 명사형. 바로잡기, 바르게 하기의 뜻.

** 몽니: 정당한 대우를 받지 못할 때 권리를 주장하기 위하여 심술을 부리는 성질. (예: 뜻대로 일이 풀리지 않자 김첨지는 점차 노골적으로 몽니를 부리기 시작한다.)

*** 몰강스럽다: 차마 못할 짓을 예사로 할 만큼 억세거나 야박하다.

해서, 어렵사리 사용하게 된 우리말은 오랫동안 기억에 남아 어휘력을 증대시키는 초석礎石이 된다. 그런 의미에서, 이제부터라도 명작 대하소설을 들여다보며 자신만의 단어장을 구축構築해 보는 것은 어떨는지?

마지막으로 상황 퀴즈 하나. 본문에서는 여러분들의 연습을 돕고자 굳이 몇몇 한자어들을 동원해 봤다. 순 우리말로 바꿔도 좋을 그것들을 찾아 다른 말로 표현해 보기 바란다. (정답은 110쪽에)

70쪽 정답: '연목구어緣木求魚'와 '오십보백보五十步百步' 모두 은유법이다.

알아두기

1

다음은 자신만의 순수 국어 단어장을 만들기 위한 첫출발로 좋은 문학 작품들이다. 덧붙이자면, 순수 국어들을 일일이 챙기기보다 단어의 쓰임새를 생각해 자신이 필요하다고 여기는 것들 위주로 메모하고 수집하는 것이 실용적이라는 것이다.

- **단편소설:** 현진건의 「운수 좋은 날」, 계용묵의 「백치 아다다」, 김유정의 「동백꽃」
- **장편소설:** 「태백산맥」, 「임꺽정」, 「장길산」, 「객주」
- **시집:** 유종호의 「시 읽기의 방법」, 백석의 「사슴」

2

가장 아름다우면서도 품위 있는 말은 모국어이다. 그런 의미에서 독창적인 한글로 표현되는 국어는 아무리 강조해도 지나침이 없는 우리의 재산이다. 다음 글을 읽어보자.

엄마는 선생님에게 90도로 허리 굽혀 인사를 하고 나서 교실을 한 바퀴 두리번거리다가 나하고 눈이 마주쳤다. 엄마는 나를 가리키며 저 애 엄마라고 자기소개를 하고 나서 시골에서 할아버지가 위독하시다는 전보가 와서 딸애를 데리러 왔다는 요지의 말을 통역 없이 곧바로 우리말로 했다. 일인 선생님이 알아들었을 리가 없다. 그러나 엄마의 조선말은 품위 있고 장중했다. 나는 일인 선생님 앞에서 조금도 주눅 들지 않고 조선말로 극상의 예절을 갖추어 하고 싶은 말을 끝까지 하는 엄마가 자랑스러운지 부끄러운지 자신도 이해할 수 없는 감동으로 오싹 소름이 돋는 것 같았다. 나는 선생님의 얼굴에 나타난 여태까지 본 적 없는 낯선 표정, 외경 같은 것도 놓치지 않았다. 그건 직선적인 군인 선생님답지 않은, 혼란스럽고 조금은 겸손하기까지 한 표정이었다.

―박완서, 「내 안의 언어사대주의 엿보기」

연습문제

가. 단문 연습

아래의 예문에서 바꿔줄 수 있는 한자어를 순 우리말로 대체代替해 보기 바랍니다.

1. 주말이면 한강 고수부지에서 가족들과 여가를 즐기는 사람들이 점점 늘고 있다.

2. 말이 나온 김에 부연敷衍하자면, 문장은 짧을수록 이해하기가 쉽다.

3. 생각지도 않았던 곳에서 일이 터지는 바람에 결국, 계획을 변경하고 말았다.

4. 최근의 운동기구 매출 증가는 웰빙 열풍에 힘입은 바 크다.

5. 아무리 대낮이라 하더라도 고속도로 노변에 주차하는 것은 대단히 위험하다.

6. 미니 홈피를 방문하는 경우에는 리플을 달아주는 것이 신세대들 간의 예의다.

7. 불황을 탈출하는 길은 남들이 선점하지 않은 니치 마켓을 개발하는 것이다.

8. 사정이 이렇다 보니 전문가들도 열에 아홉은 비슷한 오류를 저지르게 마련이다.

9. 소문난 잔치 먹을 것이 없다고, 서론이 길면 읽을 것도 없는 법이다.

10. "주문 익일까지 댁으로 우송해 드립니다."

11. 장맛은 전적으로 메주를 얼마나 잘 발효시키느냐에 달려 있다.

12. 교통이 너무 많이 막히는 바람에 출발 일정이 무한정 연기되고 말았다.

13. "대학의 꽃은 뭐니뭐니해도 다양한 경험을 쌓을 수 있는 서클 활동입니다."

14. 네티즌들이 무차별적으로 사진을 퍼 나르면서 이번 사건은 일파만파로 퍼졌다.

15. 취침 전에 반드시 일기 쓰는 습관을 들이도록 하자.

16. 이번 휴가는 설악산과 지리산 중 어느 곳에서 보낼까?

17. 고액의 세금 체납자가 해를 거듭할수록 증가하고 있다.

18. "이제 결혼식을 시작하오니 하객 여러분께서는 착석해 주시기 바랍니다."

19. 생산성을 제고하기 위해 노동자들을 비인간적으로 취급해서는 안 된다.

20. 작년의 대홍수로 곡물의 수확량이 눈에 띄게 감소했다.

21. 글의 문맥이 자연스럽게 연결되도록 노력하는 자세가 중요하다.

나. 중문 연습

역시, 한자어를 대체代替가 가능한 순 우리말로 바꿔보기 바랍니다.

1. 압축된 연료가 폭발하며 발생하는 고온·고압의 마찰열 때문에 쉽게 파손되던 실린더의 수명이, 윤활유의 발명으로 대폭 연장되었다.

2. 일각에서는 그동안 마을을 위해 물심양면으로 봉사해 온 김 서방을 명예 이장으로 추대하려는 움직임을 꾸준히 전개하고 있는 실정이다.

3. 어느 것이나 마찬가지겠지만, 글쓰기에 있어서도 자기 자신의 문제점이 무엇인지 정확하게 인지하는 것은 대단히 중요하다.

4. 새로운 관심과 대책은 차치且置하더라도, 지난 정권에서 심은 씨앗들이 무사히 발아發芽될 수 있도록, 들쑤시지나 말았으면 하는 바람이다.

5. 소설가 이외수에 따르면, "대부분의 한자어들은 사어死語다. 특히 문학적 문장에서는 한자어들을 잘못 남발하면 문장으로서의 전달력, 설득력, 현장감, 생동감이 떨어질 가능성이 짙다." 때문에 이외수는 "흉기로 자해하기"보다 "회칼로 배를 긋는" 표현으로 글맛을 살리라고 충고한다.
–이외수, 「글쓰기의 공중부양」, 15~16쪽.

6. '개문발차금지.' 어느 마을 버스 내의 운전기사 머리 위에 쓰여 있던 구절입니다. 처음에는 개에게 발길질을 하지 말라는 말인지, 아니면 다른 의미가 있는 것인지 도대체 이해가 가지 않았습니다. 하지만, 나중에 곰곰이 생각해 보니 개문발차금지開門發車禁止를 의미하는 것 같았습니다. 그럼, 우리말로 '개문발차금지'를 좀 더 부드럽게 표현해 본다면?

다. 장문 연습

아래의 글을 읽고 한자어를 대체代替가 가능한 순 우리말로 바꿔보기 바랍니다.
(괄호 안의 숫자는 순 우리말로 바꿔줄 수 있는 단어 수임)

1. 소설가 김주영은 〈객주〉에서 토박이 말을 아주 많이 살려 썼습니다. '가시버시'(부부의 낮춤말), '간나희'(계집), '경아리'(간사한 서울 사람), '드잡이'(멱살을 잡고 싸움), '발쇠꾼'(남의 비밀을 살펴서 다른 사람에게 알리는 사람), '숭어뜀'(땅 짚고 거꾸로 뛰어넘음) 등 헤아릴 수 없이 많습니다. 이미 죽어 버린 말을 되살려 쓰거나, 없는 말을 새로 만들어 쓰는 일이 쉽지는 않습니다. 당장은 어색하고 불편한 일입니다. 하지만 그렇게 쓰다 보면 먼 훗날 편안한 말글살이의 날이 올 것입니다.

—박진욱, 김동기, 「우리 말글살이를 바꾸는 평범한 글쓰기」, 31쪽.

그렇습니다. 우리 후손들이 팔딱팔딱 살아 숨쉬는 국어를 하나라도 더 습득하기 위해서는 우리말 지킴이들이 솔선수범해야 합니다. 이와 함께, 우리말 지킴이들이 앞장서기 위해서는 토박이 말이 잔뜩 실려 있는 대하大河소설들을 탐독해야 합니다. 그렇다면, 이쯤에서 '우리말 바루기' 문제 하나. '샘이 많아서 안달하는 사람'을 칭하는 우리말은 무엇일까요? (3)

2. 나무 도감과 식물 도감을 뒤지다 보면, 누가 이런 근사한 호칭들을 작명했는지 그 정성과 함께 해당 이름의 적확함에 감탄이 절로 나올 때가 많습니다. 예를 들면, 나무의 경우에는 '암수딴그루 나무,' '늘푸른 나무' 등 듣기만 해도 어떤 나무를 일컫는 것인지 금방 인지할 수가 있습니다.

마찬가지로, 나물 이름 역시, 아름다운 우리말의 보물창고나 다름없습니다. 익히면 퍼지는 나물의 형태가 술 취한 모습과 비슷하다 해서 부르는 '곤드레'를 비롯해, 동네 유지가 농군들의 노고를 위로하기 위해 고기와 술을 마음껏 제공하던 축제, '만드레'를 합한 '곤드레만드레.' 한 해 묵혀서 이듬해 봄에 먹어야 맛있다는 '묵나물,' 돌이 많은 곳에서 자란다고 '돌나물,' 울긋불긋한 외관이 광대 같다는 '광대나물,' 맛이 쓰다고 '씀바귀' 등 서식지와 모양, 맛에 따라 정겹게 붙인 이름은 수도 없이 많습니다.

「나물」이라는 책을 집필한 강진영에 따르면, 사전에서 '나물'자가 들어가는 단어만도 250여 가지에 이른다고 합니다. 그러고 보면, 강진영 씨의 말마따나 가히 독풀을 제외하곤 풀이라면 모두 뜯어다가 들기름과 참기름에 무쳐 먹은 게 우리네 조상이지 싶습니다. (4)

3. 언어 민족주의자 외솔 최현배. 그는 일제의 조선어 말살 정책에 꿋꿋이 맞서 우리말을 지켜냈다. 수많은 이들이 변절의 길을 걸을 때도 끝까지 '민족'을 버리지 않았다.

특선 MBC 다큐멘터리는 4일 평생 한글을 목숨처럼 여긴 삶을 살았던 외솔의 삶을 조명한다. 최근 한민족아리랑위원회 김연갑 이사가 인사동 고서점에서 일제시대에 작성된 것으로 추정되는 방명록 1부를 발견했다. 거기엔 외솔 최현배 선생의 친필이 들어 있었다.

"한글이 목숨이다."

광복 이후에도 외솔의 우리말 사랑은 식지 않았다. 자유당 정부 시절 장관급 인사였던 외솔은 자청해서 문교부 편수국장으로 재직했다. 그는 일본어와 한자어투성이던 교과서의 개념을 순 우리말로 바꾸는 데 결정적 공헌을 했다. 도돌이표 · 반올림표 · 도시락 · 더하기 · 빼기 등의 말이 빛을 봤다. 그는 '한글 간소화' 정책에 반대해 편수국장직 사표를 제출하기도 했다.

이번 프로그램에는 다양한 인터뷰도 들어가 있다. 1960년대 라디오 인기 프로그램이던 '패티김 쇼'에 애정이 있던 외솔은 가수 패티김에게 요새말로 팬레터를 보냈다고 한다. '그린비(남편)'와 '단미(아내)'라는 단어를 길옥윤 씨와의 호칭에서 쓰라고 했다는 것이다. 패티김씨의 얘기다. 또 연변대 최윤갑 교수는 "외솔은 교수로 재직하면서 시인 윤동주 등 당시 학생들에게 많은 영향을 끼쳤다"고 말한다. 방송에선 외솔의 모습과 육성 인터뷰가 담긴 유일한 영상물인 '한글의 얼'(국립영화제작소 제작, 1963년)도 소개된다. (5)

—이상복, "한글이 내 목숨이다," 〈중앙일보〉

정답

가. 단문 연습

1. 주말이면 한강 ~~고수부지~~ 둔치에서 가족들과 여가를 즐기는 사람들이 점점 늘고 있다.

   ※ 고수부지高水敷地는 일본식 표현임. 우리말 표현으로는 '둔치'가 있다.

2. 말이 나온 김에 ~~부연敷衍하~~ 덧붙이자면, 문장은 짧을수록 이해하기가 쉽다.

3. 생각지도 않았던 곳에서 일이 터지는 바람에 결국, 계획을 ~~변경하~~ 바꾸고 말았다.

4. 최근의 운동기구 매출 증가는 ~~웰빙~~ 참살이 열풍에 힘입은 바 크다.

   ※ 웰빙well-being의 우리말 표현은 '참살이'다. 물론 '열풍'을 바람으로 바꿔주면 더욱 좋다.

5. 아무리 대낮이라 하더라도 고속도로 ~~노변~~ 갓길에 주차하는 것은 대단히 위험하다.

   ※ 노변路邊의 순 우리말은 갓길이다.

6. 미니 홈피를 방문하는 경우에는 ~~리플~~ 댓글을 달아주는 것이 신세대들 간의 예의다.

※ '미니 홈피'는 마땅히 바꿔줄 말이 없다. 대신, '리플'은 '댓글'로도 충분히 바꿔 줄 수 있다.

7. 불황을 탈출하는 길은 남들이 선점하지 않은 ~~니치 마켓~~ 틈새시장을 개발하는 것이다.

※ 니치 마켓에 해당하는 우리말은 틈새시장이다. 더불어 '탈출하는'을 '벗어나는'으로 바꿔주어도 좋다.

8. 사정이 이렇다 보니 전문가들도 열에 아홉은 비슷한 ~~오류를~~ 잘못을 저지르게 마련이다.

※ '실수'라는 낱말로 바꾸기에는 부적절하다. 실수失手 역시 한자어이기 때문이다.

9. 소문난 잔치 먹을 것이 없다고, ~~서론~~ 여는 글/머리말/들머리가(이) 길면, 읽을 것도 없는 법이다.

10. "주문 ~~익일~~ 다음날까지 댁으로 ~~우송해~~ 보내 드립니다."

※ 익일翌日: 다음날 '익翌,' 날 '일日.'

11. 장맛은 전적으로 메주를 얼마나 잘 ~~발효시켜~~ 뜨느냐에 달려 있다.

12. 교통이 너무 많이 막히는 바람에 출발 일정이 무한정 ~~연기돼~~ 늦춰지고 말았다.

13. "대학의 꽃은 뭐니뭐니해도 다양한 경험을 쌓을 수 있는 ~~서클~~ 동아리 활동입니다."

※ '다양한'을 '많은'으로 바꿔줘도 좋다.

14. ~~네티즌~~ 누리꾼들이 무차별적으로 사진을 퍼 나르면서 이번 사건은 일파만파로 퍼졌다.

15. ~~취침~~ 자기 전에 반드시 일기 쓰는 습관을 들이도록 하자.

※ '습관'을 버릇으로 바꾸지 않도록 주의하자. '버릇'의 어감이 부정적이기 때문이다.

16. 이번 휴가는 설악산과 지리산 ~~중~~ 가운데 어느 곳에서 보낼까?

17. 고액의 세금 체납자가 해를 거듭할수록 ~~증가하~~ 늘어나고 있다.

18. "이제 결혼식을 시작하오니 하객 여러분께서는 ~~착석해~~ 자리에 앉아 주시기 바랍니다

19. 생산성을 ~~제고하~~높이기 위해 노동자들을 비인간적으로 ~~취급해~~다뤄서는 안 된다.

※ 제고提高: 들 '제提,' 높을 '고高.'

20. ~~작년~~지난해의 대홍수로 곡물의 수확량이 눈에 띄게 ~~감소했~~줄어들었다.

21. 글의 ~~문맥~~ 흐름이 자연스럽게 ~~연결되~~ 이어지도록 ~~노력하~~ 애쓰는 자세가 중요하다.

※ 문맥文脈, 연결連結, 노력努力 모두 한자어임.

나. 중문 연습

1. 압축된 연료가 폭발하며 발생하는 고온 · 고압의 마찰열 때문에 쉽게 ~~파손되던~~ 망가지던/부서지던 실린더의 수명이, 윤활유의 발명으로 ~~대폭~~ 크게 ~~연장~~ 늘어나게 되었다.

※ 대폭大幅과 연장延長 모두 한자어이다.

2. ~~일각~~ 한쪽/한편에서는 그동안 마을을 위해 물심양면으로 봉사해 온 김 서방을 명예 이장으로 추대하려는 움직임을 꾸준히 ~~전개하~~ 펼치고 있는 실정이다.

※ 일각一角과 전개展開는 한자어임.

3. 어느 것이나 마찬가지겠지만, 글쓰기에 있어서도 자기 자신의 문제점이 무엇인지 정확하게 ~~인지하~~ 깨닫/아는 것은 대단히 중요하다.

4. 새로운 관심과 대책은 ~~차치且置하더~~ 둘째 치고서라도, 지난 정권에서 심은 씨앗들이 무사히 ~~발아發芽될~~ 싹틀 수 있도록, 들쑤시지나 말았으면 하는 바람이다.

5. 소설가 이외수에 따르면, "대부분의 한자어들은 ~~사어~~死語 죽은 말言이다. 특히 문학적 문장에서는 한자어들을 잘못 남발하면 문장으로서의 전달력, 설득력, 현장감, 생동감이 떨어질 가능성이 짙다." 때문에 이외수는 "흉기로 자해하기"보다 "회칼로 배를 긋는" 표현으로 글맛을 살리라고 충고한다.

※ 사어死語를 '죽은 말'로 바꿔주고 혹시 모를 독자들의 혼동을 막기 위해 한자어를 첨가해 주는 것이 좋다.

6. '개문발차금지.' 어느 마을 버스 ~~내~~ 안의 운전기사 머리 위에 쓰여 있던 ~~구절~~ 글입니다. 처음에는 개에게 발길질을 하지 말라는 말인지, 아니면 다른 의미가 있는 것인지 도대체 이해가 가지 않았습니다. 하지만, 나중에 곰곰이 생각해 보니 개문발차금지開門發車禁止를 ~~의미~~ 뜻하는 것 같았습니다. 그럼, 우리말로 '개문발차금지'를 좀 더 부드럽게 ~~표현해~~ 나타내 본다면?

※ 필자가 제시하는 정답은 '문 연 채 떠나지 마시오' 이다.

다. 장문 연습

1. 소설가 김주영은 〈객주〉에서 토박이 말을 아주 많이 살려 썼습니다. '가시버시'(부부의 낮춤말), '간나희'(계집), '경아리'(간사한 서울 사람), '드잡이'(멱살을 잡고 싸움), '발쇠꾼'(남의 비밀을 살펴서 다른 사람에게 알리는 사람), '숭어뜀'(땅 짚고 거꾸로 뛰어넘음) 등 헤아릴 수 없이 많습니다. 이미 죽어 버린 말을 되살려 쓰거나, 없는 말을 새로 만들어 쓰는 일이 쉽지는 않습니다. 당장은 어색하고 불편

한 일입니다. 하지만 그렇게 쓰다 보면 먼 훗날 편안한 말글살이의 날이 올 것입니다.

–박진욱, 김동기, 「우리 말글살이를 바꾸는 평범한 글쓰기」, 31쪽.

그렇습니다. 우리 후손들이 팔딱팔딱 살아 숨쉬는 국어를 하나라도 더 ~~습득하~~ 배우기/익히기 위해서는 우리말 지킴이들이 솔선수범해야 합니다. 이와 함께, 우리말 지킴이들이 앞장서기 위해서는 토박이 말이 잔뜩 실려 있는 대하大河소설들을 ~~탐독해~~ 열심히 읽어야 합니다. 그렇다면, 이쯤에서 '우리말 바루기' 문제 하나. '샘이 많아서 안달하는 사람'을 ~~칭하~~ 일컫는 우리말은 무엇일까요?

※ 습득習得, 탐독耽讀, 칭稱 모두 한자어이다. 더불어, 1번 문제의 정답은 '샘바리'이다. 주변에 반드시 한 명쯤은 있기 마련인 '샘바리'는 욕심쟁이보다 어감이 훨씬 부드럽고 정겨운 토박이 말이다.

2. 나무 도감과 식물 도감을 뒤지다 보면, 누가 이런 근사한 ~~호칭~~ 이름들을 ~~작명했~~ 지어냈는지 그 정성과 함께 해당 이름의 적확함에 감탄이 절로 나올 때가 많습니다. 예를 들면, 나무의 경우에는 '암수딴그루 나무,' '늘푸른 나무' 등 듣기만 해도 어떤 나무를 일컫는 것인지 금방 ~~인지할~~ 알/알아챌 수가 있습니다.

마찬가지로, 나물 이름 역시, 아름다운 우리말의 보물창고나 다름없습니다. 익히면 퍼지는 나물의 형태가 술 취한 모습과 비슷하다 해서 부르는 '곤드레'를 비롯해, 동네 유지가 농군들의 노고를 위로하기 위해 고기와 술을 마음껏 제공하던 축제, '만드레'를 합한 '곤드레만드레.' 한 해 묵혀서 이듬해 봄에 먹어야 맛있다는 '묵나물,' 돌이 많은 곳에서 자란다고 '돌나물,' 울긋불긋한 ~~외관이~~ 모양새/생김새가 광대 같다는 '광대나물,' 맛이 쓰다고 '씀바귀' 등 서식지와 모양, 맛에 따라 정겹게 붙인 이름은 그 수를 헤아릴 수조차 없습니다.

「나물」이라는 책을 집필한 강진영에 따르면, 사전에서 '나물'자가 들어가는 단어만도 250여 가지에 이른다고 합니다. 그러고 보면, 강진영 씨의 말마따나 가히 독풀을 제외하곤 풀이라면 모두 뜯어다가 들기름과 참기름에 무쳐 먹은 게 우리네 조상이지 싶습니다.

※ 호칭呼稱, 작명作名, 인지認知, 외관外觀 모두 한자어이다. '틀림없이 들어맞는다'는 뜻을 지닌 적확的確은 마땅히 바꿀 만한 낱말이 없어 그대로 두는 것이 좋을 듯하다.

3. 언어 민족주의자 외솔 최현배. 그는 일제의 조선어 말살 정책에 꿋꿋이 맞서 우리말을 지켜냈다. 수많은 이들이 변절의 길을 걸을 때도 끝까지 '민족'을 버리지 않았다.

특선 MBC 다큐멘터리는 4일 평생 한글을 목숨처럼 여긴 삶을 살았던 외솔의 삶을 ~~조명한~~ 비춘다. 최근 한민족아리랑위원회 김연갑 이사가 인사동 고서점에서 일제시대에 ~~작성된~~ 만들어진 것으로 추정되는 방명록 1부를 ~~발견했~~ 찾아냈다. 거기엔 외솔 최현배 선생의 친필이 들어 있었다.

"한글이 목숨이다."

광복 이후에도 외솔의 우리말 사랑은 식지 않았다. 자유당 정부 시절 장관급 인사였던 외솔은 자청해서 문교부 편수국장으로 재직했다. 그는 일본어와 한자어투성이던 교과서의 개념을 순 우리말로 바꾸는 데 결정적 공헌을 했다. 도돌이표 · 반올림표 · 도시락 · 더하기 · 빼기 등의 말이 빛을 봤다. 그는 '한글 간소화' 정책에 반대해 편수국장직 사표를 ~~제출하~~ 내기도 했다.

이번 프로그램에는 다양한 인터뷰도 들어가 있다. 1960년대 라디오 인기 프로그램이던 '패티김 쇼'에 애정이 있던 외솔은 가수 패티김에게 요새말로 팬레터를 보냈다고 한다. '그린비(남편)'와 '단미(아내)'라는 ~~단어를~~ 낱말을 길옥윤 씨와의 호칭에서 쓰라고 했다는 것이다. 패티김씨의 얘기다. 또 연변대 최윤갑 교수는 "외솔은 교수로 재직하면서 시인 윤동주 등 당시 학생들에게 많은 영향을 끼쳤다"고 말한다. 방송에선 외솔의 모습과 육성 인터뷰가 담긴 유일한 영상물인 '한글의 얼'(국립영화제작소 제작, 1963년)도 소개된다.

문장부호 이야기 I 6장

'온점 논쟁은 아직도 진행중!'

마침표로 알고 있는 '온점,' 한 문장엔 하나만
'쉼표'는 따옴표 안에 들여 써야 보기도 좋아

"마침표는 한 문장에 여러 개를 쓸 수 있다."

"아니다. 마침표는 한 문장에 무조건 하나만 써야 한다."

몇 해 전, 경남도민일보 편집국에서 마침표 논쟁이 불거진 적이 있다. 인용문을 안고 있는 문장에서 인용문이 종결어미를 지니고 있다면 마침표를 붙여야 하는가를 놓고, 교열기자들 간에 이견異見이 발생한 것이었다. 결국, 블로그상으로까지 번진 마침표 논쟁에서 경남도민일보가 내린 결론은 한 문장에는 마침표 하나만 찍어야 한다는 것이었다. 다시 말해,

식사를 마치면 꼭 "잘 먹었습니다."라고 말하는 것이 예절이다.

라고 쓰기보다

식사를 마치면 꼭 "잘 먹었습니다"라는 말을 하는 것이 예절이다.

처럼 한 문장에 마침표 하나만 찍기로 결정한 것이다.

「한국인의 글쓰기」와 「A+ 글쓰기」에서 문장부호에 대해 일성一聲을 토한 적이 있다. 해서, 이번에는 마침표 사용법으로 미처 못다 한 이야기를 계속해 보고자 한다.

한글맞춤법의 '문장부호' 편을 보면 '온점의 경우, 서술, 명령, 청유 등을 나타내는 문장 끝에 붙인다'라는 설명이 있다. 이때 여기에서 말하는 '온점'이란 우리가 마침표로 이해하고 있는 부호의 정식 명칭이다. 그러고 보면, 마침표의 역할을 하고 있는 또다른 부호들로는 느낌표와 물음표도 들 수 있다. 그런 의미에서 볼 때, 윗글의 서두에 등장하는 마침표는 엄밀한 의미에서 '온점'으로 표현해야 옳다.

각설하고, 한글맞춤법이 예시하고 있는 '문장 끝에 붙인다'라는 규정은 어떤 종류의 문장 끝을 의미하는지가 분명하지 않아 많은 혼란을 가중시키고 있는 것이 사실이다. 언론사마다 제각기 편의에 따라 한 문장 내에서도 '온점'을 하나 또는 둘 이상 사용하는 이유가 여기에 있다.

결론적으로 이야기하자면, 필자의 경우에는 경남도민일보의 예에서와 마찬가지로 '온점'을 한 문장에 하나만 붙일 것을 권하고 있다. 이와 함께, '온점'의 위치와 관련된 요령을 덧붙이자면, 인용문을 포함한 문장을 마칠 때 "안녕하세요."에서와 같이 큰따옴표 안에 넣어야 한다는 것이다. 다시 말해 "안녕하세요".와 같은 큰따옴표 바깥에 '온점'을 찍는 행위는 매우 부자연스러워 보인다는 것이다. 하지만, 이에 대한 정확한 규정 역시, 아직까지는 없는 것이 현실이다.

'온점'과 관련해 헛갈리기 쉬운 또 하나는 괄호가 종결어미 뒤에 연이어 등장할 경우, '온점'을 어떻게 처리해야 하는가의 문제이다. 다음 문장을 보자.

'온점'의 위치는 상황에 따라 다르다.(보기 참조)

'온점'의 위치는 상황에 따라 다르다(보기 참조).

위의 경우에서 '온점'을 제대로 찍은 경우는 어느 것일까? 역시, 현행 한글맞춤법에서는 자세하게 규정하고 있지 않지만, 필자는 첫 번째의 경우를 모범 답안으로 제시하고 있다.* 보기에도 자연스러울 뿐만 아니라 종결형 어미 "~다"와 가장 가까운 거리에 '온점'이 찍혀야 한다는 믿음에서다. 그렇다면, 다음과 같이 괄호 안의 문장이 종결어미를 포함하는 경우에는 어떻게 해야 할까?

'온점'의 위치는 상황에 따라 다르다.(다음의 보기를 참조하기 바란다)

역시, 종결어미 뒤에는 '온점'을 찍는 것이 옳다. 즉,

'온점'의 위치는 상황에 따라 다르다.(다음의 보기를 참조하기 바란다.)**

와 같이 괄호 안에서도 '온점'을 찍어야 한다는 것이다.

---

* 엄밀히 말하자면, 한글맞춤법 부록에 나와 있는 설명의 용례를 통해 괄호가 따라오는 문장에서의 '온점' 위치를 유추해 볼 수는 있다. 예를 들어, 한글맞춤법 부록의 제50항은

전문 용어는 단어별로 띄어 씀을 원칙으로 하되, 붙여 쓸 수 있다.(ㄱ을 원칙으로 하고, ㄴ을 허용함.)

이라고 규정하고 있다. 여기에서 주목할 사실은 괄호를 치기 직전에 온점을 찍는다는 것이다. 따라서, 보기처럼 한 문장이 끝나는 곳에 먼저 '온점'을 찍은 후, 띄어쓰기 없이 괄호를 친 다음, 괄호 안에서 문장이 길어질 경우에는 또 다른 '온점'을 닫는 괄호 직전에 찍는 것이 바람직하다.

** 역시, 괄호 안에 언제 '온점'을 찍어야 하는가에 대한 규정은 없다. 단지, 관행적인 입장에서 본다면 글이 길어져서 문장에 가까워질 경우, '온점'을 찍는다.

사족蛇足을 달자면 '쉼표' 역시, '온점'처럼 큰/작은따옴표와 함께 사용할 때는 반드시 큰/작은따옴표 안에 넣어야 한다는 사실이다. 엄밀히 말하자면, 작은따옴표가 포함된 단어들을 열거할 경우, 쉼표를 작은따옴표 안에 넣어야 하는지, 밖에 놓아야 하는지에 대해서는 아직까지 정해진 바가 없다. 영미英美권의 경우에도 작은따옴표 안에 쉼표가 포함돼야 하는가에 대해서는 국가마다 입장이 조금씩 다르다. 미국의 경우에는 마침표와 쉼표가 큰따옴표와 작은따옴표 안에 '무조건' 들어가도록 강제하고 있다. 마찬가지로 필자 역시 여타 이유를 떠나, 시각적인 입장에서 미국식을 따르고 있다. 그런 의미에서 아래의 두 문장을 한번 비교해 보기 바란다.

'줄표,' '괄호,' '꺾쇠' 등은 좀처럼 활용되지 않고 있는 문장부호들이다.

'줄표', '괄호', '꺾쇠' 등은 좀처럼 활용되지 않고 있는 문장부호들이다.

92~94쪽 정답:

1. 당시, 지인知人은 술자리에서 대남 사업 담당 참사관과 대회를 나누던 도중, 갑작스레 궁금증이 일어 어렵사리 말을 꺼냈다고 한다. → 이야기
2. 이후, 냉랭했던 술자리는 급속도로 화기애애해졌다고 한다. → 딱딱했던/차가웠던 술자리는 금세/금방 부드러워졌다고 한다.
3. 주지하다시피, 북한의 우리말 살리기 노력은 존경스럽다 못해 처절하기까지 하다. → 널리 알려져 있다시피/익히 알려져 있다시피
4. 때문에, 어려운 한자 용어나 외래어를 쓰기보다 가급적 순수 국어로 대체代替하는 노력은 매우 중요하다. → 바꾸는
5. 예를 들어, 필자가 가끔 사용하는 몽니나 몰강스럽다와 같은 표현은 「임꺽정」, 「태백산맥」, 「토지」와 같은 장편소설을 읽다 발견한 용어들로 '부정적인 단어들'이라는 주제 아래 별도로 모아 놓은 것들이다. → 따로
6. 그렇게 해서, 어렵사리 사용하는 우리말은 애착과 함께 오랫동안 기억에 남아 어휘력을 증대시키는 초석礎石이 된다. → 늘리는, 주춧돌
7. 그런 의미에서, 이제부터라도 명작 대하소설을 들여다보며 자신만의 단어장을 구축構築해 보는 것은 어떨는지? → 만들어

알아두기 – 줄임표(……)

혼동하기 쉽고 자주 잘못 사용되는 또 다른 문장부호로 '말줄임표'를 들 수 있다. 정식 명칭은 '줄임표'지만, '말줄임표'로 더욱 잘 알려진 문장부호이다. 현행 한글맞춤법에서는 '줄임표'의 경우, 중간 점을 여섯 개 찍는다고 명시하고 있다. 그러나 언론사와 방송사를 비롯해 대부분의 경우, 관용적으로 세 개만 찍고 있는 실정이다. 더욱이, '중간점'이 아닌 '온점'으로 세 개를 처리하는 경우도 많은 것이 사실이다. '줄임표' 앞뒤의 띄어쓰기에 대해서는 정확한 규정이 명시돼 있지 않으나, 한글맞춤법에 표기된 형태로 추정컨대 앞 단어 뒤에 띄어쓰기 없이 바로 붙여 쓰는 것이 옳아 보인다. 예를 들면,

대한민국의 장구長久한 역사는……끈질긴 생명력의 역사이다.

처럼 '줄임표'를 바로 앞뒤의 단어에 띄어쓰기 없이 붙여 쓰는 것이 적절할 듯하다. 더불어, 말줄임표로 문장을 끝낼 때는 다음과 같이 온점을 챙겨주는 것도 반드시 필요하다.

이제 가면 언제나 돌아올 수 있을…….

연습문제

가. 단문 연습

아래 문장 가운데 잘못 기재됐거나 부호가 빠진 것들은 바로잡고, '온점'과 함께 알맞은 부호들을 넣어보기 바랍니다.

1. "성은 김가요."라며 운을 뗀 그가 "이름은 평산이외다."라고 덧붙였다.

2. "사랑하면서도 만나지 못하고 그리워하는데도 떨어져 있어야 한다니……"

3. '타산지석他山之石'이란 '남을 통해 나를 배운다.'라는 의미의 사자성어다.

4. "'성실하다'라는 칭찬이 듣기 제일 좋아요."

5. 한때, '내 탓이오.'이라는 캠페인이 열풍처럼 불어 닥친 적이 있다.

6. 잊지 말자, 화재는 방심하는 순간, 발생한다는 사실을.

7. '낮말은 새가 듣고 밤말은 쥐가 듣는다.'라는 속담이 있다.

8. 수학으로 따지자면, '온점'은 마침표의 부분집합이라 볼 수 있다(5쪽 참조).

9. 데카르트는 "나는 생각한다. 고로 나는 존재한다."라는 명언을 남겼다.

10. '글짱'의 '문장부호 법칙 I. '쉼표는 없을수록 좋다'라는 말을 들은 적이 있는가?

11. "열심히 일했더니 이제 그만해도 된다고 하더라구요."라는 것이 그의 답이었다.

12. 글쓰기가 어려울 때는 '연습만이 대가大家를 만든다.'는 독일 속담을 떠올려 보라.

13. "나는 자랑스런 태극기 앞에 …… 충성을 다할 것을 굳게 맹세합니다."라는 20세기 국민교육헌장을 들어 본 적이 있는가?

14. 남녀유별男女有別• 을 유난히 따지던 그가 요즘의 텔레비전을 봤다면 어땠을까.

15. 다음의 문제들을 풀어보기 바랍니다.(앞서 언급한 보기를 참조하기 바람)

16. 결국, 그동안의 감정이 복받치는 듯 말을 잇지 못하고 울음을 터뜨리는데….

17. "잘 아니까 할 필요가 없겠네."라고 단정짓지 말도록 하자.

18. "이제 이것으로……마지막이군."이라며 악당이 주인공을 향해 권총을 빼 들었다.

• 남녀유별男女有別: 유교 사상에서 남자와 여자 사이에 분별이 있어야 함을 이르는 말.

나. 중문 연습

아래 문장 가운데 잘못 기재되었거나 부호가 빠진 것들은 바로잡고, '온점'과 함께 알맞은 부호들을 넣어보기 바랍니다.

1. 저자는 "신문고 제도가 있었으나 알려진 것과 같은 실효實效는 거두지 못했고 유생들의 상소上疏 역시 허용은 됐으나 방법과 절차가 매우 복잡했다."고 짧게 언급하고 있다.

2. 어떻게 하면 오자誤字를 줄일 수 있을까? 만일, 초, 중, 고등학교를 통해 튼실하게 맞춤법 교육을 받았다면, 대부분의 문제는 해결될 수 있다. 하지만 그런 이들에게도 넘지 못할 산은 있게 마련이다. 필자조차도 불과 얼마 전까지, '내일의 다음날'을 일컫는 '모레'를 '모래'로 잘못 알았을 정도니...

3. 자신의 생각을 드러내고자 하는 글쟁이들은 '나(우리)는,' '내(우리)가,' '나(우리)의'와 같이 직접적인 1인칭 표현들을 들먹거리기보다, '필자,' '본인,' '글쓴이' 등과 같은 간접적 1인칭 대명사를 즐겨 사용한다(참고로 '우리'의 경우에는 포함 대상이 무엇이냐에 따라, 학생, 시민, 현대인, 한국인 등과 같은 표현으로 대체될 수 있다).

4. 자기가 가장 뛰어난 줄 알고 자만하는 사람에게 당신보다 더욱 뛰어난 사람이 있을 수 있다는 의미로 해줄 수 있는 속담으로 '뛰는 놈 위에 나는 놈이 있다.'가 있다.

5. 대부분의 직장인은 출근 직후와 점심식사 후, 퇴근 1시간 전에 집중력이 가장 많이 떨어진다고 말한다. 특히 점심식사 후엔 식곤증食困症이 몰려와 정신이 흐트러지기 쉬운데…이때 클래식 등 심신을 편안하게 해주는 음악을 들으면 집중력이 좋아진다고 한다.

6. 'tele'는 그리스어로 '멀리,' 'vision'은 '본다'라는 뜻이다. 그렇다면, 'tele'와 'vision'을 합칠 경우, '멀리 본다.'라는 뜻이 된다. 다시 말해, 텔레비전이란 '멀리 볼 수 있게 해주는 것'을 의미하는 그리스 말이다.

7. 인사 담당자 10명 가운데 8명은 신입 사원들의 국어 활용 능력에 대해 '불만족스럽다.'거나 '그저 그렇다.'고 인식하고 있었으며, 10명 중 3명은 '쓰기나 말하기 등의 표현 능력'(39.7%)이 시급히 개선돼야 한다고 생각하고 있었다.

8. "김 수한무, 거북이와 두루미, 삼천갑자 동방석, 칙칙카포 사리사리센터, 워리워리 세뿌리까, 무두셀라 구루미……" 한 시절을 풍미했던 수십 년 전 개그에 등장하는, 일명 세상에서 가장 긴 이름이다. 물론 이 뒤로도 한참 남아있지만 지면紙面상 생략했다.

9. "어르신을 공경해야 한다는 조상님의 유지遺志를 지금도 소중하게 받들어 모시고 있습니다."와 같은 표현은 문학적인 경우를 제외하면 되도록 자제하는 것이 좋다. 대신, 같은 표현이라도 "어른을 공경해야 한다는 조상의 유지遺志를 지금도 소중히 받들고 있다."처럼 평서형으로 바꿔 기술해야 한다.

다. 장문 연습

아래 문장 가운데 잘못 기재됐거나 부호가 빠진 것들은 바로잡아 보기 바랍니다.

1. 부호와 기호들이 넘쳐난다. 시각 이미지만 가득한 21세기. 주변은 온통 아이콘과 이모티콘들이다. 하지만, 이는 어디까지나 스크린과 모니터, 액정 화면에 해당되는 이야기일 뿐, 적어도 종이에서는 아직도 기호와 부호들을 찾아보기가 힘들다. 관람객의 편의를 도와주는 행사 도우미들처럼 읽는 이의 편의를 제공하는 것이 부호와 기호들의 고유 역할이건만 아무도 신경 쓰지 않는 탓에 이제는 찬밥 신세가 돼 가고 있다. 그런 의미에서, "마침내 문장부호는 죽었다."고까지 극단적인 사형 선고를 내려도 이상하지 않은 것이 작금昨今• 의 현실이다. 하지만, 열악한 상황 속에서도 제대로 작성되는 글은 오히려 빛나는 법. 해서, 글짱을 지향하는 여러분들은 남들이 신경 쓰지 않는 것들에 신경을 써야 한다(물론, 글짱을 지향하지 않는다면 신경 쓰지 않아도 되겠지만).

• 작금昨今: 요즘. 어제 '작昨,' 이제 '금今.'

2. 예전에 마을 버스를 타다 겪은 일이다. 새로 이사온 뒤로 마을 버스를 처음 타 본 까닭에 버스에 오르며 "이거 전철역까지 갑니까?"라고 물었다. 그러자, 마을 버스 기사는 비웃는 투로, "그것도 몰라요? 밖에 써 있잖아요."라며 짜증을 내는 것이었다. 순간, '처음 타서 모르니까 물어보는 건데 꼭 그렇게 대답해야 되나요?'라고 반박하고 싶은 마음이 목구멍까지 치솟아 올랐다. 잠시 뒤, 돈을 지불하고 자리에 앉아 어렵사리 마음을 진정시켰다. 지금 생각해도 기분이 그리 좋지는 않지만, 당시에는 얼마나 불쾌했던지 기사 폭행 사건이 왜 발생하는지를 이해할 수 있을 것 같았다. 그러고 보면, 마을 버스를 타면서 한 번도 기분 좋은 인사를 먼저 받은 기억이 없다(물론, 그렇다고 내가 먼저 반갑게 인사를 한 것도 아니지만). 대부분의 경우, 무뚝뚝하거나 관심 없는 표정으로 하루 종일 지정 구역을 맴도는 그들은 기실, 이웃에게 친절을 베풀 여유가 없는 한국의 얼굴이었다.

3. "벌 받을 꺼야, 난"

"왜?"

"지금도 널 사랑하니까"

"……."

"왜 대답을 안 하는 거야? 뭐라고 말해야 되는 거, 아냐?"

"……"

"말 안 한다면, 너 역시 아직까지 날 사랑하는 것으로 생각할 수밖에 없어. 물론, 그렇다고 별다른 수가 있는 것은 아니지만"

"내가 이 상황에서 뭐라고 말할 수 있겠니? 꼭 대답해야 하니? 나, 지금 몹시 힘들어. 그렇잖아도, 요즘 회사일로 신경 쓸 게 너무 많아."

"그럼, 왜 만나자고 한 거야?"

"그냥. 정말, 그냥. 그냥, 널 만나면 왠지 기분이 달라질 것 같았어."

"여전하구나. 넌 그때나 지금이나 조금도 달라진 게 없어. 5년이 지났는데, 어쩜, 하나도 안 변했니?"

"싸우고 싶지 않아. 네가 그럴수록 널 만나겠다는 내 생각이 잘못됐다고 느껴질 뿐이야."

"……."

가.단문 연습

1. "성은 김가요." 라며 운을 뗀 그가 "이름은 평산이외다." 라고 덧붙였다.

   ※ 인용문을 지닌 문장 안의 인용문에는 '온점'을 찍지 않는다.

2. "사랑하면서도 만나지 못하고 그리워하는데도 떨어져 있어야 한다니……."

   ※ '줄임표' 뒤에 '온점'이 빠져 있다.

3. '타산지석他山之石'이란 '남을 통해 나를 배운다.' 라는 의미의 사자성어다.

   ※ 인용문이 '온점'을 지니고 있는 경우다. 제거해야 한다.

4. "'성실하다' 라는 칭찬이 듣기 제일 좋아요."

   ※ 틀린 곳이 없는 문장이다. 인용문 안에 온점도 없을 뿐만 아니라, 큰따옴표 안의 큰따옴표는 작은따옴표로 표기하는 원칙도 충실히 지키고 있다.

5. 한때, '내 탓이오.' 이라는 캠페인이 열풍처럼 불어 닥친 적이 있다.

   ※ 1, 3번과 같이 인용문이 온점을 지니고 있는 경우다. 제거해 줘야 한다.

6. 잊지 말자. 화재는 방심하는 순간, 발생한다는 사실을.

※ '잊지 말자'라는 문장이 종결어미를 지니고 있기에 쉼표 대신 '온점'을 찍어줘야 한다.

7. '낮말은 새가 듣고 밤말은 쥐가 듣는다.'라는 속담이 있다.

※ 역시 속담을 인용한 구절이 '온점'으로 끝난다. 마땅히 제거해 줘야 한다.

8. 수학으로 따지자면, '온점'은 마침표의 부분집합이라 볼 수 있다.(5쪽 참조)

※ '온점'의 위치가 괄호 뒤에 잘못 배치돼 있다. 당연히 '볼 수 있다' 뒤에 붙여야 한다. 괄호 안의 글은 문장으로 보기에 애매하므로 '온점'을 찍지 않는 것이 낫다.

9. 데카르트는 "나는 생각한다. 고로 나는 존재한다."라는 명언을 남겼다.

※ 한 문장 안의 안긴 인용문이 두 문장으로 이뤄진 경우다. 이럴 때는 앞의 인용문 뒤에는 '온점'을 찍지만, 뒤의 인용문 끝에는 '온점'을 찍지 않는다.

10. '글짱'의 '문장부호 법칙 I: '쉼표는 없을수록 좋다'라는 말을 들은 적이 있는가?

※ '온점'이 아니라 부가 설명을 의미하는 콜론 또는 줄표(–)가 와야 한다.

11. "열심히 일했더니 이제 그만해도 된다고 하더라구요."라는 것이 그의 답이었다.

※ 인용문이 '온점'을 지니고 있는 경우다. 제거해야 한다.

12. 글쓰기가 어려울 때는 '연습만이 대가大家를 만든다.'는 독일 속담을 떠올려 보라.

※ 위의 경우들과 마찬가지임.

13. "나는 자랑스런 태극기 앞에 …… 충성을 다할 것을 굳게 맹세합니다."라는 20세기 국민교육헌장을 들어 본 적이 있는가?

※ '태극기 앞에'와 '줄임표' 사이, '줄임표'와 '충성을 다할 것을' 사이의 띄어쓰기를 없애야 한다. 더불어, 인용문의 온점도 없애주어야 한다.

14. 남녀유별男女有別을 유난히 따지던 그가 요즘의 텔레비전을 봤다면 어땠을까?

※ 마지막에 물음표를 붙여 줘야 하는 의문문이다.

15. 다음의 문제들을 풀어보기 바랍니다.(앞서 언급한 보기를 참조하기 바람.)

※ 괄호 안의 문장 끝에 종결어미가 사용됐기에 '온점'을 찍어야 한다.

16. 결국, 그동안의 감정이 복받치는 듯 말을 잇지 못하고 울음을 터뜨리는데…….

※ '줄임표'의 가운데 점 개수가 세 개로 잘못돼 있다.

17. "잘 아니까 할 필요가 없겠네."라고 단정짓지 말도록 하자.

※ 인용문을 안고 있는 문장으로 인용문 안의 '온점'을 제거해야 한다.

18. "이제 이것으로……마지막이군."이라며 악당이 주인공을 향해 권총을 빼 들었다.

※ 인용문을 안고 있는 문장이다. 마땅히 인용문 안의 '온점'을 제거해야 한다.

나. 중문 연습

1. 저자는 "신문고 제도가 있었으나 알려진 것과 같은 실효實效는 거두지 못했고 유생들의 상소上疏 역시 허용은 됐으나 방법과 절차가 매우 복잡했다."고 짧게 언급하고 있다.

※ 직접 인용구 안의 '온점'을 제거해 줘야 한다.

2. 어떻게 하면 오자誤字를 줄일 수 있을까? 만일, 초, 중, 고등학교를 통해 튼실하게 맞춤법 교육을 받았다면, 대부분의 문제는 해결될 수 있다. 하지만 그런 이들에게도 넘지 못할 산은 있게 마련이다. 필자조차도 불과 얼마 전까지, '내일의 다음날'을 일컫는 '모레'를 '모래'로 잘못 알았을 정도니…….

※ 마지막 문장의 '줄임표'가 '온점'으로 잘못 표시돼 있다. 더불어, 점의 숫자도 여섯 개가 아닌 세 개로 잘못돼 있다.

3. 자신의 생각을 드러내고자 하는 글쟁이들은 '나(우리)는,' '내(우리)가,' '나(우리)의' 와 같이 직접적인 1인칭 표현들을 들먹거리기보다, '필자,' '본인,' '글쓴이' 등과 같은 간접적 1인칭 대명사를 즐겨 사용한다.(참고로 '우리'의 경우에는 포함 대상이 무엇이냐에 따라, 학생, 시민, 현대인, 한국인 등과 같은 표현으로 대체될 수 있다.)

※ 괄호 안의 문장이 종결어미를 포함하고 있기에, '온점'은 괄호 밖이 아니라 괄호 안에 표시돼야 한다. 더불어 앞 문장 역시 괄호가 시작하기 직전 부분에 온점을 찍어주는 것이 옳다.

4. 자기가 가장 뛰어난 줄 알고 자만하는 사람에게 당신보다 더욱 뛰어난 사람이 있을 수 있다는 의미로 해줄 수 있는 속담으로 '뛰는 놈 위에 나는 놈이 있다.'가 있다.

※ 직접 인용구 안의 '온점'을 제거해 줘야 한다.

5. 대부분의 직장인은 출근 직후와 점심식사 후, 퇴근 1시간 전에 집중력이 가장 많이 떨어진다고 말한다. 특히 점심식사 후엔 식곤증食困症이 몰려와 정신이 흐트러지기 쉬운데······이때 클래식 등 심신을 편안하게 해주는 음악을 들으면 집중력이 좋아진다고 한다.

※ '줄임표'의 가운데 점이 여섯 개가 아닌 세 개로 잘못돼 있다.

6. 'tele'는 그리스어로 '멀리,' 'vision'은 '본다'라는 뜻이다. 그렇다면, 'tele'와 'vision'을 합칠 경우, '멀리 본다.'라는 뜻이 된다. 다시 말해, 텔레비전이란 '멀리 볼 수 있게 해주는 것'을 의미하는 그리스 말이다.

※ 직접 인용구 안의 '온점'을 제거해 줘야 한다.

7. 인사 담당자 10명 가운데 8명은 신입 사원들의 국어 활용 능력에 대해 '불만족스럽다.'거나 '그저 그렇다.'고 인식하고 있었으며, 10명 중 3명은 '쓰기나 말하기 등의 표현 능력'(39.7%)이 시급히 개선돼야 한다고 생각하고 있었다.

※ 직접 인용구 안의 '온점' 두 개를 모두 제거해 줘야 한다.

8. "김 수한무, 거북이와 두루미, 삼천갑자 동방석, 칙칙카포 사리사리센터, 워리 워리 세뿌리까, 무두셀라 구루미……." 한 시절을 풍미했던 수십 년 전 개그에 등장하는, 일명 세상에서 가장 긴 이름이다. 물론 이 뒤로도 한참 남아있지만 지면紙面상 생략했다.

※ '줄임표' 뒤에 '온점'이 생략돼 있다.

9. "어르신을 공경해야 한다는 조상님의 유지遺志를 지금도 소중하게 받들어 모시고 있습니다."와 같은 표현은 문학적인 경우를 제외하면 되도록 자제하는 것이 좋다. 대신, 같은 표현이라도 "어른을 공경해야 한다는 조상의 유지遺志를 지금도 소중히 받들고 있다."처럼 평서형으로 바꿔 기술해야 한다.

※ 직접 인용구 안의 '온점'을 모두 제거해 줘야 한다.

다. 장문 연습

1. 부호와 기호들이 넘쳐난다. 시각 이미지만 가득한 21세기. 주변은 온통 아이콘과 이모티콘들이다. 하지만, 이는 어디까지나 스크린과 모니터, 액정 화면에 해당되는 이야기일 뿐, 적어도 종이에서는 아직도 기호와 부호들을 찾아보기가 힘들다. 관람객의 편의를 도와주는 행사 도우미들처럼 읽는 이의 편의를 제공하는 것이 부호와 기호들의 고유 역할이건만 아무도 신경 쓰지 않는 탓에 이제는 찬밥 신세가 돼 가고 있다. 그런 의미에서, "마침내 문장부호는 죽었다."고까지 극단적인 사형 선고를 내려도 이상하지 않은 것이 작금昨今의 현실이다. 하지만, 열악한 상황 속에서도 제대로 작성되는 글은 오히려 빛나는 법. 해서, 글짱을 지향하는 여러분들은 남들이 신경 쓰지 않는 것들에 신경을 써야 한다.(물론, 글짱을 지향하지 않는다면 신경 쓰지 않아도 되겠지만.)

※ 직접 인용구 안의 '온점'을 제거해 줘야 한다. 더불어, 마지막 문장의 '온점'은 괄호 앞으로 당겨 주어야 하며, 괄호 안의 문장 역시 종결어미가 애매하지만 문장의 길이가 길기에 '온점'을 찍어 주는 것이 좋다.

2. 예전에 마을 버스를 타다 겪은 일이다. 새로 이사온 뒤로 마을 버스를 처음 타 본 까닭에 버스에 오르며 "이거 전철역까지 갑니까?"라고 물었다. 그러자,

마을 버스 기사는 비웃는 투로, "그것도 몰라요? 밖에 써 있잖아요." 라며 짜증을 내는 것이었다. 순간, '처음 타서 모르니까 물어보는 건데 꼭 그렇게 대답해야 되나요?' 라고 반박하고 싶은 마음이 목구멍까지 치솟아 올랐다. 잠시 뒤, 돈을 지불하고 자리에 앉아 어렵사리 마음을 진정시켰다. 지금 생각해도 기분이 그리 좋지는 않지만, 당시에는 얼마나 불쾌했던지 기사 폭행 사건이 왜 발생하는지를 이해할 수 있을 것 같았다. 그러고 보면, 마을 버스를 타면서 한 번도 기분 좋은 먼저 인사를 받은 기억이 없다.(물론, 그렇다고 내가 먼저 반갑게 인사를 한 것도 아니지만.) 대부분의 경우, 무뚝뚝하거나 관심 없는 표정으로 하루 종일 지정 구역을 맴도는 그들은 기실, 이웃에게 친절을 베풀 여유가 없는 한국의 얼굴이었다.

※ 직접 인용구 안의 '온점'을 제거해 줘야 한다. 더불어, 마지막 문장의 '온점'은 괄호 앞으로 당겨 주어야 하며, 괄호 안의 문장 역시 종결어미가 애매하지만 문장의 길이가 길기에 '온점'을 찍어 주는 것이 좋다.

3. "벌 받을 꺼야, 난."

"왜?"

"지금도 널 사랑하니까."

"……."

"왜 대답을 안 하는 거야? 뭐라고 말해야 되는 거, 아냐?"

"……."

"말 안 한다면, 너 역시 아직까지 날 사랑하는 것으로 생각할 수밖에 없어. 물론, 그렇다고 별다른 수가 있는 것은 아니지만."

"내가 이 상황에서 뭐라고 말할 수 있겠니? 꼭 대답해야 하니? 나, 지금 몹시 힘들어. 그렇잖아도, 요즘 회사일로 신경 쓸 게 너무 많아."

"그럼, 왜 만나자고 한 거야?"

"그냥. 정말, 그냥. 그냥, 널 만나면 왠지 기분이 달라질 것 같았어."

"여전하구나. 넌 그때나 지금이나 조금도 달라진 게 없어. 5년이 지났는데, 어쩜, 하나도 안 변했니?"

"싸우고 싶지 않아. 네가 그럴수록 널 만나겠다는 내 생각이 잘못됐다고 느껴질 뿐이야."

"……."

※ 첫 번째, 세 번째, 여섯 번째, 일곱 번째 문장에 '온점'이 생략돼 있다.

문장부호 이야기 II 7장

주연 돋보이기 위한 감초 '괄호,' '꺾쇠,' '줄표'

(괄호)는 한자, 영어 소개하는 '미니 사전'
「꺾쇠」는 책 이름 표시하는 특수 부호
—줄표—는 '이를테면' 뜻하는 보조 작대기

생물과 사물은 '흥망성쇠興亡盛衰'라는 4자 성어의 지배를 받는다. 문장부호 역시 예외는 아니어서, 자연법칙 속에 태어나고生, 나이 들며老, 병들고病, 사라지게 마련이다死. 그런 면에서, 한문 원전의 독해를 위해 찍어 두었던 훈점訓點*이 한국형 문장부호의 탄생을 알렸다면, 알파벳과 함께 본격적으로 유입된 서구식 원고 작성법은 그 발흥勃興**을 의미했다. 한국형 문장부호는 이후, '원고지'라는 운동장에서 한 세기 가량 맹위猛威를 떨치다 컴퓨터의 등장으로 원고지가 소멸하자 쇠락의 길을 걷기 시작했다. 이제는 모니터 상에서 '도상圖像' 문자***—^^ 또는 ㅠㅠ와 같이 기호 또는 글자의 모양을 이용

---

* 훈점訓點: 우리 말이 없던 시절, 한자어를 뜻으로 풀이해 읽으라는 의미에서 표시해 놓은 점. 예를 들어, '봄이 좋다'라는 의미로 한자어를 쓰려 할 때, '춘이호春以好'로 적은 후, '봄 춘'자와 '좋을 호'자만 뜻으로 읽고 가운데에 있는 '이'자는 음 그대로 읽어, '봄'이 '좋다'로 풀이할 수 있게 '춘'과 '호' 근처에 표시해 놓은 점을 일컫는 말이다.

** 발흥勃興: 갑자기 기운을 얻어 성해짐.

*** 도상圖像문자: 한자어를 풀이하면, 그림 '도圖,' 형상 '상像'으로 그림 형상을 한 문자라는 뜻. 달 '월月'과 같은 상형문자가 사물의 모양을 본 따 탄생된 것처럼, 사람의 얼굴이나 몸짓 등을 본떠 만든 신형 문자. 인터넷 상으로는 '이모티콘'이라 불림.

한 형태의 문자—라는 또 다른 모습으로 새로운 삶을 모색하고 있지만.

그러고 보면, 만년필과 원고지가 대접받던 시절만 하더라도 문장부호는 '원님 덕에 나팔 부는' 호사豪奢* 를 누렸었다. 당당히 하나의 글자로 대접받아 '원고지 한 칸당 1부호 원칙' 이라는 것이 있을 정도였으니. 그러던 문장부호가 이제는 말 그대로 천덕꾸러기 신세로 전락하고 말았다. 쓰는 사람도 별로 없고, 읽는 이도 용례用例** 조차 모르는, '있어도 그만, 없어도 그만' 인 시대가 되어 버린 셈이다. 그렇다면 문장부호는 이제 소멸消滅을 눈앞에 둔 채, 사망선고만을 기다려야 하는 것일까?

청어과科 어류로 일명 '준치'*** 라 불리는 물고기가 있다. 고기 맛이 뛰어나 회나 탕은 물론, 석쇠구이를 해 먹어도 일품이라고 한다. 더욱이, 홍어처럼 약간 삭혀도 독특한 맛으로 입맛을 돌게 한다 해, '썩어도 준치' 라는 말이 나왔을 정도다. 마찬가지로 '썩어도 준치' 라고 문장부호가 맡고 있는 기능을 과소평가過小評價하기에는 아직 이르다는 것이 필자의 생각이다. 작가 자신의 생각과 감정을 좀 더 정확하고 세밀하게 전달하기 위한 보조 장치가 문장부호에 해당하기 때문이다. 굳이 연극으로 따져본다면, 문장부호를 '조명' 과 '무대 장치' 로 비유할 수 있는 이유가 여기에 있다. 해서, 조금 더 신경 쓰면 자신의 수준을 높일 수 있는 기호들을 몇 개 소개하고자 한다.

먼저, 작은따옴표와 쉼표 같은 1군 문장부호를 제외한 2군 문장부호 가운

---

* 호사豪奢: 호화롭게 사치함. 또는 그런 사치.

** 용례用例: 실제로 쓰이고 있는 예, 또는 용법의 보기.

*** 준치: 다른 물고기에 비해 유달리 가시가 많다. '준치 만두' 라 하여 단오端午에는 준치를 쪄서 살만 발라낸 다음, 다진 쇠고기와 함께 만두 모양으로 빚어 삶아 먹었다. 왕실 수라상에 자주 오르던 귀한 메뉴로 정력에도 좋은 것으로 알려져 있다. 조선의 14대 임금인 현종은 1년 내내 준치를 기다리며 준치 타령을 했다고 전해지고 있다.

데, 그 쓰임새가 으뜸인 '괄호'에 대해 살펴보자. 보다 정확하게 말하자면, 대, 중, 소 등 3종류의 괄호 가운데 여기에서는 소괄호를 소개하지만, 편의상 괄호로 약칭略稱한다. 괄호는 십중팔구 한자어의 해당 한자나 영어의 알파벳을 알려줄 때 사용한다. 예를 들어,

'가히 입으로 즐거움을 얻는다'라는 뜻의 '가구가락(可口可樂)'은 중국에서 판매되고 있는 코카콜라(Coca Cola)의 현지 상호로서, 실제 발음도 '커흐커헐러'로 코카콜라와 매우 흡사한 것으로 알려져 있다.

그렇다고 괄호가 모든 한자어나 영어에 무작정 사용되는 것은 아니다. 주로, 글쓴이가 알려주고 싶은 단어나 독자의 원초적인 호기심을 자극할 수 있는 단어들이 고려 대상으로 정해진다. 한 가지 예를 더 들어보자.

자동차를 후진할 때, 망을 보아주는 이가 오케이 사인의 표시로 외치는 '오라이'는 원래 영어, '올 라이트(all right)'의 일본식 발음에서 유래된 말이다.

위의 문장에서는 괄호 이전에 두 개의 영어 단어, 즉 '오케이(O.K.)'와 '사인(sign)'이 나온다. 하지만, 두 단어에 대한 철자를 굳이 제시할 필요가 없다는 전제 아래, 글쓴이는 '올 라이트'라는 단어 뒤에만 설명을 돕는 의미에서 괄호와 함께 관련 철자를 제공하고 있다.

문장부호 이야기의 두 번째 대상으로는 책 이름을 표시하는 꺾쇠(「 」)를 들 수 있다. 사실, 꺾쇠는 단행본으로 출판되는 모든 인쇄물에 붙여 주어야 하는 것이지만, 이를 제대로 활용하는 경우는 찾아보기가 쉽지 않다. 열 가운데 여덟, 아홉은 아무런 문장부호 없이 책 제목을 기술하며, 열에 한둘 정도

만 책 이름을 '작은따옴표'로 묶어주는 기지를 발휘한다. 때문에, 꺾쇠 부호를 적절히 사용한다는 것만으로도 자신의 글에 대한 평가를 한 단계 높일 수 있다. 다음의 세 예를 통해 글쓴이들에 대한 평가를 필자 나름대로 내려보면,

탈무드에는 유태인들의 정체성이 담겨 있다. (×)

'탈무드'에는 유태인들의 '정체성'이 담겨 있다. (○)

「탈무드」에는 유태인들의 '정체성'이 담겨 있다. (★)

로 각각 나눠볼 수 있다.

마지막으로, '줄표'(—)를 들 수 있다. '마이크로소프트 워드'의 경우에는 해당 단어 바로 뒤에 띄어쓰기 없이 곧바로 붙임표(-) 두 개를 입력하면 (--) 붙임표들은 자동으로 '줄표'로 변환된다. 예를 들어,

그의 별명은 젓가락--내 별명도 젓가락이었지만--이었다.

와 같이 마침표까지 입력하고 나면, '워드'는 자동적으로 붙임표 두 개(--)를 '줄표'(—)로 바꿔준다. 그러나 '아래한글'의 경우에는 문자표(ctrl + F10)를 부른 후, 한글 문자표에서 '줄표'를 찾아 입력해야 한다.

'줄표'는 이미 말한 내용을 ① 다른 말로 '부연'하거나 '보충'할 때, 또는 ② 앞의 말을 변명할 때, '이를테면' 혹은 '덧붙이자면'과 같은 덧말의 기능을 수행한다. 여러분의 이해를 돕기 위해 본문의 시작 부분에도 '줄표'를 사용해 보았다. 더불어, 괄호와 꺾쇠도 곳곳에 배치해 놓았으니, 한번 찾아보고 그 용례를 몸으로 느껴보기 바란다.

알아두기

앞서 설명한 이외에 소괄호를 사용하는 경우:

1. 동음이의어 등 한글로 쓰면 오독(誤讀)되거나 쉽게 이해되지 않는 말은 소괄호 속에 한자를 넣는다.

   예) 총선에선 남발되는 공약(公約)은 공약(空約)으로 흐르기 쉽다.

2. 필자 스스로 조어(造語)했거나 기존의 어구를 변조한 말로, 한자로 적으면 독자들이 이해하기 쉬워질 때 소괄호 안에 한자를 적는다.

   예) 문장이 짧으면 짧을수록 좋다는 의미에서 필자는 단단익선(短短益善)이란 말을 즐겨 사용하곤 한다.

3. 빼도 그만, 넣어도 그만인 경우를 알리고자 한다면 소괄호를 사용한다.

   예) 전문(가)적인 자기 관리만이 무한 경쟁에서 살아남는 길이다.

   예) "만일(,) 이 같은 실수가 한 번 더 되풀이된다면, 그땐 모든 책임을 져라."

4. 준말을 표시할 때에도 소괄호를 사용한다.

   예) **경**제정의**실**천시민**연**합(경실련)

※ 본문에서 설명한 대로 단어 옆에 한자어를 병행할 경우에는 한자어를 괄호 안에 넣어주는 것이 좋습니다. 하지만 언제부터인가 책으로 간행되는 출판물의 경우에는 한자어 병행을 괄호 없이 하는 것이 유행처럼 되어 버렸습니다. 필자가 괄호 안에 한자어를 넣어 병기했음에도 불구하고 책에서는 괄호 없이 인쇄된 이유가 여기에 있습니다. 따라서, 여러분은 이 같은 사실을 오해 없이 주지하기 바랍니다.

연습문제

가. 단문 연습

잘못 사용된 문장부호를 바로잡거나 생략된 부호를 넣어보기 바랍니다. 이와 함께, 필요한 경우에는 관련 정보도 함께 넣어보기 바랍니다.

1. 운칠기삼/運七技三이란 운이 7할, 기술이 3할로 운이 더욱 중요하다는 뜻이다.

2. 그는 네 살에, 보통 아이들 같으면 천자문도 모를 나이에, 벌써 한시(漢詩)를 지었다.

3. 애덤 스미스의 '국부론'은 경제학의 고전(古典)이다.

4. 방만한 운영으로 공기업[公企業]의 재정이 바닥나 공기업[空企業]이 될 판이다.

5. 근육질의 남자를 일컬어 미국에서는 속어로 '머슬맨'—muscle man—이라고 한다.

6. 인터넷 신문－그 가운데에서도 특히 포털 신문－은 나날이 영향력이 커지고

있다.

7. 마광수 교수의 '나는 야한 여자가 좋다'는 한때 판금(販禁) 조치 됐던 책이다.

8. 경기 향방은 오리무중{五里霧中}이고, 집값 전망은 십리무중{十里霧中}이다.

9. 영화 '매트릭스'는 CG—컴퓨터 그래픽—가 돋보이는 작품이다.

10. 지금은 功過를 따지기보다, 사태를 수습하는 것이 더욱 중요한 시점이다.

11. 구텐베르크의 '42줄 성경'은 가치 면에서도 최고－最高－역사적으로도 최고－最古－에 속하는 대표적인 인쇄물이다.

12. '노노케어'란 노인이 노인을 돌봐주어야 한다는 의미로, 한자어와 영어가 결합된 합성어이다.

13. 무협지에 나오는 '전음'(傳音, 일종의 텔레파시)이란 기술은 상당한 내공을 쌓은 자만이 구사할 수 있는 무공이다.

14. 신문은 속보성이 생명인지라 하루만 지나도 구문이 되게 마련이다.

15. 우리들의 일그러진 영웅은 분량으로 따져볼 때, 중편소설에 해당한다.

16. 라그나로크라는 온라인 게임이 세계의 RPG—롤 플레잉—게임 시장을 평정할 기세다.

17. 잠재적인 독자(친구나 가족이 아닌 제3자)를 고려해야 글 솜씨가 빨리 는다.

18. 중국에서는 예로부터 눈에 색깔이 있다는 의미에서 서양인을 색목인[色目人]이라 불렀다.

19. 한일 양국에서 선풍적인 인기를 끌었던 '슬램덩크'는 농구에 관한 만화책이다.

20. 소극적 자유 예를 들면 신체적 자유는 인간의 기본권에 속한다.

21. 막달라 마리아, 그녀는 진정 성녀－性女－인가, 성녀－聖女－인가?

22. 군대에서 상사(부하)와 원만한 관계를 유지하기는 대단히 힘들다.

23. 영화, '매트릭스' 에서 주인공 '네오' －키아누 리브스 분－는 평범한 회사원이다.

24. 5월 31일은 지난 1987년에 세계보건기구가 정한 세계 금연의 날이다.

25. 시청률 때문인지, 요즘 사극(史劇)에는 사보다 극이 더욱 많은 느낌이다.

26. 공적/功績을 쌓으려고 연거푸 무리수를 두다, 유권자들의 공적/公敵이 되어 버렸다.

27. 19세기 말의 미국 사회는 권력 (그중에서도 금력/金力)이 판을 치던 시기였다.

28. 이웃들을 잘 구별하지 못하던 그 사람은 동네에서도 유명한 얼굴맹이었다.

29. 드라이브 스루—drive through—란 간판이 있는 곳에서는 차에 탄 채 음식을 주문하고, 차에 앉아서 음식을 받을 수 있다.

나. 중문 연습

앞서 단문 연습에서와 마찬가지로 '괄호,' '꺾쇠,' '줄표' 에 대한 문장부호 규칙을 되새겨 보기 바랍니다. 필요한 경우에는 관련 정보도 함께 제공해가며 잘못 사용된 부호는 바로잡고, 생략된 부호는 첨가해 보기 바랍니다.

1. 영화, '메리에게는 뭔가 특별한 것이 있다' 는 남자 주인공을 비롯해 숱한 등장 인물들(물론 남자들)이 사랑하지 않고서는 못 배기는 순진한 금발 미녀－카메론 디아즈 분－에 관한 이야기다.

2. 터널 시야—tunnel sight—란 평소에 잘 보이다가도 정작 중요한 순간에는 오·탈자를 놓치고 마는 경우를 뜻하는 것으로, 우리 모두가 심심찮게 경험하는 글쓰기의 공적[公敵]이다.

3. 발표 당사자께서는 발표 내용과 논문 방향에 대해 잘 알고 계시겠지만, 청중(특히 저처럼 이 분야에 대해 잘 모르는 사람들)을 위해 새로운 용어나 연구 핵심 용어는 가급적 그 뜻을 상세하게 풀어 주셨으면 합니다.

4. 이 책, 글쓰기 콘서트는 '글과 무술 이야기' '문장 이야기' '문단 이야기' '아이디어와 자료 등 모두 4부로 구성돼 있다.

5. 앞서 소개한 소괄호가 '옥편'이나 '영어사전'의 역할을 수행한다면, 세탁물의 '섬유 유연제'에 해당하는 부호로 '물결표시'를 들 수 있다. 간단히 부연하자면, 물결 표시는 주로 숫자의 범위를 나타낼 때 쓰이는 문장부호인데, "가장 잘 팔리는 라면의 가격대는 보통 3백~1천 원 선"에서와 같은 경우에 주로 쓰인다.

6. 미국이 자랑하는 대표적인 문학가 가운데 한 명인 마크 트웨인은 19세기 말의 소설가로 '톰 소여의 모험,' '허클베리 핀의 모험,' '왕자와 거지' 등과 같은 작품으로 우리에게도 잘 알려져 있다.

7. 영어로 피닉스에 해당하는 不死鳥-굳이 따지자면 우리나라의 봉황에 해당하는-는 죽지 않고 永生하는 새를 일컫는 말이다.

8. '빗금'은 대립적이거나 대등한 단어들을 나열할 때, '또는/혹은'이라는 의미로 사용하는 문장부호이다. 다시 말해, 빗금은 작가에게 어느 독자가 당신 왜 그렇게만 생각하나 이런 경우도 있을 수 있어라고 반박할까 봐 미리 대처하는 경우에 속한다.

다. 장문 연습

이번 장章에서 배운 규칙을 이용한 '문장부호 바로잡기'를 해보기 바랍니다. 역시, 필요하다면 관련 정보를 찾아 같이 제공하기 바랍니다.

1. 학생들의 서평을 채점하다 보면 여러 종류의 글들을 만나게 된다. 안타까운 사실은 상당수의 경우, 서평 대상이 되는 책의 이름을 거론할 때, 아무런 표시 없이 책 제목을 사용한다는 것이다. 그나마, 열 가운데 둘셋 정도는 '작은따옴표'라도 사용하며 필자의 눈도장을 받곤 한다. 상황이 그럴진대, '꺾쇠' 부호를 이용해 책 이름을 표기하는 경우는 그야말로 가뭄에 콩 나듯 한다. 때문에, 책 이름에 꺾쇠를 표시해 주는 것만으로도 자신의 글을 다른 글들과 손쉽게 차별화시킬 수 있다.
   마찬가지로, '줄표' 역시 자신의 글에 한 단계 높은 품격을 얹어줄 수 있는 '전략 부호'이다. 사실, '줄표'는 독자들에게 보다 친근하게 다가가기 위한 문장부호라고 볼 수 있다. 이는 '줄표'가 연극의 獨白* 이나 傍白** 에 해당하는 역할을 수행하고 있어, 평(評)이나 논술같이 무거운 장르보다는 감상문이나 수필 같은 문학 장르에 더욱 잘 어울리는 이유에서다. 그렇다고 무거운 글에는 전혀 쓰이지 않는다고 생각하면 그것 또한 오산(誤算)이다. 자신의 글이 왠지 딱딱하다고 생각될 때 결정적인 곳에 한 번 정도 사용함으로써, 글 전체의 분위기를 확 바꿔 놓을 수도 있는 것이 '줄표'이기 때문이다.

2. 러시아의 소설가, 안톤 체호프는 느낌표라는 단편소설을 1885년에 발표했다. 찰스 디킨스의 크리스마스 캐롤을 패러디한 이 작품에서 주인공은 크리스마스 전날 밤, 좀처럼 잠에 들지 못하고 뒤척거린다. 이유는 그날 저녁, 한 파티 석상에서 누군가가 자신이 "문장부호를 교양 있게 사용하지 못한다"고 비난했기 때문. 결국, 주인공은 분을 삭이지 못한 채 잠을 뒤척이다 찰스 디킨스

---

* 獨白(독백): 혼자서 중얼거림. 홀로 '독獨,' 아뢸 '백白.'

** 傍白(방백): 연극에서 등장인물이 말을 하지만, 무대 위의 다른 인물들에게는 들리지 않고 관객만 들을 수 있는 것으로 약속돼 있는 대사. 곁 '방傍.'

의 소설에서처럼 유령들의 방문을 차례로 받게 된다. 재미있는 사실은 그의 침실을 방문하는 유령들이 다름 아닌 문장부호라는 것. 별똥별처럼 번쩍이며 공중을 날아다니는 쉼표의 유령들이 먼저 방문해 자신들에 관한 사용 규칙을 묻고 떠나자, 다음으로 콜론과 세미콜론의 유령들이 방문하고, 뒤이어 물음표가 등장한다. 이때까지만 해도 별다른 어려움 없이 유령들의 물음에 잘 대응하던 주인공은 정작 물음표가 고개를 세우며 느낌표로 변하면서 당황하기 시작한다. 지난 40년간 느낌표를 사용한 적이 없었기에 정확한 용례를 모르는 까닭에서였다.

3. 필자가 대학 졸업 시절 겪었던 에피소드 가운데 하나. 졸업이 불과 얼마 앞으로 다가온 시점에서 주변에 컴퓨터 광풍이 불더니 어느덧 논문도 컴퓨터로 출력해서 내야 하는 분위기가 되고 말았다. 당시, 컴퓨터 시장의 절대 강자는 이름하여 '386XT'라 불리던 3세대 PC. 펜티엄 100MHz를 4세대나 거슬러 올라가는 태곳적•의 PC였기에 지금의 기준으로 보면 컴퓨터라고 부르기에도 부끄러운 수준이었다. 하지만, 컴퓨터를 갖기는커녕 다뤄본 적조차 없었던 까닭에, 신기술에 대한 필자의 두려움은 클 수밖에 없었다. 결국, 컴퓨터를 다룰 줄 아는 고교 후배들을 설득하고 꼬셔서 졸업 논문을 대신 타자(打字)해 주겠다는 약속을 술자리에서 어렵사리 받아내고야 말았다. 문제는 철석같이 믿었던 후배들이 졸업 막바지에 "기억 나지 않는다"며 하나둘씩 꼬리 내리더니 마지막에는 부도(不渡) 수표를 내버리고 만 것. 하는 수 없이 200여 장에 달하는 원고지에 肉筆로 졸업 논문을 일일이 작성해야만 했다. 해서, 60여 명이 졸업했던 당해 연도의 학과생들 가운데 원고지로 졸업 논문을 냈던 이는 필자가 유일했다. 당시, 졸업 논문을 지도해 주셨던 교수님(후에 필자의 결혼 주례를 서 주신 고마운 분이셨지만)께서는 "허, 참"이라는 말씀만 하시곤 원고지들을 끈으로 묶어 일견 처량해 보이기까지 하던 필자의 논문을 두말없이 받아 주셨다.

• 태곳적(太古的): 까마득히 먼 옛날.

정답

가. 단문 연습

1. 운칠기삼(運七技三)이란 운이 7할, 기술이 3할로 운이 더욱 중요하다는 뜻이다.

※ 뒷문장을 통해 '운칠기삼'의 뜻이 설명되고는 있으나, 독자들의 편의를 위해 소괄호를 이용한 한자어를 확실하게 제시해 주는 것이 좋다. 빗금은 '또는' 이라는 의미로 사용되는 문장부호이다.

예) 배우자의 도움 없이 아버지/어머니 혼자서 아이들을 키우는 것은 대단히 힘들다.

2. 그는 네 살에—보통 아이들 같으면 천자문도 모를 나이에—벌써 한시漢詩를 지었다.

※ '네 살'에 대한 부연 설명으로 줄표를 사용하는 것이 적절하다.

3. 애덤 스미스의 「국부론」은 경제학의 고전(古典)이다.

※ 고유명사일지라도 서적을 포함한 인쇄물에는 꺾쇠를 사용한다.

4. 방만한 운영으로 공기업(公企業)의 재정이 바닥나 공기업(空企業)이 될 판이다.

※ 동음이의同音異義의 한자어를 구별하기 위해 소괄호를 이용한 정보 제공이 필요하다. '알아두기'의 1번 참조.

5. 근육질의 남자를 일컬어 미국에서는 속어로 '머슬맨'(muscle man)이라고 한다.

※ 철자에 관한 정보 제공으로는 소괄호를 사용한다.

6. 인터넷 신문, 그 가운데에서도 특히 포털 신문은 나날이 영향력이 커지고 있다. (△)
인터넷 신문—그 가운데에서도 특히 포털 신문—은 나날이 영향력이 커지고 있다. (○)

※ 보다 구체적인 부가 설명을 위해서는 '줄표'가 필요하다. 참고로 문제에 사용된 -는 '붙임표'로, 주로 접사나 어미임을 나타낼 때 쓰여 그 용례가 매우 제한적인 기호다.

예) 휘-날리다.

7. 마광수의 교수의 「나는 야한 여자가 좋다」는 한때 판금(販禁) 조치 됐던 책이다.

※ 책의 경우에는 꺾쇠 사용.

8. 경기 향방은 오리무중(五里霧中)이고, 집값 전망은 십리무중(十里霧中)이다.

※ 한자어 소개에는 소괄호가 필요함. '알아두기'의 2번 참조.

9. 영화 '매트릭스'는 CG(컴퓨터 그래픽)가 돋보이는 작품이다.

10. 지금은 공과(功過)를 따지기보다, 사태를 수습하는 것이 더욱 중요한 시점이다.

※ 한자를 모르는 이들을 위해 반드시 앞에는 음音을 써주고 나서 뒤에 소괄호와 함께 한자어에 대한 정보를 제공해야 한다.

11. 구텐베르크의 「42줄 성경」은 가치 면에서도 최고(最高), 역사적으로도 최고(最古)에 속하는 대표적인 인쇄물이다.

※ 책 이름에는 꺾쇠, 뒤의 한자어 관련 정보에는 소괄호 사용.

12. '노노케어'(老老care)란 노인이 노인을 돌봐주어야 한다는 의미로, 한자어와 영어가 결합된 합성어이다.

※ '노노케어'에 관한 정보가 전혀 제공돼 있지 않다. 뒤의 뜻풀이로 봐서 원 단어의 모양새가 짐작되는 '老老care'라는 원래 정보를 소괄호 안에 제공해야 한다.

13. 무협지에 나오는 '전음(傳音)'—일종의 텔레파시—이란 기술은 상당한 내공을 쌓은 자만이 구사할 수 있는 무공이다.

※ 보다 구체적인 정보를 제공한다는 의미의 '줄표'가 필요함.

14. 신문(新聞)은 속보성이 생명인지라 하루만 지나도 구문(舊聞)이 되게 마련이다.

※ 조어造語의 경우에는 소괄호를 이용한 한자 정보를 제공해야 함. '알아두기'의 2번 참조.

15. 「우리들의 일그러진 영웅」은 분량으로 따져볼 때, 중편소설에 해당한다.

※ 책 이름에는 꺾쇠 사용.

16. '라그나로크'라는 온라인 게임이 세계의 RPG(롤 플레잉 게임) 시장을 평정할 기세다.

※ 고유명사에 대한 작은따옴표가 실종돼 있다. 이와 함께, RPG라는 단어 뒤에 사전 풀이용 소괄호가 필요하다.

17. 잠재적인 독자—친구나 가족이 아닌 제3자—를 고려해야 글 솜씨가 빨리 는다.

※ 보다 구체적인 설명이므로 '줄표'가 필요.

18. 중국에서는 예로부터 눈에 색깔이 있다는 의미에서 서양인을 색목인(色目人)이라 불렀다.

※ 한자 정보 제공용 소괄호 필요.

19. 한일 양국에서 선풍적인 인기를 끌었던 「슬램덩크」는 농구에 관한 만화책이다.

※ 책 이름에는 꺾쇠 사용.

20. 소극적 자유, 예를 들면 신체적 자유는 인간의 기본권에 속한다. (△)
소극적 자유—예를 들면 신체적 자유—는 인간의 기본권에 속한다. (○)

※ 보다 구체적인 정보가 부가적으로 제공되고 있어, '줄표'가 필요함.

21. 막달라 마리아, 그녀는 진정 성녀(性女)인가, 성녀(聖女)인가?

※ 동음이의어同音異義語의 경우에는 소괄호를 이용한 한자 정보를 제공해야 함. '알아두기'의 1번 참조.

22. 군대에서 상사/부하와 원만한 관계를 유지하기는 대단히 힘들다.

※ '또는'으로 치환 가능한 단어가 바로 뒤에 나올 경우, 빗금을 사용함.

23. 영화, '매트릭스'에서 주인공 '네오'(키아누 리브스 분)는 평범한 회사원이다.

※ 사전적인 의미의 정보를 제공했기에 '줄표'보다는 소괄호가 더욱 적절하다.

24. 5월 31일은 지난 1987년에 세계보건기구(WHO)가 정한 '세계 금연의 날'이다.

※ '사전적인 의미 + 약칭'을 위한 정보 제공임. 이와 함께, '세계 금연의 날' 앞뒤로 환기/강조용 쉼표가 필요.

25. 시청률 때문인지, 요즘 사극(史劇)에는 사(史)보다 극(劇)이 더욱 많은 느낌이다.

※ 비록 문장 내에서 사극에 관한 한자 정보를 제공하기는 했지만, 독자들의 눈에는 여전히 사와 극에 대한 의미가 낯설 수 있다. 소괄호와 한자를 모두 제공해야 한다. '알아두기'의 1번 참조.

26. 공적(功績)을 쌓으려고 연거푸 무리수를 두다, 유권자들의 공적(公敵)이 되어 버렸다.

※ 동음이의同音異義의 한자어를 구별하기 위해 소괄호를 이용한 정보제공이 필요하다. '알아두기'의 1번 참조.

27. 19세기 말의 미국 사회는 권력—그중에서도 금력(金力)—이 판을 치던 시기였다.

※ 좀 더 자세한 부연 설명으로 '줄표'가 필요하다. 더불어 '금력'의 한자어는 소괄호 안에 넣어야 한다.

28. 이웃들을 잘 구별하지 못하던 그 사람은 동네에서도 유명한 얼굴맹(盲)이었다.

※ 소경 맹盲자를 써서 글을 모르는 사람은 문맹文盲, 맛을 모르는 이는 미맹味盲, 컴퓨터를 모르는 자는 컴맹盲이라고 일컫듯이 얼굴을 기억하지 못하는 사람을 지칭하기 위해 쓰인 조어가 얼굴맹盲임. 마땅히 한자를 넣어 주는 것이 독자들의 이해를 돕는 데 도움이 된다. '알아두기'의 2번 참조.

29. 드라이브 스루(drive through)란 간판이 있는 곳에서는 차에 탄 채 음식을 주문하고, 차에 앉아서 음식을 받을 수 있다.

※ 철자에 관한 정보 제공으로는 소괄호를 사용한다.

나. 중문 연습

1. 영화, '메리에게는 뭔가 특별한 것이 있다'는 남자 주인공을 비롯해 숱한 등장인물들—물론 남자들—이 사랑하지 않고서는 못 배기는 순수한 금발 미녀(카메론 디아즈 분)에 관한 이야기다.

※ '숱한 인물들' 뒤에는 부연 설명을 위한 '줄표'가, 카메론 디아즈 앞뒤론 사전 설명적 괄호가 각각 필요하다.

2. 터널 시야(tunnel sight)란 평소에 잘 보이다가도 정작 중요한 순간에는 오·탈자를 놓치고 마는 경우를 뜻하는 것으로, 우리 모두가 심심찮게 경험하는 글쓰기의 공적(公敵)이다.

※ 영어 철자 안내를 위한 소괄호와 한자 안내를 위한 소괄호가 각각 필요하다.

3. "발표 당사자께서는 발표 내용과 논문 방향에 대해 잘 알고 계시겠지만, 청중—특히 저처럼 이 분야에 대해 잘 모르는 사람들—을 위해 새로운 용어나

연구 핵심 용어는 가급적 그 뜻을 상세하게 풀어 주셨으면 합니다."

※ 앞 단어를 수식하고 부연 설명 해주는 줄표가 필요하다. 이와 함께, 대화를 옮겨 적은 문장이라는 점을 감안한다면 큰따옴표를 넣어주는 것이 시각적으로도 훨씬 좋아 보인다.

4. 이 책, 「글쓰기 콘서트」는 '글과 무술 이야기,' '문장 이야기,' '문단 이야기,' '아이디어와 자료' 등 모두 4부로 구성돼 있다.

※ 책 이름 앞뒤에는 꺾쇠, 열거 단어들 사이에는 쉼표가 필요하다.

5. 앞서 소개한 소괄호가 '옥편'이나 '영어사전'의 역할을 수행한다면, 세탁물의 '섬유 유연제'에 해당하는 부호로 '물결표시'(~)를 들 수 있다. 간단히 부연하자면, 물결 표시는 주로 숫자의 범위를 나타낼 때 쓰이는 문장부호인데, "가장 잘 팔리는 라면의 가격대는 보통 3백~1천 원 선"에서와 같은 경우에 주로 쓰인다.

※ '물결표시' 바로 뒤에는 예시용 정보 제공을 위한 소괄호와 관련 정보를 첨가해야 한다.

6. 미국이 자랑하는 대표적인 문학가 가운데 한 명인 마크 트웨인은 19세기 말의 소설가로 「톰 소여의 모험」, 「허클베리 핀의 모험」, 「왕자와 거지」 등과 같은 작품으로 우리에게도 잘 알려져 있다.

※ 책 이름에는 꺾쇠를 첨가해야 한다.

7. 영어로 피닉스(phoenix)에 해당하는 불사조(不死鳥)—굳이 따지자면 우리나라의 봉황에 해당하는—는 죽지 않고 영생(永生)하는 새를 일컫는 말이다.

※ 예시에 해당하는 추가 설명을 위한 '줄표'가 필요하다. 이와 함께, 不死鳥 및 永生이라는 한자어는 한글로 음을 쓴 후, 소괄호 안에 한자 철자를 소개해야 한다. 피닉스의 경우에는 영어 철자를 소개해도 그만, 안 해도 그만이지만, '기왕이면 다홍치마'라고 첨가해 주는 것이 좋다.

8. '빗금'은 대립적이거나 대등한 단어들을 나열할 때, '또는/혹은'이라는 의미로 사용하는 문장부호이다. 다시 말해, 빗금은 작가에게 어느 독자가 "당신,

왜 그렇게만 생각하나? 이런 경우도 있을 수 있어"라고 반박할까 봐 미리 대처하는 경우에 속한다.

※ 글 중간에 삽입된 대화 문구를 위해 큰따옴표, 의문형 물음표가 각각 필요하다. 알아둘 사실은 한 문장 속에 사용된 대화체에서는 마침표를 사용하지 않는다는 것이다. 한 문장에는 마침표 하나만 사용해야 하는 원칙 때문이다.

예) 그는 "거기 서."라고 외쳤다. (×)

예) 그는 "거기 서"라고 외쳤다. (○)

다. 장문 연습

1. 학생들의 서평을 채점하다 보면 여러 종류의 글들을 만나게 된다. 안타까운 사실은 상당수의 경우, 서평 대상이 되는 책의 이름을 거론할 때, 아무런 표시 없이 책 제목을 사용한다는 것이다. 그나마, 열 가운데 둘셋 정도는 '작은따옴표'라도 사용하며 필자의 눈도장을 받곤 한다. 상황이 그럴진대, '꺾쇠'(「 」) 부호를 이용해 책 이름을 표기하는 경우는 그야말로 가뭄에 콩 나듯 한다. 때문에, 책 이름에 꺾쇠를 표시해 주는 것만으로도 자신의 글을 다른 글들과 손쉽게 차별화시킬 수 있다.

마찬가지로, '줄표'(—) 역시 자신의 글에 한 단계 높은 품격을 얹어줄 수 있는 '전략 부호'이다. 사실, '줄표'는 독자들에게 보다 친근하게 다가가기 위한 문장부호라고 볼 수 있다. 이는 '줄표'가 연극의 독백(獨白)이나 방백(傍白)에 해당하는 역할을 수행하고 있어, 평(評)이나 논술같이 무거운 장르보다는 감상문이나 수필 같은 문학 장르에 더욱 잘 어울리는 이유에서다. 그렇다고 무거운 글에는 전혀 쓰이지 않는다고 생각하면 그것 또한 오산(誤算)이다. 자신의 글이 왠지 딱딱하다고 생각될 때 결정적인 곳에 한 번 정도 사용함으로써, 글 전체의 분위기를 확 바꿔 놓을 수도 있는 것이 '줄표'이기 때문이다.

※ '꺾쇠'를 언급함에 있어, 소괄호 안에 '꺾쇠'의 형태에 관한 정보를 제공해야 한다. 독자들은 이미 본 장章을 통해 당연히 아는 정보겠지만, 글로 쓸 때에는 '꺾쇠'가 무엇인지 모를 독자들을 위해 반드시 관련 정보를 곁들여야 한다. '줄표' 역시 그 모양새를 모르는 독자들을 위해 생김새를 소괄호 안에 제공해야 한다.

한자의 경우도 그냥 써주기보다 한자에 익숙하지 않은 이들을 위한 보조적 설명으로 괄호 안에 넣고 앞에서는 음을 제시해 주는 것이 좋다.

2. 러시아의 소설가, 안톤 체호프는 「느낌표」라는 단편소설을 1885년에 발표했다. 찰스 디킨스의 「크리스마스 캐롤」을 패러디한 이 작품에서 주인공은 크리스마스 전날 밤, 좀처럼 잠에 들지 못하고 뒤척거린다. 이유는 그날 저녁, 한 파티 석상에서 누군가가 자신이 "문장부호를 교양 있게 사용하지 못한다"고 비난했기 때문. 결국, 주인공은 분을 삭이지 못한 채 잠을 뒤척이다 찰스 디킨스의 소설에서처럼 유령들의 방문을 차례로 받게 된다. 재미있는 사실은 그의 침실을 방문하는 유령들이 다름 아닌 문장부호라는 것. 별똥별처럼 번쩍이며 공중을 날아다니는 쉼표의 유령들이 먼저 방문해 자신들에 관한 사용 규칙을 묻고 떠나자, 다음으로 콜론(:)과 세미콜론(;)의 유령들이 방문하고, 뒤이어 물음표가 등장한다. 이때까지만 해도 별다른 어려움 없이 유령들의 물음에 잘 대응하던 주인공은 정작 물음표가 고개를 세우며 느낌표로 변하면서 당황하기 시작한다. 지난 40년간 느낌표를 사용한 적이 없었기에 정확한 용례를 모르는 까닭에서였다.

※ 「느낌표」와 「크리스마스 캐롤」은 책의 이름이므로, '꺾쇠'로 감싸주어야 한다. 이와 함께, 콜론과 세미콜론이 어떻게 생겼는지 모르는 독자들을 위해 역시 괄호와 함께 그 생김새를 전달해주는 재치가 필요하다. 잊지 말자. '글짱'이 되기 위해서는 독자들이 궁금해할 사소한 것까지 챙겨주어야 된다는 것을.

3. 필자가 대학 졸업 시절 겪었던 에피소드 가운데 하나. 졸업이 불과 얼마 앞으로 다가온 시점에서 주변에 컴퓨터 광풍이 불더니 어느덧 논문도 컴퓨터로 출력해서 내야 하는 분위기가 되고 말았다. 당시, 컴퓨터 시장의 절대 강자는 이름하여 '386XT'라 불리던 3세대 PC. 펜티엄 100MHz를 4세대나 거슬러 올라가는 태곳적의 PC였기에 지금의 기준으로 보면 컴퓨터라고 부르기에도 부끄러운 수준이었다. 하지만, 컴퓨터를 갖기는커녕 다뤄본 적조차 없었던 까닭에, 신기술에 대한 필자의 두려움은 클 수밖에 없었다. 결국, 컴퓨터를 다룰 줄 아는 고교 후배들을 설득하고 꼬셔서 졸업 논문을 대신 타자(打字)해 주겠다는 약속을 술자리에서 어렵사리 받아내고야 말았다. 문제는 철석같이 믿었

던 후배들이 졸업 막바지에 "기억 나지 않는다"며 하나둘씩 꼬리 내리더니 마지막에는 부도(不渡) 수표를 내버리고 만 것. 하는 수 없이 200여 장에 달하는 원고지에 **육필**(肉筆)로 졸업 논문을 일일이 작성해야만 했다. 해서, 60여 명이 졸업했던 당해 연도의 학과생들 가운데 원고지로 졸업 논문을 냈던 이는 필자가 유일했다. 당시, 졸업 논문을 지도해 주셨던 교수님—후에 필자의 결혼 주례를 서 주신 고마운 분이셨지만—께서는 "허, 참"이라는 말씀만 하시곤 원고지들을 끈으로 묶어 일견 처량해 보이기까지 하던 필자의 논문을 두말없이 받아주셨다.

※ 한자 앞에 한글로 음音을 달아주고 한자는 소괄호 안에 넣어주어야 한다. 참고로, '육필(肉筆)'이란 손으로 직접 쓴 원고라는 의미. 이와 함께, "후에 필자의 결혼 주례를 서 주신 고마운 분이셨지만"은 '줄표'로 묶어 주어야 한다.

제3부

문단론

1장 "접속사를 감춰라!"

못질보다 아귀 맞추는 전통 건축이 미끈하듯
접속사 없이 부드럽게 쓰는 글이 자연스러워

20대 초반에 '우상의 파괴'라는 글을 실어 한국 문단에 파문波紋을 불러일으켰던 이어령 이화여대 명예교수는 「축소 지향의 일본인」, 「디지로그」 등으로 우리에게도 널리 알려진 최고 글쟁이다. 그런 그가 평소, 즐겨 사용하는 글쓰기 요령 가운데 하나가 '상목수는 결코 못질을 하지 않는다'는 것이다. 평생을 목수일에 바친 목수 장인匠人은 나무와 나무를 '못'이라는 매개물로 억지 연결하기보다 나무의 생김새를 이용해 아귀* 들을 맞추는 것으로 기둥과 들보를 잇는다는 것이다. 아귀맞춤이 웬만한 못질보다 훨씬 단단하고 미끈하게 골격을 이어주기에 인위적인 것보다는 자연스런 멋을 추구하는 우리 정서에도 더욱 잘 들어맞고.

몇 해 전, 글쓰기의 '실력' 편에 해당하는 「A+ 글쓰기」를 출간하면서 접속부사와 관련된 요령을 소개한 적이 있다. 당시, '문단 이야기'의 첫 장에서

---

* 아귀: 사물의 갈라진 부분.

강조한 바는 '그리고,' '그래서,' '그런데' 따위의 '그' 계열 접속사를 줄이고, '또/더불어'('그리고' 대신), '따라서/때문에'('그래서' 대신),' '하지만/그럼에도 불구하고('그러나' 대신) 등과 같은 접속부사를 활용하라는 것이었다. '그' 계열의 접속사 사용은 건축에서의 못질에 해당하기에 문장 간의 연결이 거칠어지거나 전체적인 글맛이 떨어진다는 의미에서였다.

이번 장章은 그 속편으로, 기초와 실력을 뛰어넘어 고급 글쓰기를 원하는 이들을 위한 것이다. 접속부사를 감출 수 있는 경지境地가 진정한 고수의 경지境地이기에.

외관外觀이 미끈하고 잘 빠진 '얼짱' 건축물은 기둥과 바닥, 천정과 벽 사이의 연결 부위를 잘 감추기 마련이다. 특히, 외벽의 재질과 두께 등을 한눈에 알 수 있는 건물 모서리는 해당 건축물의 수준을 단박에 알 수 있는 잣대 역할을 한다. 「건축, 음악처럼 듣고 미술처럼 본다」의 작가, 서현은 그런 아귀맞춤의 중요성을 대중들에게 역설하는 글짱 건축가이다. 실제로, 일류로 일컬어지는 건물들의 외벽에서는 건축 재료와 건축 재료 간의 이음새를 좀처럼 관찰할 수가 없다. 각을 어찌나 잘 맞추었는지 도무지 안을 들여다볼 수가 없기 때문이다. 반면, 대리석으로 치장했다고는 하나 대충대충 마무리한 삼류 건축물의 외벽들은 모서리 부분에서 저급한 속살을 고스란히 드러낸다. 자연히, 건물 외벽은 저잣거리• 물건처럼 어딘가 값싸고 격이 낮은 느낌을 불러일으킨다.

글 역시 마찬가지다. 문장과 문장이 노골적인 접속부사로 연결되면 글맛은 현저하게 떨어진다. 고로, 접속부사를 아예 빼버리거나 다음 문장의 중

• 저잣거리: 장場이 서는 거리.

간, 또는 뒤편에 숨겨 버리는 것이 일품(一品) 글을 만드는 요령이다. 다음을 보자.

축구의 종가, 잉글랜드가 심판 때문에 잔뜩 긴장하고 있다. 왜냐하면, 7월 2일 포르투갈과의 8강전에 아르헨티나 출신의 호라시오 엘리손도 심판이 주심으로 출전하기 때문이다. 그렇다면, 뭐가 문제일까? 그것은 그가 6년 전 베컴에게 레드카드로 퇴장 처분을 내렸던 주심이라는 점이다.

다시 다음을 보자.

축구의 종가, 잉글랜드가 심판 때문에 잔뜩 긴장하고 있다. 7월 2일 포르투갈과의 8강전에 아르헨티나 출신의 호라시오 엘리손도 심판이 주심으로 출전하기 때문이다. 뭐가 문제일까? 그가 6년 전 베컴에게 레드카드로 퇴장 처분을 내렸던 주심이라는 점이 문제다.

분명, '그' 계열의 접속사는 '또,' '따라서,' '하지만' 등과 같은 접속부사로 대체하는 것이 좋다. 하지만, 이는 어디까지나 접속부사 사용이 '그' 계열의 접속사보다 낫다는 것일 뿐이기에, 「글쓰기 콘서트」에서는 접속부사조차 사용하지 않는 궁극窮極의 경지를 지향指向한다. 그런 의미에서 접속부사의 동원은 못질 대신 아교질을 뜻하며, 접속부사의 생략은 어떤 인위적인 연결물도 동원하지 않는 극상極上의 아귀맞춤을 뜻한다.

연습문제

가. 중문 연습

문장의 전반적인 흐름을 해치지 않는 범위 내에서 접속사와 접속부사를 생략해 보기 바랍니다. 만일, 접속부사를 생략하는 것이 마땅치 않다면, 해당 접속부사를 좀 더 간결한 접속부사로 대체代替해 보는 방안도 모색해 보기 바랍니다. 단어와 문장의 길이가 간결할수록 글맛 역시 정갈해지기 마련이니까요.

1. "오늘은 빨간색"이라고 말하는 그가 태극 마크를 단 빨간 제복을 가리켰다. 요일별로 월요일부터 금요일까지 모두, 다섯 가지 색깔의 제복을 가지고 있다는 그는 매일 다른 색의 제복을 입는다. 그래서, 별명도 '컬러맨'이란다.

2. 월드컵 개막전을 보기 위해 독일의 뒤셀도르프 중심가를 찾았다. 역시, 예상했던 대로 열기는 대단했다. 맥주를 판매하는 스포츠 바는 독일팬들로 인산인해人山人海를 이뤘다. 그리고 독일의 4대2 승리로 경기가 끝나자 손님들은 맥주가 가득한 잔을 부딪치며 모두 하나가 되어 '승리의 찬가'를 몇 번이고 몇 번이고 불렀다.

3. 영화 '세븐'에서는 살인자가 하느님을 대신해 탐욕, 시기, 간통 등 7가지 죄악에

대한 심판을 죄인들에게 몸소 행하고 있다. 그러고 보면, 우리는 누구나 죄악을 행하며 살아가고 있다. 그러나 그 죄악들은 많은 경우, 법적인, 또는 윤리적인 처벌 없이 간과看過* 되게 마련이다. 그래서 그런지, 영화 속의 메시지는 도덕적 불감증에 걸린 우리 가슴에 하나의 비수匕首처럼 예리하게 다가온다.

4. 사뮤엘 모르스가 1836년에 발명한 유선 전신은 지구촌에 일대 혁신을 몰고 왔다. 역마차와 전서구傳書鳩,** 정기선으로 배달되던 뉴스는 빛의 속도로 전파되기 시작했고, 몇 달씩 걸리던 대륙간 소식 왕래는 한나절로 기간이 단축되었다. 그렇지만, 빠른 정보를 위한 대가 역시 만만치는 않았다. 왜냐하면, 대양을 가로지르는 유선 케이블의 설치가 천문학적 투자를 필요로 했기에, 전신 이용료 역시 엄청나게 비쌌기 때문이었다. 그런 연유로, 살인적인 통신료에 애를 먹던 신문사들이 아이디어를 냈다. 사건 발생 순서에 따라 이야기를 전달하듯 글을 풀어나가던 관습에서 벗어나, 가장 중요한 사실 몇 문장만 송고하는 방식을 도입하게 된 것이다. 이른바, '역삼각형'이라 불리는 기사 작성법이 탄생하는 순간이었다.

나. 장문 연습

접속사를 접속부사로 바꿔주거나, 접속부사 자체를 없애보기 바랍니다. 필요하다면 문장의 표현이나 구조를 바꿔도 좋습니다.

1. 아담과 이브는 신으로부터 자신들이 살게 된 작은 세계에 대해 배운다. 그런데 그중에는 특이한 금지 명령이 하나 있었다. 그것은 선과 악을 알게 해주는 어떤 과일을 먹지 말라는 것이었다. 만약, 그 과일을 먹는다면 "너희들은 그 자리에서 당장 죽으리라"라고 창조주는 경고하였다.

아담과 이브는 신의 명령을 충실히 따랐다. 그러나 뱀이 이브를 찾아와 "금

* 간과看過: 큰 관심 없이 대강 보아 넘김.

** 전서구傳書鳩: 편지를 보내는 데 쓸 수 있게 훈련된 비둘기.

지된 과일을 먹어도 죽지 않는다"며 "신과 같은 전지전능함을 얻기 위해 금단의 열매를 먹어보라"고 권유한다. 결국, 이브는 뱀의 유혹에 넘어가 신의 경고를 무시하고 아담을 부추겨 그 과일을 함께 먹는다. 신은 아담과 이브가 벌거벗은 자신들을 부끄러워하고 있다는 사실을 발견하고는 "너희가 벌거벗었다는 걸 누가 알려 주었느냐?"라고 물었다. 그러자, 아담은 자신이 저지른 행동에 대한 책임을 회피하고자 자신의 선택과 행동을 여자 탓으로 돌린다. 그리고, "하나님이 나와 함께하도록 보내 주신 여자가 금단의 열매를 내게 주므로 내가 먹었나이다"라고 대답했다. 그러자, 신이 이브를 향해 먼저 말했다. "내가 네게 잉태하는 고통을 크게 더하리니 네가 수고하고 자식을 낳을 것이다. 그리고 네 남편이 너를 다스릴 것이니라"라고 말했다.

다음 글은 지난 2005년 4월 2일 조선일보에 실렸던 방송인 김제동 씨의 기고문입니다. 글이 좋습니다만, 여러분의 연습을 돕는 차원에서 제거해도 문장의 흐름이 자연스러운 접속사나 접속부사를 찾아보기 바랍니다.

2. **'왕따'가 아니라 '깍두기'를**

술 마신 다음날, 설렁탕 먹는 것을 좋아합니다. 사실 깍두기를 더 좋아합니다. 설렁탕에 깍두기 국물을 타 먹는 사람을 보면 대번에 그 사람이 좋아지기도 합니다. 어린 시절 저는 가끔 깍두기였거든요.

제가 자라난 시골 마을에서 꼬마들은 무조건 모여 놀았습니다. 농사일이 바쁠 때는 모를까, 집에 있어봤자 심심하기만 했죠. 게임기도 컴퓨터도 없거나 흔치 않았던 시절이었으니까요. 큰 마을은 아니었지만 또래들이 다 모이면 그대로 그 수가 만만치 않았기에 놀 때는 편을 가르는 것이 기본이었습니다. 그런데 편을 짤 때는 종종 문제가 생기곤 했습니다. 인원이 여덟이나 열이면 깔끔하게 나누어지련만, 일곱이나 아홉이 되면 꼭 하나가 남았으니까요.

살구꽃 지고 복사꽃 피던 어느 날, 동네 공터에 우리 아홉이 모였습니다. 우리는 말뚝박기를 하기로 했고 열두 살 열세 살이었던 두식 형과 성칠 형이 각각 대장이 되어, 편을 짜기로 합니다. 말뚝박기는 큰 덩치가 중요한 역할을 하므로, 두식 형과 성칠 형은, 가위바위보를 반복하며, 덩치가 큰 용철이, 근대, 민석이, 영수 순으로 아이들을 하나씩 뽑아갑니다. 나는 내심 내 이름이 불렸으면 하는 마음도 있었지만, 그대로 내색은 하지 않은 채 신발로 흙을 파며 기다립니다.

하지만 남아 있는 병호, 윤식이, 용훈이, 철희가 뽑혀가도록 내 이름은 불리지 않습니다. 하나 남은 나는 깍두기가 됩니다. 그래서 슬펐냐고요? 아닙니다. 서운한 감은 있었지만, 깍두기는 꼭 그렇게 슬픈 위치는 아니었으니까요. 나는 두식 형 편이 공격을 할 때는 전날 발목을 접질린 윤식이를 대신해 말 역할을 합니다. 덩치는 작아도 몸 하나는 단단했던 나는, 엉덩이가 함지박만한 용철이의 공격을 잘 막아냄으로써 박수를 받는 깍두기가 되었지요. (중략)

2. **'항암 식품,' '암 예방에 좋은 식품.'**

우리나라 국민에게 전혀 낯설지 않은 구절이다. 특히, TV의 각종 프로에서는 하루가 멀다 하고 이런저런 식품들을 마치 각종 질병을 예방하고 치료할 수 있는 신이 내린 명약이나 되는 듯이 소개하곤 하는데, 이때마다 빠지지 않고 등장하는 단골이 바로 이들이기도 하다. 이러한 신비 식품에 대한 언론의 여러 소개를 보고 있노라면, 다양한 항암 식품을 일상적으로 섭취하는 우리나라 국민은 절대로 암 따위에는 걸리지 않아야 옳을 듯하다. 그러나 현실은 그렇지 않다. 최근 우리나라 국민의 사망원인 중 암은 단연 1위를 차지하고 있으며, 이러한 통계가 쉬이 변할 것 같지는 않다.

물론 우리나라 정도의 경제성장을 이룬 국가에서 암으로 인한 사망에 기여한 대표적인 요인으로 손꼽히는 것이 바로 흡연과 식생활이다. 그래서, 식생활은 암 예방에 매우 중요한 역할을 할 수 있다는 것이다. 그렇지만 몇몇 가지 항암식품을 많이, 자주 섭취하는 것만으로 암이 예방되는 것은 아니다. 더욱이 언론에서 소개하는 수많은 식품들의 항암효과 가운데 과학적으로 그 효과가 증명된 것은 극소수에 불과하다. 그리고 이렇게 증명된 효과도 단지 여러 암 가운데 한두 가지 또는 많아야 몇몇 암에 대한 것이지, 결코 모든 종류의 암에 대한 것인가에 대해서는 아직까지 밝혀진 바가 없다.

작년 11월에 발표된 세계암연구기금(WCRF)의 보고서에 따르면, 그동안 과학자들이 연구한 여러 식품들의 암 예방 효과 중 그 과학적 증거가 확실하다고 결론 내릴 수 있는 것은 아직 없다. 단 몇몇 식품들의 경우, 과학적인 증거가 불충분하기는 하나 암 예방의 가능성은 있는 것으로 보고되었다. 특히 과일의 경우, 구강/인두/후두암 및 식도암, 위암, 폐암의 위험을 줄이는 역할을 할 가능성이 높은 것으로 보고되었고, 식이섬유소가 풍부한 식품과 마늘, 우유는 대장암 예방 효과의 가능성이 있는 것으로 발표된 바 있다. 물론, 이러한 보고서나 기타 저명한 학술지 등을 통해 암 예방효과가 보고되지 않았다고 해서, 해당 식품의 항암효과가 없는 것은 아닐 수도 있다. 왜냐하면 이와 관련한 연구가 아직 수행되지 않았을 가능성 또한 높기 때문이다. (중략)

—윤지현, '항암식품 효과 진실은' 〈세계일보〉

정답

가. 중문 연습

1. "오늘은 빨간색"이라고 말하는 그가 태극 마크를 단 빨간 제복을 가리켰다. 요일별로 월요일부터 금요일까지 모두, 다섯 가지 색깔의 제복을 가지고 있다는 그는 매일 다른 색의 제복을 입는다. ~~그래서~~ 별명도 '컬러맨' 이란다.

   ※ 접속사인 '그래서'를 제거해 줘도 글의 흐름에는 별 지장이 없다.

2. 월드컵 개막전을 보기 위해 독일의 뒤셀도르프 중심가를 찾았다. ~~역시~~, 예상했던 대로 열기는 대단했다. 맥주를 판매하는 스포츠 바는 독일팬들로 인산인해人山人海를 이뤘다. ~~그리고~~, **마침내/이윽고/결국,** 독일의 4대2 승리로 경기가 끝나자 손님들은 맥주가 가득한 잔을 부딪치며 모두 하나가 되어 '승리의 찬가'를 몇 번이고 몇 번이고 불렀다.

   ※ 앞의 접속부사는 제거해 줘도 괜찮다. 이와 함께, 뒤의 접속사는 '마침내,' '이윽고,' '결국' 등과 같은 접속부사로 바꿔주는 것이 좀 더 부드럽고 자연스럽다.

3. 영화 '세븐'에서는 살인자가 하느님을 대신해 탐욕, 시기, 간통 등 7가지 죄악에 대한 심판을 죄인들에게 몸소 행하고 있다. 그러고 보면, 우리는 누구나 죄악을 행하며 살아가고 있다. 그러나 (**하지만**) 그 죄악들은 많은 경우, 법적인,

또는 윤리적인 처벌 없이 간과看過되게 마련이다. ~~그래서 그런지~~, **때문에**/해서, 영화 속의 메시지는 도덕적 불감증에 걸린 우리 가슴에 하나의 비수匕首처럼 예리하게 다가온다.

또는

영화 '세븐'에서는 살인자가 하느님을 대신해 탐욕, 시기, 간통 등 7가지 죄악에 대한 심판을 죄인들에게 몸소 행하고 있다. 그러고 보면, 우리는 누구나 죄악을 행하며 살아가고 있다. 그러나 (**하지만**) 그 죄악들은 많은 경우, 법적인, 또는 윤리적인 처벌 없이 간과看過되게 마련이다. ~~그래서 그런지~~, 영화 속의 메시지~~는~~**가** 도덕적 불감증에 걸린 우리 가슴에 하나의 비수(匕首)처럼 예리하게 다가~~온다~~**오는 이유가 여기에 있다.**

※ 아무리 접속사를 제거하는 것이 좋다고 해도 무작정 없앨 수는 없다. 만일, 제거하는 것이 어색한 경우에는 접속부사로 바꿔 주는 것이 차선책이다. 이와 함께 접속사에 해당하는 연결어를 문장의 뒤로 돌리는 것도 요령이다.

4. 사뮤엘 모르스가 1836년에 발명한 유선 전신은 지구촌에 일대 혁신을 몰고 왔다. 역마차와 전서구傳書鳩, 정기선으로 배달되던 뉴스는 빛의 속도로 전파되기 시작했고, 몇 달씩 걸리던 대륙간 소식 왕래는 한나절로 기간이 단축되었다. ~~그렇지만~~, 빠른 정보를 위한 대가 역시 만만치는 않았다. ~~왜냐하면~~, 대양을 가로지르는 유선 케이블의 설치가 천문학적 투자를 필요로 했기에, 전신 이용료 역시 엄청나게 비쌌기 때문이었다. ~~그런 연유로~~, **결국/마침내,** 살인적인 통신료에 애를 먹던 신문사들이 아이디어를 냈다. 사건 발생 순서에 따라 이야기를 전달하듯 글을 풀어나가던 관습에서 벗어나, 가장 중요한 사실 몇 문장만 송고하는 방식을 도입하게 된 것이다. 이른바, '역삼각형'이라 불리는 기사 작성법이 탄생하는 순간이었다.

※ 대부분의 접속사는 제거해도 별 문제가 없는 문단이다.

나. 장문 연습

1. 아담과 이브는 신으로부터 자신들이 살게 된 작은 세계에 대해 배운다. ~~그런 때~~ 그중에는 특이한 금지 명령이 하나 있었다. 그것은 선과 악을 알게 해주는 어떤 과일을 먹지 말라는 것이었다. 만약, 그 과일을 먹는다면 "너희들은 그 자리에서 당장 죽으리라"라고 창조주는 경고하였다.

아담과 이브는 신의 명령을 충실히 따랐다. ~~그러나~~ 그러던 어느 날, 뱀이 이브를 찾아와 "금지된 과일을 먹어도 죽지 않는다"며 "신과 같은 전지전능함을 얻기 위해 금단의 열매를 먹어보라"고 권유한다. 결국, 이브는 뱀의 유혹에 넘어가 신의 경고를 무시하고 아담을 부추겨 그 과일을 함께 먹는다. 신은 아담과 이브가 벌거벗은 자신들 부끄러워하고 있다는 사실을 발견하고는 "너희가 벌거벗었다는 걸 누가 알려 주었느냐?"라고 물었다. ~~그러자~~, 아담은 자신이 저지른 행동에 대한 책임을 회피하고자 자신의 선택과 행동을 여자 탓으로 돌린다. ~~그리고~~ "하나님이 나와 함께하도록 보내 주신 여자가 금단의 열매를 내게 주므로 내가 먹었나이다"~~라고 대답했다~~. 그러자, 신이 이브를 향해 먼저 말했다. "내가 네게 잉태하는 고통을 크게 더하리니 네가 수고하고 자식을 낳을 것이다. 그리고 네 남편이 너를 다스릴 것이니라"라고 말했다.

※ 접속사는 과감하게 없애버려도 글의 흐름이 어색하지 않는 경우가 많다. 그런 의미에서 몇몇 접속사를 제거하면서 그에 알맞게 문장을 조금 고쳐 보았다.

2. '왕따'가 아니라 '깍두기'를

술 마신 다음날, 설렁탕 먹는 것을 좋아합니다. 사실 깍두기를 더 좋아합니다. 설렁탕에 깍두기 국물을 타 먹는 사람을 보면 대번에 그 사람이 좋아지기도 합니다. 어린 시절 저는 가끔 깍두기였거든요.

제가 자라난 시골 마을에서 꼬마들은 무조건 모여 놀았습니다. 농사일이 바쁠 때는 모를까, 집에 있어봤자 심심하기만 했죠. 게임기도 컴퓨터도 없거나 흔치 않았던 시절이었으니까요. 큰 마을은 아니었지만 또래들이 다 모이면 그대로 그 수가 만만치 않았기에 놀 때는 편을 가르는 것이 기본이었습니다. ~~그런데~~, 하지만 편을 짤 때는 종종 문제가 생기곤 했습니다. 인원이 여덟이나 열이면 깔끔하게 나누어지련만, 일곱이나 아홉이 되면 꼭 하나가 남았으니까요.

살구꽃 지고 복사꽃 피던 어느 날, 동네 공터에 우리 아홉이 모였습니다. 우리는 말뚝박기를 하기로 했고 열두 살 열세 살이었던 두식 형과 성칠 형이 각각 대장이 되어, 편을 짜기로 합니다. 말뚝박기는 큰 덩치가 중요한 역할을 하므로, 두식 형과 성칠 형은, 가위바위보를 반복하며, 덩치가 큰 용철이, 근대, 민석이, 영수 순으로 아이들을 하나씩 뽑아갑니다. 나는 내심 내 이름이 불렸으면 하는 마음도 있었지만, 그대로 내색은 하지 않은 채 신발로 흙을 파며 기다립니다.

~~하지만~~ 남아 있는 병호, 윤식이, 용훈이, 철희가 뽑혀가도록 내 이름은 불리지 않습니다. 하나 남은 나는 깍두기가 됩니다. ~~그래서~~ 슬펐냐고요? 아닙니다. 서운한 감은 있었지만, 깍두기는 꼭 그렇게 슬픈 위치는 아니었으니까요. 나는 두식 형 편이 공격을 할 때는 전날 발목을 접질린 윤식이를 대신해 말 역할을 합니다. 덩치는 작아도 몸 하나는 단단했던 나는, 엉덩이가 함지박만한 용철이의 공격을 잘 막아냄으로써 박수를 받는 깍두기가 되었지요.

※ 접속사와 접속부사가 눈에 거의 띄지 않는 수작秀作이다. 정답을 무시해도 좋을 정도로 글의 흐름이 매끄럽지만, 연습을 해본다는 차원에서 몇몇 접속사를 제거하고, 없애기 힘든 경우에는 접속부사로 대체代替해 보았다.

3. '항암 식품,' '암 예방에 좋은 식품.'

우리나라 국민에게 전혀 낯설지 않은 구절이다. 특히, TV의 각종 프로에서는 하루가 멀다 하고 이런저런 식품들을 마치 각종 질병을 예방하고 치료할 수 있는 신이 내린 명약이나 되는 듯이 소개하곤 하는데, 이때마다 빠지지 않고 등장하는 단골이 바로 이들이기도 하다. 이러한 신비 식품에 대한 언론의 여러 소개를 보고 있노라면, 다양한 항암 식품을 일상적으로 섭취하는 우리나라 국민은 절대로 암 따위에는 걸리지 않아야 옳을 듯하다. ~~그러나~~ **안타깝게도** 현실은 그렇지 않다. 최근 우리나라 국민의 사망원인 중 암은 단연 1위를 차지하고 있으며, 이러한 통계가 쉬이 변할 것 같지는 않다.

물론 우리나라 정도의 경제성장을 이룬 국가에서 암으로 인한 사망에 기여한 대표적인 요인으로 손꼽히는 것이 바로 흡연과 식생활이다. ~~그래서~~, **역으로 말하자면/다시 말하면/바꿔 말하면**, 식생활은 암 예방에 매우 중요한 역할을 할 수 있다는 것이다. ~~그렇지만~~ **하지만** 몇몇 가지 항암식품을 많이, 자주 섭취하는 것만으로 암이 예방되는 것은 아니다. 더욱이 언론에서 소개하는 수많은 식품들의 항암효과 가운데 과학적으로 그 효과가 증명된 것은 극소수에 불과하다. ~~그리고~~ **더불어/또(한)/게다가** 이렇게 증명된 효과도 단지 여러 암 가운데 한두 가지 또는 많아야 몇몇 암에 대한 것이지, 결코 모든 종류의 암에 대한 것인가에 대해서는 아직까지 밝혀진 바가 없다.

작년 11월에 발표된 세계암연구기금(WCRF)의 보고서에 따르면, 그동안 과학자들이 연구한 여러 식품들의 암 예방 효과 중 그 과학적 증거가 확실하다고 결론 내릴 수 있는 것은 아직 없다. 단 몇몇 식품들의 경우, 과학적인 증거가 불충분하기는 하나 암 예방의 가능성은 있는 것으로 보고되었다. 특히 과일의 경우, 구강/인두/후두암 및 식도암, 위암, 폐암의 위험을 줄이는 역할을 할 가능성이 높은 것으로 보고되었고, 식이섬유소가 풍부한 식품과 마늘, 우유는 대장암 예방 효과의 가능성이 있는 것으로 발표된 바 있다. 물론, 이러한 보고서나 기타 저명한 학술지 등을 통해 암 예방효과가 보고되지 않았다고 해서, 해당 식품의 항암효과가 없는 것은 아닐 수도 있다. ~~왜냐하면~~ 이와 관련한 연구가 아직 수행되지 않았을 가능성 또한 높기 때문이다.

※ '그리고,' '그래서' 등의 '그' 계열의 접속사는 최대한 삭제하거나 접속부사로 대체해야 한다. 마지막 문장에 사용된 '왜냐하면'의 경우도, 어미에 이유를 설명하는 '때문이다'가 있으므로 사족에 해당한다.

"감정이입을 줄여라!" 2장

감정에 호소해서 동정同情 구하기보다
조리 있게 동의同意 구해야 좋은 글

감정感情들이 넘쳐난다. 기쁨과 슬픔, 노여움과 안타까움을 나타내는 '이모티콘emoticon'* 들이 스크린과 모니터, 액정 화면을 뒤덮고 있다. 어느 보도에 따르면, 이런 희로애락喜怒哀樂 '이모티콘'만 5백여 종에 달한다니 가히 '감정의 전성시대'라 할 만하다. 과거, 외국인들이 이구동성異口同聲으로 지적했던 한국인들의 얼굴은 "무표정하다 못해 화가 나 있는 것 같다"는 것이었는데, 적어도 TV와 모니터, 휴대폰에서는 그러한 말들이 어불성설語不成說** 일 뿐이다.

문제는 이모티콘을 통해 발현되는 감정이입感情移入이 적어도 글짱을 지향指向하는 이들에겐 지양止揚돼야 할 대상이라는 점이다. 보고서가 됐든, 수필이 됐든, 일단 사적私的인 글이 아닌 다음에는 감정을 제거해야 좋은 글이 된다는 것이다.

* 이모티콘emoticon: 감정을 뜻하는 '이모션emotion'과 '아이콘icon'의 합성어.
** 어불성설語不成說: 말이 조금도 사리에 맞지 아니함.

한때, 민주화의 열기에 힘입어 TV에서 토론 프로그램이 우후죽순雨後竹筍* 생겨난 적이 있었다. 그런 프로그램들에 등장하는 출연자들에게는 토론에서 승리하기 위한 일종의 불문율 같은 것이 있었다. 그 가운데 제1조가 바로 "상대가 아무리 도발해도 흥분하지 말아야 한다"는 것이었다. 실제로, 자신의 약점을 자극하는 도발 행위에 말려들어 감정을 폭발시키는 쪽은 백발백중百發百中 시청자들의 외면을 받게 마련이었다. 반면, 감정적인 도발에도 아랑곳 않고 침착하게 대응하는 쪽은 어떤 상황에서도 쉽게 흔들리지 않는 이성적인 이미지를 시청자들에게 강하게 심어주곤 했다. 요要는 글쓰기도 그렇다는 것이다.

백문百聞이 불여일견不如一見. 다음의 글을 한번 보자.

……노촌(이구영) 선생님으로부터 내가 배우고 깨달은 것이 동양고전에 국한된 것이 아님은 물론입니다. 생각하면 노촌 선생님과 한방에서 지낼 수 있었던 것은 바깥에 있었더라면 도저히 얻을 수 없는 행운이었다고 할 수 있지요. 노촌 선생님의 삶은 어쩌면 우리의 현대사를 압축적으로 보여주는 삶이라고 할 수 있습니다. 이를테면, 조선 봉건 사회, 일제 식민지 사회, 전쟁, 북한 사회주의 사회, 20여 년의 감옥 사회 그리고 1980년대 이후의 자본주의 사회를 두루 살아오신 분입니다. 한 개인의 삶에 그 시대의 양이 얼마만큼 들어가 있는가 하는 것이 그 삶의 정직성을 판별하는 기준이라고 한다면, 노촌 선생님의 삶은 어느 것 하나 당대의 절절한 애환이 깃들어 있지 않은 것이 없지만, 그중의 한 가지를 예로 들자면, 노촌 선생님을 검거한 형사가 일제 때 노촌 선생님을 검거했던 바로 그 형사였다는 사실

* 우후죽순雨後竹筍: 비가 온 뒤에 여기저기 솟는 죽순(竹筍: 대나무의 어린 싹)이라는 뜻으로, 어떤 일이 한때에 많이 생겨남을 비유적으로 이르는 말.

이지요. 참으로 역설적인 일이 아닐 수 없습니다. 친일파들이 오히려 반민특위를 역습하여 해체시켰던 해방 정국의 실상을 이보다 더 선명하게 보여주는 예도 없지요.

신영복 선생의 「나의 동양 고전 독법: 강의」라는 책 앞부분에 나오는 구절이다. 서울대 경제학과 출신으로 1968년의 통일 혁명당 사건에 연루連累* 돼 무기징역을 받았다가 지난 1988년 특별 가석방된 그는 현재, 깊이 있는 동양 고전 해설가로서 각광脚光** 받고 있다. 그런 그가 자신의 책 서문에서 밝히는 윗글의 마지막 두 문장은 자신의 스승이 당한 일을 어떤 감정적 개입도 없이 담담하게 표현하고 있다.

하지만, 마지막 두 문장을 다음처럼 바꿔본다면?

도대체, 이게 말이나 되는 이야기입니까? 어떻게 한 형사가 일제 시대와 해방 전후를 거쳐 독립 운동가였던 공산주의자를 체포할 수 있습니까? 역사 청산이 제대로 이뤄지지 않았던 해방 초기, 대한민국의 부조리와 불합리를 극명하게 보여주는 예가 아닐 수 없습니다. 그러기에 친일파들이 여전히 활개쳤던 해방 정국은 있을 수도 없고, 있어서도 안 되는 우리 역사의 치부恥部*** 였습니다.

좋은 글을 쓴다는 것은 상대방의 동의同意를 잘 구한다는 것을 의미한다.

---

* 연루連累: 남이 저지른 범죄에 연관됨. 이을 '연連,' 여러 '루累.'

** 각광脚光: 무대의 앞쪽 아래에 장치하여 배우를 비추는 광선. 다리를 향해 비춘다는 의미로 '각광'이라 불렀으나, 후에 배우처럼 주목을 받는다는 의미로 뜻이 변함.

*** 치부恥部: 부끄러울 '치恥,' 부분 '부部'로 곧 부끄러운 부분이라는 뜻.

더불어, 상대방의 동의를 잘 구한다는 것은 조리 있게 자신의 입장을 잘 전달한다는 것을 뜻한다. 그런 면에서 볼 때, 감정을 쉬이 드러내는 것은 상대방의 동의를 구하기보다 동정同情을 구하고자 하는 것에 불과할 뿐이다. 때문에, 괜한 설레발• 로 독자들의 동정을 유발하려다 오히려 심기心氣를 불편하게 하기보다 차분히 그들이 판단하도록 가슴속의 목소리는 뒤로 물리는 것이 필요하다. 그러고 보면, 일전에 「한국인의 글쓰기」에서 '피해야 할 단어들, 취해야 할 단어들'을 통해 필자가 일관되게 강조한 것은 바로 "자신을 감추고 주관主觀을 객관客觀으로 포장하라"는 것이었다. 그런 의미에서 판단은 독자에게 맡기고, 감정은 일기장에 남기도록 하자.

• 설레발: 몹시 서두르며 부산하게 구는 행동.

알아두기-'주관적인 감정을 실을 경우에는'

어쩔 수 없이 주관적인 감정을 실어야 할 경우, 필자가 강조하는 글쓰기 요령으로 묘사와 관련된 꾸밈말을 결코 두 개 이상 동원하지 말라는 것이 있다. 예를 들어,

"그녀의 머릿결은 ① 눈부시게 ② 아름답다 못해 ③ 신비로워 보이기까지 했다."

라는 표현에서는 "눈부시게," "아름답다 못해," "신비로워"라는 꾸밈말이 세 개나 들어 있다. 이처럼 표현을 넘치게 사용하면 독자는 오히려 식상해 한다. 길이는 길이대로 늘어지고 글맛은 글맛대로 지저분해지기 때문이다. 흔히, 화려체로 일컬어지는 만연체가 갖기 쉬운 최대 약점이기도 하다. 그런 면에서, 깔끔하고 단정한 문장으로 인상적인 글을 쓰고자 한다면,

"그녀의 머릿결은 아름답다 못해 신비로워 보이기까지 했다"

또는

"그녀의 머릿결은 눈부셨다. 아니, 아름답다 못해 신비로워 보이기까지 했다"

로 ① 줄이거나 ② 분리해서 표현하는 요령이 필요하다.

연습문제

가. 중문 연습

다음 글에서 감정 표현이 넘치는 부분은 제거하거나 다른 표현으로 바꿔보기 바랍니다.

1. 무엇이든 넘치는 것보다는 다소 모자란 것이 좋다. 덧붙여, 단정하기까지 하다면 금상첨화錦上添花* 겠지만. 음식의 경우라면 필요 이상으로 많은 반찬을 내기보다 적지만 깔끔하게 내오는 것이 훨씬 맛있는 것과 같은 이치다. 그런 이유로 지나치게 절제하는 것도 문제지만, 너무 넘치게 반찬을 담아내 고객들을 상당히 부담스럽게 느끼도록 압박하는 행위는 자제돼야 한다. 언제나 그렇듯, 소문난 맛집은 양으로 승부하기보다 질로 승부하기에.

2. 환율換率을 둘러싼 최근의 정세가 심상치 않다. 업계에서는 자고 일어나면 폭등하는 달러와 엔 때문에 "이제 망하는 건 시간문제"라고 울부짖고 있다. 하지만, 정작 더 문제는 사태가 이 지경이 되도록 환율 시장을 방치한 정부의 무사안일

* 금상첨화錦上添花: 비단 위에 꽃을 더한다는 뜻으로, 좋은 일 위에 또 좋은 일이 더해짐을 비유적으로 이르는 말. 비단 '금錦,' 위 '상上,' 더할 '첨添,' 꽃 '화花.'

無事安逸• 한 태도에 있다. 지난 연말에는 환율을 진정시킨답시고 어설프게 허겁지겁 달려들었다가 수십억 달러를 물쓰듯 날려버리더니 정작 원화貨 가치가 나날이 폭락하고 있는 최근에는 실질적으로 할 수 있는 것이 "아무것도 없다"며 수수방관袖手傍觀•• 이다. 그러니, 환율 정책에 대한 당국의 신뢰는 땅에 떨어지다 못해 개가 입에 물고 다니는 뭐만도 못한 형국이 됐고, 기업들은 달러와 엔고 현상에도 불구하고 오히려 눈에 핏발을 세우며 달러, 엔 사재기에 나설 수밖에.

나. 장문 연습

노골적인 감정 표현이 눈에 거슬리는 곳을 찾아 감정 표현의 강도強度를 낮추거나 아예 제거해보기 바랍니다.

1. 21세기의 한국 사회가 누리고 있는 사상과 집회, 출판과 언론의 자유는 전두환, 노태우 정권 때만 해도 상상조차 할 수 없던 일이었다. 그렇다고 그 시절이 광복 또는 60, 70년대처럼 아득한 과거냐 하면 그것도 아닌 불과 30여 년 전의 얘기다. 당시만 해도 박정희 정권 때보다는 사정이 나아졌다고 하나, 집권에 성공한 신군부가 '언론기본법'으로 언론에 각종 올가미를 씌워 놓은 까닭에 입이 있어도 말을 못하고, 펜이 있어도 글을 제대로 쓸 수가 없는 상황이었다. 오죽했으면, 지금은 넘치는 듯 보이는 좌파 언론들이 당시에는 단 한 개도 없었을까?
   그런 의미에서 볼 때, 노무현 정부의 언론 정책에 대해 게거품을 문 채, "언론 자유를 말살시키는 일" 운운하며 핏대를 올리는 수구守舊 언론들을 보면, '그들이 과연 그렇게까지 말할 수 있을까?'라는 생각을 하게 된다. 특히, 노무현 정부의 기자실 폐쇄정책에 대해 조선, 중앙, 동아일보를 위시한 우익 일

• 무사안일無事安逸: 아무런 일 없이 편안함을 누림. 편안할 '일逸.'

•• 수수방관袖手傍觀: 팔짱을 끼고 보고만 있는다는 뜻. 소매에 넣을 '수袖,' 손 '수手,' 곁 '방傍,' 볼 '관觀.'

간지들은 "언론에 대못질," "군사정권 때도 없었던 폭압"이라고 해가며 지극히 자극적이고 충동적이며 선동적인 언어를 동원해 엄청난 압박을 가하고 있는데, 이는 보는 이로 하여금 조소嘲笑*를 금치 못하게 하는 표현이라는 생각이다. 실제로 군사정권 당시를 경험해 본 언론인들도 적지 않을 터인데, 아무리 노무현 정부로부터 차별을 받았기로서니 "군사정권 때도 이와 같은 조치는 없었다"는 극악하고 극단적인 표현까지 서슴지 않는 것은 자기 중심적인 사고가 병적病的으로 치닫고 있다는 생각이다. 과거와 달리 정부에 비판적인 기사를 내보내도 윤전기輪轉機**를 멈추게 하면서 편집국장을 잡아들이거나 아예 신문을 발간하지 못하게 하는 것도 아닌데, "군사정권보다 더한 폭압"이라고 목청껏 부르짖는 것을 보면, 지나치게 이성을 잃고 과거 자신들이 했던 잘못은 생각하지 않고 있다는 것이다.

따지고 보면, 작금의 언론은 넘쳐나는 자유와 표현의 남용으로 많은 이들을 상처받게 하고 때때로 자살에까지 이르게 하는 '아주 나쁜' 언론이다. 그런 의미에서 21세기의 언론 매체는 그 어느 때보다 뉴스 취재와 제작, 보도에 신중을 기하며 이기주의, 패거리주의로 치닫지 않게 심혈에 심혈을 기울여야 한다. 20세기가 언론에 있어 '투쟁鬪爭의 시기'였다면, 21세기는 '반성反省의 시기'로서 기사 하나 하나에서 대한민국에 올바른 방향을 제시한다는 책임감으로 임했으면 하는 바람이다.

2. 며칠 전의 일이다. 모처럼 고등학교 동창과 시내에서 만나 식사를 함께 하기 위해 인근의 음식점에 들렀다. 설렁탕을 주문하고 나서 즐겁게 담소談笑를 하는 가운데 음식이 나왔다. 하지만, 설렁탕을 먹으려고 숟가락을 드는 순간, 필자의 얼굴은 일그러질 수밖에 없었다. 주문했던 설렁탕에 파리 한 마리가 빠져 있는 것을 발견했기 때문이었다. 황당하고 화가 머리끝까지 치밀어서 노기 띤 음성으로 주인을 불렀더니, 그다지 미안하지도 않은 뻔뻔한 표정

* 조소嘲笑: 비웃음. 조롱할 '조嘲,' 웃을 '소笑.'

** 윤전기輪轉機: 윤전 인쇄기의 준말. 인쇄기의 하나로 원통형의 판면과 이에 접촉하면서 압력을 가하는 다른 원통 사이에 인쇄 용지를 끼워 인쇄하는 기계. 바퀴 '윤輪,' 구를 '전轉,' 베틀 '기機.'

으로 "죄송합니다"라는 한마디만 가당찮게 툭 던지고는 설렁탕을 들고 주방으로 사라졌다. 하지만, 더욱 황당한 상황은 다음에 펼쳐졌다. 주방으로 들어간 지 10초도 되지 않아 주인장이 "다른 국"이라며 똑같아 보이는 설렁탕을 들고 나온 것이었다.

다시 들여다보니 파리는 없었지만, 찜찜하고 불쾌한 생각에 도저히 먹을 수가 없었다. 마음 같아서는 불손하다 못해 파렴치한 주인장의 얼굴에다 대고 "이거, 아까 나왔던 거에서 파리만 건져 낸 거 아녜요?"라고 버럭 소리치고 싶었지만, 오랜만에 만난 친구 앞이라 '똥 밟았다'는 셈 치고 마음을 꾹꾹 다져 눌렀다. 친구도 이런 필자의 기분을 눈치 챘는지, 자신의 음식을 먹는 둥 마는 둥 하며 다른 곳으로 자리를 옮기자고 했다. 집에서 나설 때의 설레었던 기분은 이미 망가져 버린 뒤였다.

한국 음식점의 위생 문제가 비단 어제 오늘의 일은 아니지만, 이제는 정말 특단의 조치가 필요하다는 것이 필자의 생각이다. 손님이 돈을 내고도 대접을 받지 못하지만, "싫으면 먹지 말라"는 식의 태도로 손님에게 안하무인眼下無人* 으로 구는 음식점의 태도는 정말 박멸撲滅돼야 한다. 그러고 보면, 이웃 일본만 하더라도 '손님은 왕'이라는 구호를 몸으로 실천하며 '서비스 왕국,' '친절 왕국'으로서의 이름을 한껏 날리고 있는데, 우리는 아직도 '주인이 왕' 행세를 하는 음식점들이 적지 않은 것이 사실이다. 하지만, 이러한 일이 하루아침에 기적과도 같이 고쳐지리라고는 털끝만치도 기대하지 않는다. 중요한 사실은 그러한 상황 개선이 개개인의 노력만으로 시정되는 데는 분명 한계가 있다는 것이다. 해서, 필자의 경험에서와 같은 경우에 소비자의 권리를 적극적으로 찾을 수 있게 여러 제도적 장치를 마련하고, 정부에서도 음식점의 위생과 서비스 질을 향상시키기 위한 노력을 게을리 하지 않도록 대안代案 마련을 소리 높여 촉구해 본다.

* 안하무인眼下無人: 눈 아래에 사람이 없다는 뜻으로, 방자하고 교만하여 다른 사람을 업신여김을 이르는 말.

3. 싸이나 블로그를 돌아다니다 보면 1차원적인 감정 표현 단어들을 심심찮게 만나게 된다. 그러한 단어들은 특히, 영화와 드라마 평에서 자주 마주치게 되는데, 아무래도 작품에 대한 자기 견해를 드러내야 하는 장르이니만큼, 글쓴이의 분석력과 사고 능력이 고스란히 드러나게 마련이다. 하지만, 분석력이 떨어지고 단어 실력마저 부족한 경우에는 자연스레 '좋다,' '죽음이다,' '별로더라' 따위의 1차원적 표현들만 반복적으로 등장할 수밖에 없어 글쓴이의 사고 수준과 비판 능력은 고스란히 드러나곤 한다. 그러고 보면, 이와 같은 글들은 제대로 된 비평을 한 번도 읽어보지 않은 상태에서 겉멋만 잔뜩 들어 마치 자신이 유명한 평론가라도 되는 것처럼 홈피나 블로그를 장식하려는 의도로 이뤄지는 경우라고 볼 수 있다.

그렇다면, 같은 말, 같은 단어를 사용하더라도 어떤 식으로 글을 전개해야 비평의 수준을 높일 수 있을까? 일단, 전체 분량을 100으로 잡는다면, 줄거리는 50 이하로 줄이고, 비평의 대상은 다양하게 전개해야 한다. 개인적으로는 줄거리의 비중이 30 이하로 적으면 적을수록 좋다는 생각이지만, 사람에 따라 그 비중이 다를 수 있기에 다른 이들과 적정선에서 타협한다는 관점으로 50 정도까지 양보하겠다. 어차피, 중요한 것은 나머지 50에 있으니깐.

영화를 예로 들어보면, 좋은 영화평은 작품의 질質뿐만이 아니라 작품을 둘러싼 여러 사항들에 대한 평을 두루 포함해야 한다. 음식점을 평가하는 데 있어 음식만 평가대상에 올려놓기보다, 음식점의 위생상태에서부터, 종업원의 친절도, 인테리어, 조명과 함께 주방장의 솜씨, 음식 가격까지 고려해야 하는 것과 마찬가지다. 때문에, 훌륭한 영화평은 영화감독과 주연, 조연을 포함한 출연배우들의 역량과 연기를 함께 병행해 평가해야 한다. 한번 생각해 보라. 위인을 평가하는 데 있어 그 어머니를 모르는 것처럼, 영화를 평하는 데 있어 그 제작자를 모른다는 것이 도대체 말이나 될 법한 이야기인가를! 더불어, 영화 제작 및 촬영을 둘러싼 시대적, 사회적, 문화적 배경도 거론하면 금상첨화錦上添花일 터이다. 어차피 모든 창작물의 탄생 배경에는 다 나름대로의 원인과 이유가 있기에. 하지만, 싸이나 블로그 상에서는 이런 내용들이 뒷전으로 밀린 채, 영화를 매개체로 떠오른 다른 생각들이 앞자리를 차지하는 경우가 많다. 그리하여 '영화'라는 작품에 대한 평은 둘째치고, "영화를 통해 인생을 배웠다"라든가 "영화는 내게 모르는 세계를 알게 해주었다" 따위의 소감이나 단상斷想• 들이 중심축을 이루게 된다. '주객主客이 전도顚倒•• 됐다'고나 할까?

그런 의미에서, "그 영화 어땠어?"라고 묻는 친구에게, "응, 죽여줘," "괜찮아"라고 단순하게 반응하기보다, "감독의 역량이 대단하더라," "시나리오가 탄탄해," "배우 김○○를 다시 보게 됐어"처럼 구체적으로 언급하는 것이 중요하다. 어차피 '개성'의 시대인데, 옷만 개성적으로 입기보다 평評도 개성적으로 해야 하니까!

* 단상斷想: 짧은 생각.

** 주객主客이 전도顚倒: 주인과 손의 위치가 서로 뒤바뀐다는 뜻으로, 사물의 경중·선후·완급 따위가 서로 뒤바뀜을 이르는 말. 엎드러질 '전顚,' 넘어질 '도倒.'

정답

가. 중문 연습

1. 무엇이든 넘치는 것보다는 다소 모자란 것이 좋다. 덧붙여, 단정하기까지 하다면 금상첨화錦上添花겠지만. 음식의 경우라면 필요 이상으로 많은 반찬을 내기보다 적지만 깔끔하게 내오는 것이 훨씬 맛있는 것과 같은 이치다. 그런 이유로 지나치게 절제하는 것도 문제지만, ~~너무~~ 넘치게 반찬을 담아내 고객들을 ~~상당히~~ 부담스럽게 ~~느끼도록 압박~~하는 행위는 자제돼야 한다. 언제나 그렇듯, 소문난 맛집은 양으로 승부하기보다 질로 승부하기에.

   ※ 필요 이상으로 강조를 하는 바람에 오히려 독자의 동의를 강요하고자 하는 표현처럼 되고 말았다. 강조하고자 할수록 오히려 감정을 자제하고 글을 줄이는 노력이 필요하다. 판단은 어디까지나 독자의 몫이기 때문이다. 마땅히 감정을 절제해 관련 표현을 대폭 줄여야 한다.

2. 환율換率을 둘러싼 최근의 정세가 심상치 않다. 업계에서는 자고 일어나면 폭등하는 달러와 엔 때문에 “이제 망하는 건 시간문제”라고 ~~울부짖고~~ **외치고** 있다. 하지만, 정작 더 문제는 사태가 이 지경이 되도록 환율 시장을 방치한 정부의 무사안일無事安逸한 태도에 있다. 지난 연말에는 환율을 진정시킨답시고 어설프게 ~~허겁지겁~~ 달려들었다가 수십억 달러를 ~~물쓰듯~~ 날려버리더니 정작 원

화貨 가치가 나날이 폭락하고 있는 최근에는 실질적으로 할 수 있는 것이 "아무것도 없다"며 수수방관袖手傍觀이다. 그러니, 환율 정책에 대한 당국의 신뢰는 땅에 떨어지~~다 못해 개가 입에 물고 다니는 뭐만도 못한 형국이 됐~~고, 기업들은 달러와 엔고 현상에도 불구하고 오히려 ~~눈에 핏발을 세우며~~ 달러, 엔 사재기에 나설 수밖에.

※ 역시 감정 조절이 일정 수위를 넘어선 글이다. '울부짖고 있다'의 경우는 '외치고 있다'로 바꿔주는 것이 표현에 있어서는 부드럽지만 전달 면에서는 오히려 강하다. 다시 한번 강조하지만, 주어진 정보에 대한 평가는 어디까지나 독자의 몫이다.

나. 장문 연습

1. 21세기의 한국 사회가 누리고 있는 사상과 집회, 출판과 언론의 자유는 전두환, 노태우 정권 때만 해도 상상조차 할 수 없던 일이었다. 그렇다고 그 시절이 광복 또는 60, 70년대처럼 아득한 과거냐 하면 그것도 아닌 불과 30여 년 전의 얘기다. 당시만 해도 박정희 정권 때보다는 사정이 나아졌다고 하나, 집권에 성공한 신군부가 '언론기본법'으로 언론에 각종 올가미를 씌워 놓은 까닭에 입이 있어도 말을 못하고, 펜이 있어도 글을 제대로 쓸 수가 없는 상황이었다. 오죽했으면, 지금은 넘치는 듯 보이는 좌파 언론들이 당시에는 단 한 개도 없었을까?

   그런 의미에서 볼 때, 노무현 정부의 언론 정책에 대해 ~~게거품을 문 채~~, "언론 자유를 말살시키는 일" 운운하~~며 핏대를 올리~~는 ~~수구守舊~~ 언론들을 보면, '그들이 과연 그렇게까지 말할 수 있을까?'라는 생각을 하게 된다. 특히, 노무현 정부의 기자실 폐쇄정책에 대해 ~~조선, 중앙, 동아일보를 위시한 우익~~ **몇몇**(**유력**) 일간지들은 "언론에 대못질," "군사정권 때도 없었던 폭압"이라고 해가며 ~~지극히 자극적이고 충동적이며 선동적인 언어를 동원해 엄청난~~ 압박을 가하고 있는데, 이는 ~~보는 이로 하여금 조소嘲笑를 금치 못하게 하는~~ **지나친** 표현이라는 생각이다. 실제로 군사정권 당시를 경험해 본 언론인들도 적지 않을 터인데, 아무리 노무현 정부로부터 차별을 받았기로서니 "군사정권 때도 이와 같은 조치는 없었다"는 ~~극악하고 극단적인~~ 표현~~까지 서슴지 않는~~ 을 동원하는 것은 ~~자기 중심적인 사고가 병적病的으로 치닫고 있~~/(정도가) 지나치다는 생각이다. 과거와 달리 정부에 비판적인 기사를 내보내도 윤전기輪轉機를 멈추게 하면서 편집국장을 잡아들이거나 아예 신문을 발간하지 못하게 하는 것도 아닌데, "군사정권보다 더한 폭압"이라고 ~~목청껏 부르짖~~ 말하는 것을 보면, ~~지나치게 이성을 잃고~~ 과거 자신들이 했던 잘못은 생각하지 않고 있다는 것이다.

따지고 보면, 작금의 언론은 넘쳐나는 자유와 표현의 남용으로 많은 이들을 상처받게 하고 때때로 자살에까지 이르게 하는 '아주 나쁜' 언론이다. 그런 의미에서 21세기의 언론 매체는 그 어느 때보다 뉴스 취재와 제작, 보도에 신중을 기하며 이기주의, 패거리주의로 치닫지 않게 ~~심혈에~~ 심혈을 기울여야 한다. 20세기가 언론에 있어 '투쟁(鬪爭)의 시기'였다면, 21세기는 '반성(反省)의 시기'로서 기사 하나 하나에서 대한민국에 올바른 방향을 제시한다는 책임감으로 임했으면 하는 바람이다.

※ 너무 강한 감정 표현으로 인해 오히려 독자의 반감反感을 불러일으킬 수 있는 글이다. '유능제강柔能制剛'이라고 부드러운 것이 굳센 것을 이기는 법. 그런 의미에서 감정의 톤을 조금만 낮추어도 훨씬 설득력 있는 글로 거듭날 수 있다.

2. 며칠 전의 일이다. 모처럼 고등학교 동창과 시내에서 만나 식사를 함께 하기 위해 인근의 음식점에 들렀다. 설렁탕을 주문하고 나서 즐겁게 담소談笑를 하는 가운데 음식이 나왔다. 하지만, 설렁탕을 먹으려고 숟가락을 드는 순간, 필자의 얼굴은 일그러질 수밖에 없었다. 주문했던 설렁탕에 파리 한 마리가 빠져 있는 것을 발견했기 때문이었다. 황당하고 화가 ~~머리끝까지~~ 치밀어서 ~~노기 띤 음성으로~~ 주인을 불렀더니, ~~그다지 미안하지도 않은 뻔뻔한 표정으로~~ "죄송합니다"라는 한마디만 ~~가당찮게~~ 툭 던지고는 설렁탕을 들고 주방으로 사라졌다. 하지만, 더욱 황당한 상황은 다음에 펼쳐졌다. 주방으로 들어간 지 10초도 되지 않아 주인장이 "다른 국"이라며 똑같아 보이는 설렁탕을 들고 나온 것이었다.

다시 들여다보니 파리는 없었지만, ~~찜찜하고~~ 불쾌한 생각에 도저히 먹을 수가 없었다. 마음 같아서는 ~~불손하다 못해 파렴치한~~ 주인장의 얼굴에다 대고 "이거, 아까 나왔던 거에서 파리만 건져 낸 거 아녜요?"라고 ~~버럭 소리치고~~

항의하고 싶었지만, 오랜만에 만난 친구 앞이라 ~~'똥 밟았다'는 셈 치고~~ 마음을 ~~꾹꾹~~ 다져 눌렀다. 친구도 이런 필자의 기분을 눈치 챘는지, 자신의 음식을 먹는 둥 마는 둥 하며 다른 곳으로 자리를 옮기자고 했다. 집에서 나설 때의 설레었던 기분은 이미 망가져 버린 뒤였다.

한국 음식점의 위생 문제가 비단 어제 오늘의 일은 아니지만, 이제는 정말 특단特段의 조치가 필요하다는 것이 필자의 생각이다. 손님이 돈을 내고도 대접을 받지 못하지만, "싫으면 먹지 말라"는 식의 태도로 손님에게 안하무인眼下無人으로 구는 음식점의 태도는 ~~정말 박멸撲滅돼야~~ **사라져야** 한다. 그러고 보면, 이웃 일본만 하더라도 '손님은 왕'이라는 구호를 몸으로 실천하며 '서비스 왕국,' '친절 왕국'으로서의 이름을 한껏 날리고 있는데, 우리는 아직도 '주인이 왕' 행세를 하는 음식점들이 적지 않은 것이 사실이다. 하지만, 이러한 일이 하루아침에 ~~기적과도 같이~~ 고쳐지리라고는 ~~털끝만치도~~ 기대하지 않는다. 중요한 사실은 그러한 상황 개선이 개개인의 노력만으로 시정되는 데는 분명 한계가 있다는 것이다. 해서, 필자의 경험에서와 같은 경우에 소비자의 권리를 적극적으로 찾을 수 있게 여러 제도적 장치를 마련하고, 정부에서도 음식점의 위생과 서비스 질을 향상시키기 위한 노력을 게을리 하지 않도록 대안代案 마련을 ~~소리 높여~~ 촉구해 본다.

※ 글을 읽고 나서 화를 내야 하는 것은 독자의 몫이다. 그렇다면, 글을 쓸 때는 오히려 덤덤하게 쓸 필요가 있다. 화가 나는 일을 덤덤하게 전달하면 오히려 독자가 흥분하는 것이 인지상정人之常情.

3. 싸이나 블로그를 돌아다니다 보면 1차원적인 감정 표현 단어들을 심심찮게 만나게 된다. 그러한 단어들은 특히, 영화와 드라마 평에서 자주 마주치게 되는데, 아무래도 작품에 대한 자기 견해를 드러내야 하는 장르이니만큼, 글쓴이의 분석력과 사고 능력이 고스란히 드러나게 마련이다. 하지만, 분석력이 떨어지고 단어 실력마저 부족한 경우에는 자연스레 '좋다,' '죽음이다,' '별로더라' 따위의 1차원적 표현들만 반복적으로 등장할 수밖에 없어 글쓴이의 사고 수준과 비판 능력은 고스란히 드러나곤 한다. ~~그러고 보면, 이와 같은 글들은 제대로 된 비평을 한 번도 읽어보지 않은 상태에서 겉멋만 잔뜩 들어 마치 자신이 유명한 평론가라도 되는 것처럼 홈피나 블로그를 장식하려는 의도로 이~~

~~뤄지는 경우라고 볼 수 있다.~~

그렇다면, 같은 말, 같은 단어를 사용하더라도 어떤 식으로 글을 전개해야 비평의 수준을 높일 수 있을까? 일단, 전체 분량을 100으로 잡는다면, 줄거리는 50 이하로 줄이고, 비평의 대상은 다양하게 전개해야 한다. ~~개인적으로는 줄거리의 비중이 30 이하로 적으면 적을수록 좋다는 생각이지만, 사람에 따라 그 비중이 다를 수 있기에 다른 이들과 적정선에서 타협한다는 관점으로 50 정도까지 양보하겠다. 어차피, 중요한 것은 나머지 50에 있으니깐.~~

영화를 예로 들어보면, 좋은 영화평은 작품의 질質뿐만이 아니라 작품을 둘러싼 여러 사항들에 대한 평을 두루 포함해야 한다. 음식점을 평가하는 데 있어 음식만 평가대상에 올려놓기보다, 음식점의 위생상태에서부터, 종업원의 친절도, 인테리어, 조명과 함께 주방장의 솜씨, 음식 가격까지 고려해야 하는 것과 마찬가지다. 때문에, 훌륭한 영화평은 영화감독과 주연, 조연을 포함한 출연배우들의 역량과 연기를 함께 병행해 평가해야 한다. ~~한번 생각해 보라. 위인을 평가하는 데 있어 그 어머니를 모르는 것처럼, 영화를 평하는 데 있어 그 제작자를 모른다는 것이 도대체 말이나 될 법한 이야기인가를!~~ 더불어, 영화 제작 및 촬영을 둘러싼 시대적, 사회적, 문화적 배경도 거론하면 금상첨화錦上添花일 터이다. 어차피 모든 창작물의 탄생 배경에는 다 나름대로의 원인과 이유가 있기에. 하지만, 싸이나 블로그 상에서는 이런 내용들이 뒷전으로 밀린 채, 영화를 매개체로 떠오른 다른 생각들이 앞자리를 차지하는 경우가 많다. 그리하여 '영화'라는 작품에 대한 평은 둘째치고, "영화를 통해 인생을 배웠다"라든가 "영화는 내게 모르는 세계를 알게 해주었다" 따위의 소감이나 단상斷想들이 중심축을 이루게 된다. '주객主客이 전도顚倒됐다'고나 할까?

그런 의미에서, "그 영화 어땠어?"라고 묻는 친구에게, "응, 죽여줘," "괜찮아"라고 단순하게 반응하기보다, "감독의 역량이 대단하더라," "시나리오가 탄탄해," "배우 金○○를 다시 보게 됐어"처럼 구체적으로 언급하는 것이 중요하다. 어차피 '개성'의 시대인데, 옷만 개성적으로 입기보다 평評도 개성적으로 해야 하~~니까!~~기에.

※ 어설프게 고치려 하기보다 감정 표현을 아예 제거해 버리는 것이 나은 글이다.

"반복을 꾀하라!" 3장

글맛 돋워주는 약방의 감초甘草가 '반복'
특정 단어 또는 특정 문장 되풀이가 요령

부끄러움이 있다면 부끄러워해야 한다. 부끄러움이 없어도 부끄러워해야 한다. 부끄러움이 있는 사람은 반드시 부끄러움이 없고, 부끄러움이 없는 사람은 반드시 부끄러움이 있다. 때문에 부끄러운데도 부끄러워하지 않으면 능히 부끄러움이 있게 되고, 부끄러운데 부끄러워하면 능히 부끄러움이 없게 된다. 부끄러운 일에 부끄러워함이 있는 사람은 그 부끄러움을 가지고 부끄러워하고, 부끄러운 일에 부끄러워함이 없는 사람은 부끄러움이 없음을 가지고 부끄러워한다. 부끄러움을 가지고 부끄러워하는 까닭에 부끄러움이 없게 되고자 생각하게 되고, 부끄러움이 없음을 가지고 부끄러워하는 까닭에 부끄러움이 있고자 생각하게 된다. 부끄러운데도 부끄러워하지 않으면 능히 부끄러움이 있게 되고, 부끄러운데 부끄러워하면 능히 부끄러움이 없게 된다. 이것을 일러 부끄러움을 닦는다고 한다. 요컨대 이를 닦아 힘써 행할 뿐이다.

—「책 읽는 소리」, 정민, 145~146쪽.

18세기 유학자로 글과 서예에 모두 능했던 이만부李萬敷의 글이다. '부끄러움을 닦는 법'이라는 98자의 원문 가운데 부끄러울 '치恥'자만 35번에 달하는 반복법의 최고봉이다. 오늘 소개하는 주제의 전형典型이라고나 할까?

몇 해 전, 필자가 펴낸 「한국인의 글쓰기」란 책에서 '내 머리 속의 지우개'란 제목으로 '문장론'의 한 장章을 구성한 적이 있다. 당시, 필자가 강조했던 바는 '반복 어구의 회피'에 관한 것이다. 같은 단어, 유사한 문구의 중언부언한 나열은 문장을 지루하게 할 뿐 아니라, 독자로부터 수준을 얕잡히는 결정적인 패인敗因을 제공한다는 의미에서.

하지만, 글쓰기 고급 편에 속하는 「글쓰기 콘서트」는 같은 주제로 180도 다른 이야기를 들고 나왔다. 무릇, 고수는 반복도 꾀할 줄 알아야 절대적인 경지에 들어설 수 있다는 의미에서……. 그러고 보면, 반복적인 글쓰기는 글의 공력功力이 중급 이상은 돼야 시도할 수 있는 기술 대상對象이다. 굳이 말하자면, 상단 옆차기를 수월하게 해내야 상단 옆차기를 여러 번 반복할 수도 있다는 얘기다. 사실, 반복 어구를 동원하는 주된 이유는 운율로 일컬어지는 리듬감을 살리기 위해서이다. 자칫, 늘어지기 쉬운 글맛에 생기를 불어넣는 감초甘草가 역할이라면 역할이랄까? 때문에, 반복법에 익숙해지기 위해서는 시와 소설, 수필 같은 문학작품을 가까이하는 것이 좋다.

반복을 꾀하려는 이들에게 몇 마디 조언助言을 덧붙이자면, '강조'하고 싶은 말에만 반복 어구를 한정지어 사용하라고 권하고 싶다. 이와 함께, 문장 안에서 '특정 단어'를 강조할지, 아니면 문단 내에서 '특정 문장'을 강조할지 결정해 사용하는 것도 요령이다. 마지막으로, 강조하고자 하는 문구—특히 단어—에 작은따옴표를 붙임으로써 시각적인 환기를 불러일으키는 것도 유용하다. 그런 의미에서 김구 선생님의 '나의 소원'이라는 글은 특정 문장을 잘 버무렸다는 점에서 으뜸이다. 그렇다면, 다음 글에서 반복법을 통해 강조하고 있는 특정 문장은? (정답은 189쪽에)

나의 첫 번째 소원이 무엇이냐고 물어본다면 '독립'이라고 하겠다. 나의 두 번째 소원이 무엇이냐고 묻는다면, 그래도 '독립'이라고 대답하겠다. 나의 마지막 소원이 무엇이냐고 묻는다면 역시, '독립'이라고 말하겠다.

알아두기-'구조 반복법'

반복법에는 문장 그 자체를 반복하는 '문장 반복법'과 문장 또는 문단의 구조를 반복하는 '구조 반복법'이 있다. 다시 말해, 김구 선생님의 말씀이 문장 반복법의 전형典型이라면,

> 초등학교 시절의 일이다. 수업 시간에 갑자기 오줌이 마려웠다. 하지만, 손을 들고 선생님께 말할 용기가 나지 않아서 그만 팬티를 적시고 말았다. 이후, 한동안 '오줌싸개'라는 별명을 감당할 수밖에 없었다.
>
> 대학교 때의 일이다. 수업 시간에 갑자기 남자 친구가 꽃을 들고 찾아 왔다. 하지만, 차마 받을 용기가 나지 않아서 얼굴이 빨개진 채, 자리에 앉아 있었다. 교수님께서는 "당사자가 나서지 않는다"며 남자 친구를 정중히 돌려보냈다. 이후, 남자 친구로부터 자신을 좋아하는 것이 맞냐는 핀잔을 오랫동안 들어야만 했다.

와 같은 것은 구조 반복법의 전형이라고 볼 수 있다.

연습문제

가. 중문 연습

'문장 반복법'과 '구조 반복법'을 섞어서 아래와 같은 주제로 세 문단짜리 글을 써 봅시다. 다시 한번 설명하자면, '문장 반복법'은 똑같은 문장을 되풀이해서 쓰는 것이며, '구조 반복법'은 앞 문단의 구조와 뒷 문단의 구조가 비슷하게 전개되도록 하는 것입니다. (참고: '구조 반복법'의 경우에는 문단 전체의 구조가 이웃 문단과 다 같을 필요는 없으며 핵심적인 몇몇 문장만 비슷한 구조로 이뤄져 있어도 됩니다.)

예) "커피는 악마다"

커피는 악마다. 언제나 검은색이니까! 그런 면에서 볼 때, 커피는 모든 색을 빨아들이는 블랙홀 같은 존재다. 그렇다면, 악마 같은 커피와 천사 같은 우유가 만나는 밀크 커피는?

커피는 악마다. 언제나 유혹하니까! 그런 면에서 볼 때, 커피는 유혹을 떨쳐버리기가 쉽지 않은 악마 같은 존재다. 그렇다면, 어디서나 쉽게 볼 수 있는 커피 자판기는?

커피는 악마다. 언제나 대가代價를 요구하니까! 그런 면에서 볼 때, 커피는 피로를 쫓아주는 대신에 건강을 앗아가는 악마 같은 존재다. 그렇다면, 피로도 없애고 건강도 챙겨주는 음료는?

1. “인생은 마라톤이다”

2. “증오는 아무것도 건설하지 못한다. 구원하는 것은 사랑이다.” (답 없음)
—막시밀리아노 마리아 콜베 신부, 김기철 〈조선일보〉.

3. “삶의 역경만한 스승은 없다.” (답 없음)

나. 장문 연습

다음 글에서는 ‘문장 반복법’과 ‘구조 반복법’ 가운데 어느 것이 어디에서 사용됐는지 표시하며 찾아보기 바랍니다.

1.

‘MIT 이야기’

과학자가 베스트셀러 쓰고 퓰리처상 받는 미국
MIT, 하버드선 최고의 기술로 ‘글쓰기’ 꼽아

어려운 질문 하나: ‘움베르토 에코,’ ‘마이클 크라이튼,’ ‘칼 세이건’의 공통점은? 답: 세계적인 베스트셀러 작가들이다.

움베르트 에코는 중세 유럽을 배경으로 한 추리소설 「장미의 이름」을, 마이클 크라이튼은 가상 SF소설 「‘쥬라기 공원」을, 칼 세이건은 우주의 신비를 다룬 「콘택트」를 각각 집필했다. 이들의 원작은 모두 같은 이름으로 영화화돼 흥행에서도 대성공을 거둔 바 있다. 필자가 이들 작품에 주목하는 이유는 원작자들의 배경에 있다. 움베르트 에코는 세계적인 철학자이자 기호학자이며, 마이클 크라이튼은 영문학을 공부하다 의학과 인류학을 전공한 의사 출신이다. 칼 세이건은 천문학자로 나사(NASA: 미 우주 항공국)에서 오랫동안 근무했었다.

소설까지는 가지 않더라도 저서만으로 논의를 국한한다면 특이한 이력의 외도쟁이들은 점점 더 늘어난다. 휠체어의 과학자로 잘 알려진 스티븐 호킹은 「시간의 역사」를, 세계적 칼럼니스트인 존 앨런 파울로스는 「수학자의 신문읽기」를, 뉴욕 타임스의 베스트셀러 코너를 무려 8년간이나 석권한 스코트 펙은 영혼의 성장을 다뤘던 「끝나지 않은 길」을 각각 집필했다. 천체 물리학자, 수학자와 의사가 이들의 직함이었다.

「인간의 본성에 대하여」라는 책으로 유명한 사회생물학자 에드워드 윌슨은 교수가 된 다음에도 개인 교사로부터 글쓰기 훈련을 받았다. 자신의 학문적 입장을 가능한 한 많은 사람들에게 알리고 이해시키기 위해서였다. 이화여대 석좌교수인 최재천 박사는 글쓰기에 매진했던 에드워드 윌슨으로부터 수혜받은 대표적인 한국 과학자로 통한다. 누구보다 글쓰기의 중요성을 잘 알고 있었던 스승 밑에서 수학修學했기에, 그 역시 한국에서 독보적인 필명筆名을 드날리는 과학자로 자리매김했다.

그런 면에 비춰볼 때, 「대화록」과 「비글호의 항해」를 쓴 갈릴레이와 다윈 역시 역사적으로 '한 글' 하는 사람들이었다. 반면, 아인쉬타인은 그다지 글에 뛰어나지 못했다는 것이 저자의 생각이다. 중학생 정도만 돼도 만유인력과 지동설, 진화론을 쉽게 이해할 수 있는 데 반해, 상대성이론과 $E=MC^2$은 대학원생조차 소화해내기가 힘든 이유도 일정 부분 거기에 있다면 지나친 비약일까?

세계적인 공과대학, MIT에서는 대학생들이 반드시 2단계에 거쳐 4과목의 글쓰기 수업을 통과해야만 졸업장을 손에 쥘 수 있다. 성공적인 과학자가 갖추어야 할 중요한 능력 가운데 하나가 글쓰기라는 이유에서다. 자신의 생각을 조리있게 설명함으로써 연구에 필요한 자금을 신청하기 위한 기획안 작성에서 이 같은 글쓰기 훈련은 대단한 위력을 발휘한다. 마찬가지로, 하버드대 역시 재학생들이나 졸업생들 모두 첫손가락으로 꼽는 기술이 글쓰기다. 재학 중에는 매년 100여 쪽 이상의 리포트를 써내야 하는데다, 사회생활에서도 글쓰기가 지니는 파괴력을 몸소 체험하는 까닭에서다. 의사, 수학자, 물리학자가 베스트셀러를 써내는 사회 분위기는 그런 환경 속에서 자연스레 탄생한다.

문화적으로 앞서 가는 사회에서는 글쓰기를 강조한다. 반면, 이미지와 영상, 말들만 넘쳐 나는 사회에서는 글쓰기가 강조될 리 없다. 그런 면에서 볼 때, 한국 사회는 적어도 글쓰기에 있어서는 아직 한참 후진적인 경우다. 해서, 본고사 부활 시비로 연결된 정운찬 서울대 前총장의 '논술' 강조는 이 같은 맥락에서 나왔다고 해도 과언이 아니다.

대학 입시에서 논술이 차지하는 비중이 점차 커지고 있는 가운데, 최근 들어 대학에서조차 글쓰기에 대한 인식이 바뀌고 있다. 서울대는 몇 년 전부터 '인문학 글쓰기,' '사회과학 글쓰기,' '과학기술 글쓰기' 등과 같은 글쓰기 과목들을 인문대와 사회대, 공대에서 각각 신설하거나 필수과목으로 지정했다. 성균관대는 얼마 전부터 '글쓰기와 커뮤니케이션' 과목을 중점 교양과목으로 지정해 모든 신입생들이 수강토록 강제하고 있다. 성대는 이를 위해 무려 11명에 이르는 신규 교원을 새로 채용했다고 한다. '사고와 표현'이라는 교양과목에 올인 하다시피 하고 있는 고려대학교의 경우, 학교측과 학생, 학부모 모두의 반응이 대단히 만족스럽다고 하니, 이제나마 다행한 일이 아닐 수 없다.

"실험만 하는 거죠." 공대에서도 글쓰기가 필요하지 않느냐는 필자의 물음에 대답하던 어느 공대 교수님의 말이 문득 귓전을 맴돈다. 분명, 20세기 과거에서는 통하던 대답이었다. 하지만, 앞으로도 그럴까? 변화와 변혁의 속도에서 세계 최고인 한국을 누구보다도 잘 아는 여러분이기에 하는 말이다.

—심훈, 「한국인의 글쓰기」, 1부 1장.

2.

초심初心을 잃지 말자

이제는 세계 속의 한국인이 된 '월드 비전'의 한비야 씨는 어릴 적, 아버지와의 대화에서 세계 일주를 하고야 말겠다는 영감靈感을 얻었다. 일찍 아버지를 여읜 탓에 어렵게 공부하며 우여곡절 끝에 대학을 마쳤지만, 결국에는 아버지와 했던 어릴 적 약속을 지켜냈다. 무려 7년 동안 세계 오지를 돌아다니며, 지도 안팎을 드나드는 여자가 됐기 때문이다.

중견 예술인으로 지금도 어느 젊은이 못지않은 창작열을 불태우는, TV 드라마 '겨울 동화'의 실제 화가 이수동은 자신이 처음 그린 그림을 아직껏 그의 화실에 걸어놓고 있다. 하루 16시간씩 그림을 그리며 치열하게 살던 젊은 시절의 초심初心을 잃지 않기 위해서다.

가수 김장훈은 누구보다 많은 선행을 베풀기로 둘째가라면 서러운 연예인이다. 수입이 일정치 않음에도 불구하고, 김씨는 보육원과 후원 학생들에게 무려 1,500만 원이라는 거액을 매달 기부하고 있다. 유복자遺腹子로 어렵게 자라 배를 곯아가며 받은 마음의 상처가 누구보다 깊었던 탓이다. 성공하더라도 자신의 쓰라린 경험을 잊지 않으려 했던 그의 마음은 현재 여러 곳에서 소중한 희망의 싹을 틔우고 있다.

새 학기가 시작됐다. 언제나 그렇듯이, 캠퍼스는 온통 생기로 가득 차 있다. 교정 곳곳에서는 웃음소리가 그치지 않고, 여기저기서 반가운 수인사修人事• 들이 넘실거린다. 새로운 얼굴들이 곳곳에서 활보하는 가운데, 봄 풍경 주변에선 어김없이 카메라가 등장한다.

모두에게 다 의미심장한 새 학기이지만, 그런 캠퍼스를 누구보다 반갑게 맞이하는 이들이 있다. 올해 처음으로 대학에 들어온 새내기들이 그러할 것이고, 군대 제대 후 처음으로 복학하는 학생들이 그러할 것이다. 마찬가지로, 새로 취임하는 총장이 그러할 것이고, 새로 임용된 교직원들이 그러할 것이다. 모든 이들에게 마찬가지겠지만, 이들에겐 특히 올봄이 무엇과도 바꿀 수 없는 소중한 순간일 것이다.

때문에, 새로운 세계를 경험한다는 조심스러움과 미지의 세계에 대한 동경으로 가득 찼을 이들의 겸허한 마음이 가능한 한 오래가기를 조심스레 기원해 본다. 돌이켜보면, 누구에게나 대학에서의 첫 학기는 알찬 각오와 굳은 의지로 시작됐을 것이다. 하지만, 그런 마음가짐 못지않게 중요한 것은 역시 변치 않는 초심初心을 유지하는 일일 것이다. 앞서, 여러 사람들을 소개해 봤다. 경우는 다르지만, 이제껏 모두 초심初心을 유지하고 있는 사람들이다.

술자리가 많다고 투덜거리다가 금새 분위기에 젖어 누구보다 술자리를 즐기는 새내기가 되지 말자. 설익은 결심으로 도서관에 들어앉아 몇 자 읽어보다 2~3일 만에 뛰쳐나가는 부끄러운 선배가 되지 말자. 모르는 것을 물어보면 자상하게 일러주던 선임자의 고마움을 오래 간직하는 교직원이 되도록 하자.

돌이켜 보면, 개인의 불운은, 대학의 수난은, 국가의 역경은 언제나 이 같은 초심初心을 잃어버리는 데서 시작됐다. 처음부터 요령 부리는 사람, 목에 힘 들어가는 사람, 탐욕스런 사람은 없었다. 언제나 그렇듯, 주변의 유혹과 인습, 무시와 질타가 문제다. 그렇다고 세상이 그들을 바꿔 놓았다는 변辯만으로 세상을 향해 돌 던지기에는 자신이 너무 못나 보이지 않겠는가?

초심初心을 잃지 말자. 길지 않은 인생을 살아오면서, 초심初心을 잃어버린 채 방황하고 일탈하는 이들을 많이 보아 왔다. 그들도 처음에는 그러지 않았을 터. 그런 의미에서 자칫 흔들리기 쉬운 초심初心을 소중히 가꿔보는 봄을 기대해본다.

—심훈, 〈한림학보〉

• 수인사修人事: 인사를 차림.

가. 중문 연습

1. "인생은 마라톤이다."

학창 시절, 우리 반 1등 녀석은 공부면 공부, 운동이면 운동, 못하는 것이 없었다. 당시에는 어린 마음에 평생토록 그 녀석에게 뒤지며 살아갈 줄 알았다. 하지만, 훗날 전해 들은 이야기는 그 녀석이 이혼한 채 혼자 지내고 있다는 소식이었다. 다행히 난 아직까지 토끼 같은 마누라, 여우 같은 자식들과 알콩달콩 잘 살고 있다.

"인생은 마라톤이다."

군대 갔다 오기 전, 학창 생활은 엉망이었다. 날마다 술 퍼마시며 놀러 다녔다. 당시, 학점 관리를 철저히 하던 몇몇 친구들은 학과의 장학금을 독차지했다. 하지만, 군대 갔다 온 후, 들은 수업 하나가 내 인생을 바꿔 놓았다. 인생의 목표를 세워준 그 수업에 올인하며 밤을 낮 삼아 열심히 공부하자, 교수님이 일자리를 몸소 주선해 주셨다. 결국, 다른 친구들이 좋은 학점에도 불구하고 취업을 하지 못하고 있을 때, 난 직장 생활을 시작할 수 있었다.

"인생은 마라톤이다."

직장에 다니던 시절, 부장과 사장의 총애를 한 몸에 받으며 승승장구하는 친구가 있었다. 당시에는 그 녀석이 부장되고 사장되는 것은 시간문제인줄 알았다. 하지만, 몇 해 지나지 않아 부장이 회사를 관두고 사장이 바뀌면서 그 친구도 비빌 언덕이 없어졌다. 무엇보다 적이 많아져서 그동안의 행태를 눈꼴셔 하던 동료들이 벌떼같이 일어섰다. 결국, 버티다 못한 그는 얼마 뒤 회사를 관두고 말았다.

2. 모법 답안 제시 없음

3. 모법 답안 제시 없음

나. 장문 연습

1. 어려운 질문 하나: '움베르토 에코,' '마이클 크라이튼,' '칼 세이건'의 공통점은?

   답: 세계적인 베스트셀러 작가들이다.

움베르트 에코는 중세 유럽을 배경으로 한 추리소설 「장미의 이름」을, 마이클 크라이튼은 가상 SF소설 「'쥬라기 공원」을, 칼 세이건은 우주의 신비를 다룬 「콘택트」를 각각 집필했다. 이들의 원작은 모두 같은 이름으로 영화화돼 흥행에서도 대성공을 거둔 바 있다. 필자가 이들 작품에 주목하는 이유는 원작자들의 배경에 있다. 움베르트 에코는 세계적인 철학자이자 기호학자이며, 마이클 크라이튼은 영문학을 공부하다 의학과 인류학을 전공한 의사 출신이다. 칼 세이건은 천문학자로 나사(NASA: 미 우주 항공국)에서 오랫동안 근무했었다.

〈구조 반복법 1〉

소설까지는 가지 않더라도 저서만으로 논의를 국한한다면 특이한 이력의 외도쟁이들은 점점 더 늘어난다. 휠체어의 과학자로 잘 알려진 스티븐 호킹은 「시간의 역사」를, 세계적 칼럼니스트인 존 앨런 파울로스는 「수학자의 신문읽기」를, 뉴욕 타임스의 베스트셀러 코너를 무려 8년간이나 석권한 스코트 펙은 영혼의 성장을 다뤘던 「끝나지 않은 길」을 각각 집필했다. 천체 물리학자, 수학자와 의사가 이들의 직함이었다.

〈구조 반복법 1〉

「인간의 본성에 대하여」라는 책으로 유명한 사회생물학자 에드워드 윌슨은 교수가 된 다음에도 개인 교사로부터 글쓰기 훈련을 받았다. 자신의 학문적 입장을 가능한 한 많은 사람들에게 알리고 이해시키기 위해서였다. 이화여대 석좌교수인 최재천 박사는 글쓰기에 매진했던 에드워드 윌슨으로부터 수혜받은 대표적인 한국 과학자로 통한다. 누구보다 글쓰기의 중요성을 잘 알고 있었던 스승 밑에서 수학修學했기에, 그 역시 한국에서 독보적인 필명筆名을 드날리는 과학자로 자리매김했다.

그런 면에 비춰볼 때, 「대화록」과 「비글호의 항해」를 쓴 갈릴레이와 다윈 역시 역사적으로 '한 글' 하는 사람들이었다. 반면, 아인쉬타인은 그다지 글에 뛰어나지 못했다는 것이 저자의 생각이다. 중학생 정도만 돼도 만유인력과 지동설, 진화론을 쉽게 이해할 수 있는 데 반해, 상대성 이론과 $E=MC^2$은 대학원생조차 소화해내기가 힘든 이유도 일정 부분 거기에 있다면 지나친 비약일까?

세계적인 공과대학, MIT에서는 대학생들이 반드시 2단계에 거쳐 4과목의 글쓰기 수업을 통과해야만 졸업장을 손에 쥘 수 있다. 성공적인 과학자가 갖추어야 할 중요한 능력 가운데 하나가 글쓰기라는 이유에서다. 자신의 생각을 조리 있게 설명함으로써 연구에 필요한 자금을 신청하기 위한 기획안 작성에서 이 같은 글쓰기 훈련은 대단한 위력을 발휘한다.

〈구조 반복법 2〉

마찬가지로, 하버드대 역시 재학생들이나 졸업생들 모두 첫손가락으로 꼽는 기술이 글쓰기다. 재학 중에는 매년 100여 쪽 이상의 리포트를 써내야 하는데다, 사회생활에서도 글쓰기가 지니는 파괴력을 몸소 체험하는 까닭에서다. 의사, 수학자, 물리학자가 베스트셀러를 써내는 사회 분위기는 그런 환경 속에서 자연스레 탄생한다.

〈구조 반복법 2〉

문화적으로 앞서 가는 사회에서는 글쓰기를 강조한다. 반면, 이미지와 영상, 말들만 넘쳐 나는 사회에서는 글쓰기가 강조될 리 없다. 그런 면에서 볼 때, 한국 사회는 적어도 글쓰기에 있어서는 아직 한참 후진적인 경우다. 해서, 본고사 부활 시비로 연결된 정운찬 서울대 前총장의 '논술' 강조는 이 같은 맥락에서 나왔다고 해도 과언이 아니다.

대학 입시에서 논술이 차지하는 비중이 점차 커지고 있는 가운데, 최근 들어 대학에서조차 글쓰기에 대한 인식이 바뀌고 있다. 서울대는 몇 년 전부터 '인문학 글쓰기,' '사회과학 글쓰기,' '과학기술 글쓰기' 등과 같은 글쓰기 과목들을 인문대와 사회대, 공대에서 각각 신설하거나 필수과목으로 지정했다. 성균관대는 얼마 전부터 '글쓰기와 커뮤니케이션' 과목을 중점 교양과목으로 지정해 모든 신입생들이 수강토록 강제하고 있다. 성대는 이를 위해 무려 11명에 이르는 신규 교원을 새로 채용했다고 한다. '사고와 표현'이라는 교양과목에 올인 하다시피 하고 있는 고려대학교의 경우, 학교측과 학생, 학부모 모두의 반응이 대단히 만족스럽다고 하니, 이제나마 다행한 일이 아닐 수 없다.

"실험만 하는 거죠." 공대에서도 글쓰기가 필요하지 않느냐는 필자의 물음에 대답하던 어느 공대 교수님의 말이 문득 귓전을 맴돈다. 분명, 20세기 과거에서는 통하던 대답이었다. 하지만, 앞으로도 그럴까? 변화와 변혁의 속도에서 세계 최고인 한국을 누구보다도 잘 아는 여러분이기에 하는 말이다.

※ '구조 반복법'이 글의 한 축을 형성하고 있는 글이다.

2. 이제는 세계 속의 한국인이 된 '월드 비전'의 한비야 씨는 어릴 적, 아버지와의 대화에서 세계 일주를 하고야 말겠다는 영감靈感을 얻었다. 일찍 아버지를 여읜 탓에 어렵게 공부하며 우여곡절 끝에 대학을 마쳤지만, 결국에는 아버지와 했던 어릴 적 약속을 지켜냈다. 무려 7년 동안 세계 오지를 돌아다니며, 지도 안팎을 드나드는 여자가 됐기 때문이다.

〈구조 반복법 1〉

중견 예술인으로 지금도 어느 젊은이 못지않은 창작열을 불태우는, TV 드라마 '겨울 동화'의 실제 화가 이수동은 자신이 처음 그린 그림을 아직껏 그의 화실에 걸어놓고 있다. 하루 16시간씩 그림을 그리며 치열하게 살던 젊은 시절의 초심初心을 잃지 않기 위해서다.

〈구조 반복법 1〉

가수 김장훈은 누구보다 많은 선행을 베풀기로 둘째가라면 서러운 연예인이다. 수입이 일정치 않음에도 불구하고, 김씨는 보육원과 후원 학생들에게 무려 1,500만 원이라는 거액을 매달 기부하고 있다. 유복자遺腹子로 어렵게 자라 배를 곯아가며 받은 마음의 상처가 누구보다 깊었던 탓이다. 성공하더라도 자신의 쓰라린 경험을 잊지 않으려 했던 그의 마음은 현재 여러 곳에서 소중한 희망의 싹을 틔우고 있다.

〈구조 반복법 1〉

새 학기가 시작됐다. 언제나 그렇듯이, 캠퍼스는 온통 생기로 가득 차 있다. 교정 곳곳에서는 웃음소리가 그치지 않고, 여기저기서 반가운 수인사修人事들이 넘실거린다. 새로운 얼굴들이 곳곳에서 활보하는 가운데, 봄 풍경 주변에선 어김없이 카메라가 등장한다.

모두에게 다 의미심장한 새 학기이지만, 그런 캠퍼스를 누구보다 반갑게 맞이하는 이들이 있다. 올해 처음으로 대학에 들어온 새내기들이 그러할 것이고, 군대 제대 후 처음으로 복학하는 학생들이 그러할 것이다. 마찬가지로, 새로 취임하는 총장이 그러할 것이고, 새로 임용된 교직원들이 그러할 것이다. 〈문장 반복법〉 모든 이들에게 마찬가지겠지만, 이들에겐 특히 올봄이 무엇과도 바꿀 수 없는 소중한 순간일 것이다.

때문에, 새로운 세계를 경험한다는 조심스러움과 미지의 세계에 대한 동경으로 가득 찼을 이들의 겸허한 마음이 가능한 한 오래가기를 조심스레 기원해 본다. 돌이켜보면, 누구에게나 대학에서의 첫 학기는 알찬 각오와 굳은 의지로 시작됐을 것이다. 하지만, 그런 마음가짐 못지않게 중요한 것은 역시 변치 않는 초심初心을 유지하는 일일 것이다. 앞서, 여러 사람들을 소개해 봤다. 경우는 다르지만, 이제껏 모두 초심初心을 유지하고 있는 사람들이다.

술자리가 많다고 투덜거리다가 금새 분위기에 젖어 누구보다 술자리를 즐기는 새내기가 되지 말자. 설익은 결심으로 도서관에 들어앉아 몇 자 읽어보다

2~3일 만에 뛰쳐나가는 부끄러운 선배가 되지 말자. 모르는 것을 물어보면 자상하게 일러주던 선임자의 고마움을 오래 간직하는 교직원이 되도록 하자.

돌이켜 보면, 개인의 불운은, 대학의 수난은, 국가의 역경은 언제나 이 같은 초심初心을 잃어버리는 데서 시작됐다. 처음부터 요령 부리는 사람, 목에 힘 들어가는 사람, 탐욕스런 사람은 없었다. 언제나 그렇듯, 주변의 유혹과 인습, 무시와 질타가 문제다. 그렇다고 세상이 그들을 바꿔 놓았다는 변辯만으로 세상을 향해 돌 던지기에는 자신이 너무 못나 보이지 않겠는가?

초심初心을 잃지 말자. 길지 않은 인생을 살아오면서, 초심初心을 잃어버린 채 방황하고 일탈하는 이들을 많이 보아 왔다. 그들도 처음에는 그러지 않았을 터. 그런 의미에서 자칫 흔들리기 쉬운 초심初心을 소중히 가꿔보는 봄을 기대해본다.

※ '구조 반복법'과 '문장 반복법'이 글의 한 축을 형성하고 있는 글이다. 이 밖에도 정확하지는 않지만, '초심을 잃지 말자'라는 주제문을 조금씩 변형해 활용하고 있는 문장들이 여럿 눈에 띄고 있다.

차별화된 글쓰기 I 4장

"폼생폼사? 평생평사!"

날카로운 평評만이 자신을 알리는 비결
복근 새기듯 머리엔 비평 근육 새겨야

나 폼에 살고 죽고 폼 때문에 살고 폼 때문에 죽고
나 폼 하나에 죽고 살고 사나이가 가는 오 그 길에 길에
아 눈물 따윈 없어 없어 폼생폼사야…….

'젝스키스'란 그룹이 있었다. 지난 1997년에 데뷔한 6인조 그룹으로, '여섯 개의 수정*水晶'을 의미하는 독일어가 어원語源이란다. 그런 '젝스키스'가 세간世間에 화제를 불러일으켰던 노래, '폼생폼사'는 폼에 살고 폼에 죽는 이 시대 젊은이들의 사고방식을 가감加減 없이 보여주었다.

필자가 첫머리에 '젝스키스'를 들고 나온 이유는 '폼생폼사'보다 '평생평사評生評死'해야 자신의 진가眞價를 발휘할 수 있기 때문이다. 한자어를 통해 알 수 있듯이 '평생평사評生評死'란 글자 그대로 '평評'에 살고 '평評'에 죽는

* 수정水晶: 크리스털.

다는 뜻. 결국, 수정 같은 존재로 세상의 인정을 받으려면 몸매나 옷차림이 아닌 날카로운 평評으로 승부해야 한다는 뜻이다.

학교에서, 일터에서, 인터넷에서 온갖 종류의 평評들이 학점과 승진, 상품을 내걸며 우리들을 유혹하고 있다. 그렇다면, 세상은 왜 평評을 구하지 못해 안달일까? 제대로 된 평評은 평가자의 공력功力을 단박에 잴 수 있는 척도이자 가늠자이다. 더욱이 그런 평評은 평評을 기다리는 당사자에게 귀중한 정보를 제공하며 금싸라기 같은 도움을 주게 마련이다. 독자 여러분의 이해를 돕기 위해 예를 들어보겠다. 만일, 여러분이 평가자의 입장이라면 다음 지원자들 가운데 누구의 손을 들어 주겠는가?

"아시다시피 우리 회사에서 개발한 신형 휴대폰을 지난 한 달 동안 여러분에게 임대해 드렸습니다. 오늘은 그 신제품의 여러 기능 가운데 카메라 부분에 관한 여러분의 상품평을 들어보도록 하겠습니다. 물론, 가장 날카로운 평을 제공한 당사자에게는 취업의 기회를 제공합니다.

가 군: "상당히 좋더라구요."

나 양: "가격 대비 성능이 뛰어나요."

다 군: "비슷한 가격대의 카메라에 비해 카메라 화소 수가 높아 너무 좋아요."

라 양: "카메라의 해상도는 무척 뛰어나지만 움직이는 대상을 포착하는 '순간 기능'은 떨어지는 점이 아쉽습니다."

바 군: "같은 가격대에 비해 카메라 화소 수가 두 배에 달하는 점은 높이 살만 합니다. 하지만, 최고 화질로 30장밖에 저장할 수 없는 메모리 용량은 상당히 부족해 보이며, 카메라의 '순간 포착' 기능 역시 많이 떨어집니다. 더불어, 조명에 민감해서 배경이 조금만 어둡다 싶으면 사진이 검게

나옵니다. 이와 함께, 사진을 찍을 때 자꾸 손이 렌즈를 가리는 것으로 미뤄보건대 렌즈의 위치가 잘못 설정돼 있는 것 같습니다."

글도 그렇다. 보고서, 서평, 논문, 기획서를 쓰더라도 자신만의 날카로운 평評을 담아야 글도 살고, 본인도 산다. 그렇다면, 평評을 날카롭게 가다듬는 방법은? 역시, 자신의 관심 분야를 설정해 평評이 날카로운 글과 책을 꾸준히 읽으며 끊임없이 느끼고 생각해야 한다. 다이어트와 윗몸일으키기로 복부에 왕王자를 새기듯, 많이 읽고 많이 생각하는 머리 운동을 통해 두뇌에도 왕王자를 새기란 얘기다.

174쪽 정답: 나의 소원이 무엇이냐고 물어본다면 '독립'이라고 하겠다.

알아두기 – '음식평은 알고 있다'

평評을 쓴다는 것은 어렵지 않습니다. 하지만, '제대로' 된 서평이나 영화평, 상품평이나 기획평을 쓰는 것은 생각과 달리 무척 어려운 일입니다. 그렇다면 어떻게 해야 '제대로' 된 평評을 쓸 수 있을까요? 필자는 「A+ 글쓰기」라는 책을 통해 '글은 요리다'라고 주장한 적이 있습니다. 그 연장선상에서 음식을 통해 평評에 대해 논해 보겠습니다.

학교/회사 앞에 새로운 음식점이 생겼습니다. 여러분은 호기심 차원에서 그 음식점에 들러 식사를 하고 나왔습니다. 이후, 친구/동료들이 그 집에 대해 물어올 때 여러분은 해당 음식점에 대한 평評을 내릴 것입니다. 그렇다면 여러분은 어떠한 대상들을 기준으로 음식점에 대해 평評하겠습니까?

우선 가장 중요한 것으로는 맛을 들 수 있을 겁니다. 더불어, 가격 역시 빼놓을 수 없는 핵심 요소일 겁니다. 이와 함께, 조미료는 얼마나 넣었는지, 반찬은 넉넉하게 주는지, 또 종업원들이 친절한지 등이 머릿속에 떠오를 겁니다. 깐깐한 미식가라면 그 외에도 음식점과 주방의 청결도에서부터 식기食器의 위생 상태는 물론, 실내 조명과 음식점 간판 등에 이르기까지 많은 부분을 염두에 둘 것입니다.

서평이나 상품평 역시, 똑같습니다. 다양한 대상들을 기준으로 평評한다는 점에서 모두 일맥상통一脈相通합니다. 맛을 결정하는 요인으로는 글솜씨와 함께 글감의 신선도나 아이디어의 참신함을, 가격에 해당하는 것으로는 책이나 상품에 대한 구매비용을, 친절도나 반찬 등과 같은 것으로는 독자와 소비자를 고려한 부가적인 서비스를 들 수 있을 겁니다. 책으로 말하자면, 손안에 쏙 들어오는 크기로 디자인했다든지, 책 무게가 상당히 가볍다든지, 글 꼴이 읽기 쉽게 시원시원하다든지 하는 것들이 예가 될 수 있겠지요.

문제는 "평소에도 음식에 대해 얼마나 중요하게 생각하고 있는가?" 하는 자세라는 겁니다. 식사의 의미가 '한 끼 때운다는 것' 이상으로 크지 않은 이에게는 음식 맛이 그다지 중요하지 않을 겁니다. 자연히, 음식과 음식점에 대한 관심이 적을 수밖에 없으니 평評을 하라고 해도 평評할 것이 없을 겁니다. 반면, 평소에도 음식에 상당히 관심을 가지고 있는 사람에게는 하나하나가 다 비평의 대상이 될 수밖에 없습니다. 그렇다면, 그러한 상황은 해당 평評을 잘 쓰고자 하는 이들에게 정답이 될 겁니다. 다시 말해, '관심'을 갖는 길만이, 그리고 평소에도 꾸준히 생각하고 비평하는 길만이 제대로 된 평評을 낼 수 있는 비결이라는 겁니다.

연습문제

가. 장문 연습 I

평評을 잘 쓰기 위해서는 다른 평評을 많이 접해보는 것이 중요합니다. 그렇다면, 순서상으로 따져 볼 때 남의 글에서 평評에 해당하는 부분을 발견하고 느껴보는 것이 제일 먼저겠지요. 사실, 글을 읽으면서 남의 평評을 발견하는 것도 결코 녹녹한 일이 아닙니다. 그런 의미에서, 다음 글을 읽고 평評에 해당하는 부분을 발견해 별도로 묶어보기 바랍니다.

1. 텔레비전 없이 현대인들이 살아갈 수 있을까? 물론, 살아갈 수 있을 것이다. 하지만 필자의 예로 보건대, 집에 있을 때 조금이라도 시간이 나면 무의식적으로 텔레비전 리모콘을 찾곤 한다. 리모콘을 찾지 못하면 초조하고 짜증 나는 느낌을 받게 되는 것은 당연하고. 그러고 보면, 마약과는 차원이 틀리지만 그에 못지않은 중독성을 지니고 있는 것이 텔레비전이다. 더욱이 텔레비전을 시청하는 시간까지 합친다면, 현대인의 여가 생활에서 텔레비전이 차지하는 부분은 상상 이상이라 할 수 있다. 하지만, 더 큰 문제는 텔레비전이 방영하는 프로그램들의 내용일 것이다. 다시 말해, 시청률 경쟁이 갈수록 치열해지다 보니 선정적이고 폭력적인 내용이 난무한다는 것이다.

   얼마 전, 가족과 함께 밤에 드라마를 본 적이 있다. 당시의 드라마는 남녀 주인공들의 애정 행각을 노골적으로 보여주고 있었으며, 뒤이어 나온 폭력 장면 또한 영화와 비교해도 전혀 뒤떨어지지 않을 정도로 상황을 잔인하게 묘사하고 있었다. 물론, 텔레비전 드라마의 발전과 더불어, 시대 변화가 불러온 차이는 당연한 것일지도 모른다. 하지만, 돈을 내고 영화관에 가서 관람해야 하는 영화와 다르게 텔레비전은 남녀노소를 불문하고 한 가족이 안방에서 동시에 시청할 수 있다는 데 문제가 있다. 선정적이고 폭력적인 내용을 내보내는 것이 방송사들에게는 얼마나 큰 이윤을 가져다 주는지 모르겠지만, 거시적인 시각에서 볼 때는 사회적으로 커다란 문제점을 지니고 있는 이유가 여기에 있다.

덧붙이자면, 프로그램 편성에 있어서의 획일화도 큰 문제다. 시청률을 의식한 나머지 차별성을 갖고자 노력하기보다 타 방송사와 비슷한 포맷을 내보내는 행태는 전파 낭비에 불과할 뿐이다. 물론 방송사만 잘못하고 있다고 말할 수는 없다. 사고자 하는 사람이 있으니 물건을 만든다고, 선정적이고 폭력적이며 획일화된 프로그램들을 보는 시청자들이 존재하니 이와 같은 악순환이 계속되기 때문이다. 그런 의미에서 텔레비전 시청자들도 가슴 깊이 반성해야 한다. 물론, 텔레비전을 비판적으로 시청하는 사람들도 있으나 대다수의 사람은 그렇지 않다는 것이 필자의 생각이다.

만약 우리 자신이 맹목적이고 수동적으로 텔레비전을 시청한다면 현대인은 영원히 텔레비전의 노예가 될 수밖에 없다. 뭐든지 적절히 이용하면 득得이 되지만 지나치게 이용하면 독(毒)이 되듯이 텔레비전 역시 사용 여하에 따라, 바보상자 또는 판도라의 상자가 될 수 있다.

가. 장문 연습 II

1. 다음의 두 글은 「제2의 성」이라는 책에 대한 서평입니다. 찬찬히 읽어본 후, 다시 두 글을 비교하는 서평을 써 보기 바랍니다. 더불어, 각각의 글에서 서평에 해당하는 부분도 박스로 구분해 보기 바랍니다.

A. 「제2의 성」

여성들의 활약이 눈부시다. 사회에 진출하는 여성들의 숫자가 계속 늘어나고 있는 가운데, 입학에서건 졸업에서건 수석首席을 차지하는 경우도 해마다 증가하고 있다. 스포츠에서도 금단禁斷의 벽은 점차 사라지고 있다. 남성들의 전유물이었던 레슬링이나 복싱, 자동차경주 같은 스포츠에서도 여성들의 활약은 대단하다. 여성들의 지위 또한 과거와는 비교할 수도 없을 정도로 향상됐다. 하지만, 불과 50여 년 전만 하더라도 이 땅에서 여성으로 태어나는 것은 불평등한 삶을 숙명宿命으로 받아들여야 함을 의미했다.

1949년 「제2의 성」이 출간되었을 당시, 프랑스에서도 남녀불평등이 심하였다. 프랑스 여성들은 1945년이 돼서야 참정권을 얻었지만, 여전히 소수자로서 열등한 위치에 놓여 있었다. 하지만, 이 책이 출간된 후 남녀 불평등은 많이 개선되었다고 한다.

「제2의 성」은 두 권으로 구성돼 있다. 첫 번째 권은 1949년 6월에, 두 번째 권은 같은 해 11월에 갈리마르 출판사에서 간행되었다. 두 권으로 이루어진 이 책의 구성에 대해서 살펴보고자 한다. 제1권의 부제副題는 '사실과 신화'이다. 제1권에서 시몬느 드 보부아르는 왜 여성들이 남성들에 비해 열등한 위치에 놓여지게 되었는가 하는 문제를 다룬다. 더 구체적으로, '남자' = '주체主體,' '여자' = '타자他者'라는 주장을 개진開陣하면서, 이를 인류 역사와 수많은 신화로 증명한다.

제1권은 각각 '숙명,' '역사,' '신화'라는 제목이 붙은 3부로 이뤄져 있으며, 각 부는 다시 여러 장으로 나누어져 있다. 1부 '숙명'에서는 생물학, 정신분석학, 그리고 사적 유물론을 통해 본 여자의 조건을 논하고 있다. 2부 '역사'에서는 유목사회, 농경사회, 족장 시대, 고대 그리스와 로마시대, 중세, 계몽시대, 프랑스 대혁명을 거쳐 1947년까지 여성들이 걸어온 역사를 상세히 기술記述하고 있다.

마지막으로 3부 '신화'에서는 남성들이 지배하는 사회에서 여성들이 필요에 따라 어떤 식으로 폄하貶下되거나 미화美化되고 있는지를 고찰하고 있다. 제2권의 부제는 '체험'이다. 제2권은 '형성,' '상황,' '정당화,' '해방을 위하여'의 4부로 구성돼 있다. 1부 '형성'에서는 남성들이 전권全權을 쥐고 있는 사회에서 여성들이 유년기, 소녀기, 성숙기와 노년기를 거치면서 여자로 만들어지는 과정에 대해 상세히 살펴보고 있다. 2부 '상황'에서는 동성애, 나르시시즘을 포함해 결혼, 가정사에 이르기까지 여성들이 경험하는 다양한 상황들을 기술한다. 3부 '정당화'에서는 자기도취에서부터 신비주의에 이르기까지 여러 형태의 사랑을 살펴보고 있다. 마지막으로, 결론에서 보부아르는 여성해방을 위한 조건과 당위성을 제시하고 있다.

「제2의 성」에서 보부아르는 원시 시대부터 1949년까지의 여성 억압사를 살펴보고, '여성의 모든 역사는 남성이 만들었다'는 결론을 내린다. 여성이 자기로서 살아가기보다 남성이 여자를 정의하는 대로 자기를 인식하고 자기를 선택한다는 것이다. 보부아르는 따라서, 여성이 자신의 열등성을 극복하고 자립하기 위해서는 이러한 역사적인 맥락을 극복할 수 있는 정신적 노력이 무엇보다 필요하다고 강조하고 있다.

'여자는 남자의 억압받는 타자他者'라는 한 문장으로 요약할 수 있는 책, 「제2의 성」. 인류의 오랜 역사에서 여자가 언제부터, 왜, 어떤 과정을 거쳐 남자의 억압받는 '타자他者'가 되었는지를 잘 보여주고 있다.

B. 여성의 초월적 삶을 지향한 페미니스트의 고전

"여자라는 사실이 어떤 의미에서 우리의 삶에 영향을 주는가? 어떤 기회가 우리에게 분명히 주어져 있고, 또 거부되고 있는가? 우리 다음 세대의 여성들을 기다리고 있는 운명은 어떤 것인가? 그들을 어떤 방향으로 이끌어나가야 하는가?" (29쪽)

실존주의 철학자 사르트르와의 계약 결혼으로 더 유명한 시몬느 드 보부아르의 명저名著, 「제2의 성」은 여권 신장 운동이 급물살을 타던 20세기 중반, 페미니즘 사상의 구심점 역할을 했다. '여성은 문명화 과정을 통해 만들어졌다'는 명제命題 아래 저자는, 인류의 역사에서 여성이 어떻게 자리매김해 왔는지를 날카롭게 폭로하고 있다. 실존주의적 여성관을 지향하는 보부아르는 여성들의 주체성을 강조하며, 오랜 기간 전해 내려온 여성에 대한 그릇된 신화를 통렬하게 고발하고 있다. 읽는 이들이 질릴 정도의 방대한 연구 자료들은 그 고발에 학문적 깊이마저 더한다.

책은 크게 두 개의 부部로 구성돼 있다. 기존의 여성에 대한 학설과 신화를 분석, 비판한 '사실과 신화' 편과 여성들의 실제적인 삶의 양태를 면밀히 파헤친 '체험' 편이 바로 그것이다.

1부에서 저자는 생물학과 정신분석학, 유물사관의 테두리 안에 놓인 여성의 모습이 어떻게 왜곡돼 있는지를 검토한다. 여성을 발견하기 위한 여러 학설들의 공로를 인정하면서도 이들 역시 총체적인 의미에서의 인간성을 염두에 둔 보완이 필요하다고 지적한다. 그녀는 또한 헤겔이 예를 들었던 '주인과 노예의 변증법'을 끌어들여 노예의 상태로 예속돼 있는 여성의 현실을 그려 보인다.

이후엔 원시시대부터 현대까지 이어져온 인류의 삶 속에서 여성의 존재와 의미가 어떠한 변화를 거쳐 왔는지 상세히 서술하고 있다. "여성의 교육은 모두 남성과 관련시켜 실시해야 한다……여자는 남자에게 양보하고, 남자와의 불공평을 참도록 되어 있다." 자유민권 사상의 주창자로 프랑스 대혁명에 정신적인 밑거름을 제공했던 루소의 말이다. 더불어, 그동안 우리에게 지성인으로만 여겨져 왔던 성 아우구스티누스, 콩트, 발자크 등이 모두 보부아르의 심판대 앞에 불려 나온다. 저자는 이들의 여성 비하적 발언들을 소개함으로써 지성사知性史의 최전선에서조차 여성 평등 사상은 요원遙遠[•] 했다는 사실을 적시摘示[••]하고 있다.

유년기에서부터 노년기에 이르기까지의 여성 모습을 세세히 되짚어 가는 2부에선 암묵적인 차별과 '여성다움'의 강요를 통해 사회가 어떻게 여성을 만들어 가는지 속속들이 밝혀내고 있다. 교육과 놀이에서부터 남성과 구별되기 시작하는 여성은 연애와 결혼, 사교생활에서까지 언제나 수동성을 내재內在하길 요구받는다. 저자는 따라서, "여성은 언제나 여성이야"와 같이 여성이 자연에 의해 만들어졌다는 신념을 가진 이들에게 회의懷疑[•••]해 볼 것을 권한다. 인간 사회에는 자연에 의해 지어진 것이 하나도 없으며 여성은 문명이 점차로 만들어 낸 것임을 재차 강조한다. 끝으로, 여성의 해방을 천명闡明[••••]하는 자리에서 보부아르는 진정한 남녀평등을 실현시키기 위해서는 무엇보다도 남녀가 자연의

• 요원遙遠: 까마득함. 멀 '요遙,' 멀 '원遠.'

•• 적시摘示: 지적하여 보임. 지적할 '적摘,' 보일 '시示.'

••• 회의懷疑: 의심을 품음. 품을 '회懷,' 의심할 '의疑.'

•••• 천명闡明: 진리나 사실, 입장 따위를 밝힘. 드러낼 '천闡,' 밝힐 '명明.'

구별을 초월해 분명한 우애를 확립해 나가야 한다고 말한다.

책을 덮으면 독자들(특히 남성들)은 서서히 침묵의 성찰 속에 잠기게 된다. 우리가 그동안 너무나도 당연하게 여겨왔던 생각들이 어쩌면 사회와 제도에 의해 주입돼 온 것은 아닐까? 남성들은 이제껏 '자연스러움'의 이름으로 여성을 속여 왔던 것은 아닐까? 성찰의 깊이가 더욱 무겁게 느껴질 수 있는 것은 보부아르가 보여준 치열한 문제 의식과 끈질긴 분석 과정에 있다. 마치 여성과 관련된 연구 자료들은 죄다 끌어온 듯, 인용에 인용을 더하며 자신의 주제 의식을 극명하게 펼쳐 나간다. 그녀가 끌어다 쓴 학문 분야만 해도 문학, 사회학, 인류학, 생물학, 역사학, 정신분석학, 현상학 등으로 일일이 열거하기조차 힘들다.

다만, 논의를 펼치는 과정에서 보여주는 반복적인 설명은 글을 읽어 나가는 데 있어 방해 요소가 된다. 특히, 여성의 타자 개념이나 내재-초월의 관계성에 대한 해석은 곳곳에서 반복돼 독서의 진행을 더디게 한다. 더불어, 보부아르가 설파한 실존주의적 여성관도 좀 더 폭넓은 배경 설명이 요구되는 부분이다. 저서의 많은 부분을 여성 이론 비판에 할애했던 데 반해, 정작 실존주의적 여성관인 자신의 사상에 관해서는 이렇다 할 설명이 눈에 띄지 않는다. 하지만, 가장 아쉬운 점은 "인도나 중국에 있어서 여성의 역사는 오래도록 움직이지 않는 노예상태의 역사였다"(1권 123쪽, 각주)며, 동양 여성에 대해 큰 관심을 보이지 않는다는 것이다. 만일, 시간과 공간을 초월하는 여성 담론을 구축했더라면 책이 지니는 의미는 더욱 배가倍加• 됐을 것이라는 생각이다.

• 배가倍加: 갑절 또는 몇 배로 늘어남. 곱 '배倍,' 더할 '가加.'

가. 장문 연습 I

1. 텔레비전 없이 현대인들이 살아갈 수 있을까? 물론, 살아갈 수 있을 것이다. 하지만 필자의 예로 보건대, 집에 있을 때 조금이라도 시간이 나면 무의식적으로 텔레비전 리모콘을 찾곤 한다. 리모콘을 찾지 못하면 초조하고 짜증 나는 느낌을 받게 되는 것은 당연하고. 그러고 보면, 마약과는 차원이 틀리지만 그에 못지않은 중독성을 지니고 있는 것이 텔레비전이다. 더욱이 텔레비전을 시청하는 시간까지 합친다면, 현대인의 여가 생활에서 텔레비전이 차지하는 부분은 상상 이상이라 할 수 있다. 하지만, 더 큰 문제는 텔레비전이 방영하는 프로그램들의 내용일 것이다. 다시 말해, 시청률 경쟁이 갈수록 치열해지다 보니 선정적이고 폭력적인 내용이 난무한다는 것이다.

얼마 전, 가족과 함께 밤에 드라마를 본 적이 있다. 당시의 드라마는 남녀 주인공들의 애정 행각을 노골적으로 보여주고 있었으며, 뒤이어 나온 폭력 장면 또한 영화와 비교해도 전혀 뒤떨어지지 않을 정도로 상황을 잔인하게 묘사하고 있었다. 물론, 텔레비전 드라마의 발전과 더불어, 시대 변화가 불러온 차이는 당연한 것일지도 모른다. 하지만, 돈을 내고 영화관에 가서 관람해야 하는 영화와 다르게 텔레비전은 남녀노소를 불문하고 한 가족이 안방에서 동시에 시청할 수 있다는 데 문제가 있다. 선정적이고 폭력적인 내용을 내보내는 것이 방송사들에게는 얼마나 큰 이윤을 가져다 주는지 모르겠지만, 거시적인 시각에서 볼 때는 사회적으로 커다란 문제점을 지니고 있는 이유가 여기에 있다.

덧붙이자면, 프로그램 편성에 있어서의 획일화도 큰 문제다. 시청률을 의식한 나머지 차별성을 갖고자 노력하기보다 타 방송사와 비슷한 포맷을 내보내는 행태는 전파 낭비에 불과할 뿐이다. 물론 방송사만 잘못하고 있다고 말할 수는 없다. 사고자 하는 사람이 있으니 물건을 만든다고, 선정적이고 폭력적이며 획일화된 프로그램들을 보는 시청자들이 존재하니 이와 같은 악순환이 계속되기 때문이다. 그런 의미에서 텔레비전 시청자들도 가슴 깊이 반성해야 한다. 물론, 텔레비전을 비판적으로 시청하는 사람들도 있으나 대다수의 사람은 그렇지 않다는 것이 필자의 생각이다.

만약 우리 자신이 맹목적이고 수동적으로 텔레비전을 시청한다면 현대인은 영원히 텔레비전의 노예가 될 수밖에 없다. 뭐든지 적절히 이용하면 득得이 되지만 지나치게 이용하면 독毒이 되듯이 텔레비전 역시 사용 여하에 따라, 바보상자 또는 판도라의 상자가 될 수 있다.

※ 색글자로 표시된 부분이 전부 평評에 해당한다.

나. 장문 연습 II

A. 「제2의 성」

여성들의 활약이 눈부시다. 사회에 진출하는 여성들의 숫자가 계속 늘어나고 있는 가운데, 입학에서건 졸업에서건 수석首席을 차지하는 경우도 해마다 증가하고 있다. 스포츠에서도 금단禁斷의 벽은 점차 사라지고 있다. 남성들의 전유물이었던 레슬링이나 복싱, 자동차경주 같은 스포츠에서도 여성들의 활약은 대단하다. 여성들의 지위 또한 과거와는 비교할 수도 없을 정도로 향상됐다. 하지만, 불과 50여 년 전만 하더라도 이 땅에서 여성으로 태어나는 것은 불평등한 삶을 숙명宿命으로 받아들여야 함을 의미했다.

1949년 「제2의 성」이 출간되었을 당시, 프랑스에서도 남녀불평등이 심하였다. 프랑스 여성들은 1945년이 돼서야 참정권을 얻었지만, 여전히 소수자로서 열등한 위치에 놓여 있었다. 하지만, 이 책이 출간된 후 남녀 불평등은 많이 개선되었다고 한다.

「제2의 성」은 두 권으로 구성돼 있다. 첫 번째 권은 1949년 6월에, 두 번째 권은 같은 해 11월에 갈리마르 출판사에서 간행되었다. 두 권으로 이루어진 이 책의 구성에 대해서 살펴보고자 한다. 제1권의 부제副題는 '사실과 신화'이다. 제1권에서 시몬느 드 보부아르는 왜 여성들이 남성들에 비해 열등한 위치에 놓여지게 되었는가 하는 문제를 다룬다. 더 구체적으로, '남자' = '주체主體,' '여자' = '타자他者'라는 주장을 개진開陣하면서, 이를 인류 역사와 수많은 신화로 증명한다.

제1권은 각각 '숙명,' '역사,' '신화'라는 제목이 붙은 3부로 이뤄져 있으며, 각 부는 다시 여러 장으로 나누어져 있다. 1부 '숙명'에서는 생물학, 정신분석학, 그리고 사적 유물론을 통해 본 여자의 조건을 논하고 있다. 2부 '역사'에서는 유목사회, 농경사회, 족장 시대, 고대 그리스와 로마시대, 중세, 계몽시대, 프랑스 대혁명을 거쳐 1947년까지 여성들이 걸어온 역사를 상세히 기술記述하고 있다.

마지막으로 3부 '신화'에서는 남성들이 지배하는 사회에서 여성들이 필요에 따라 어떤 식으로 폄하貶下되거나 미화美化되고 있는지를 고찰하고 있다. 제2권의 부제는 '체험'이다. 제2권은 '형성,' '상황,' '정당화,' '해방을 위하여'의 4부로 구성돼 있다. 1부 '형성'에서는 남성들이 전권全權을 쥐고 있는 사회에서 여성들이 유년기, 소녀기, 성숙기와 노년기를 거치면서 여자로 만들어지는 과정에 대해 상세히 살펴보고 있다. 2부 '상황'에서는 동성애, 나르시시즘을 포함해 결혼, 가정사에 이르기까지 여성들이 경험하는 다양한 상황들을 기술한다. 3부 '정당화'에서는 자기도취에서부터 신비주의에 이르기까지 여러 형태의 사랑을 살펴보고 있다. 마지막으로, 결론에서 보부아르는 여성해방을 위한 조건과 당위성을 제시하고 있다.

「제2의 성」에서 보부아르는 원시 시대부터 1949년까지의 여성 억압사를 살펴보고, '여성의 모든 역사는 남성이 만들었다'는 결론을 내린다. 여성이 자기로서 살아가기보다 남성이 여자를 정의하는 대로 자기를 인식하고 자기를 선택한다는 것이다. 보부아르는 따라서, 여성이 자신의 열등성을 극복하고 자립하기 위해서는 이러한 역사적인 맥락을 극복할 수 있는 정신적 노력이 무엇보다 필요하다고 강조하고 있다.

'여자는 남자의 억압받는 타자他者'라는 한 문장으로 요약할 수 있는 책, 「제2의 성」. 인류의 오랜 역사에서 여자가 언제부터, 왜, 어떤 과정을 거쳐 남자의 억압받는 '타자他者'가 되었는지를 잘 보여주고 있다.

B. 여성의 초월적 삶을 지향한 페미니스트의 고전

"여자라는 사실이 어떤 의미에서 우리의 삶에 영향을 주는가? 어떤 기회가 우리에게 분명히 주어져 있고, 또 거부되고 있는가? 우리 다음 세대의 여성들을 기다리고 있는 운명은 어떤 것인가? 그들을 어떤 방향으로 이끌어나가야 하는가?" (29쪽)

실존주의 철학자 사르트르와의 계약 결혼으로 더 유명한 시몬느 드 보부아르의 명저名著, 「제2의 성」은 여권 신장 운동이 급물살을 타던 20세기 중반, 페미니즘 사상의 구심점 역할을 했다. '여성은 문명화 과정을 통해 만들어졌다'는 명제命題 아래 저자는, 인류의 역사에서 여성이 어떻게 자리매김해 왔는지를 날카롭게 폭로하고 있다. 실존주의적 여성관을 지향하는 보부아르는 여성들의 주체성을 강조하며, 오랜 기간 전해 내려온 여성에 대한 그릇된 신화를 통렬하게 고발하고 있다. 읽는 이들이 질릴 정도의 방대한 연구 자료들은 그 고발에 학문적 깊이마저 더한다.

책은 크게 두 개의 부部로 구성돼 있다. 기존의 여성에 대한 학설과 신화를 분석, 비판한 '사실과 신화' 편과 여성들의 실제적인 삶의 양태를 면밀히 파헤친 '체험' 편이 바로 그것이다.

1부에서 저자는 생물학과 정신분석학, 유물사관의 테두리 안에 놓인 여성의 모습이 어떻게 왜곡돼 있는지를 검토한다. 여성을 발견하기 위한 여러 학설들의 공로를 인정하면서도 이들 역시 총체적인 의미에서의 인간성을 염두에 둔 보완이 필요하다고 지적한다. 그녀는 또한 헤겔이 예를 들었던 '주인과 노예의 변증법'을 끌어들여 노예의 상태로 예속돼 있는 여성의 현실을 그려

보인다.

이후엔 원시시대부터 현대까지 이어져온 인류의 삶 속에서 여성의 존재와 의미가 어떠한 변화를 거쳐 왔는지 상세히 서술하고 있다. "여성의 교육은 모두 남성과 관련시켜 실시해야 한다……여자는 남자에게 양보하고, 남자와의 불공평을 참도록 되어 있다." 자유민권 사상의 주창자로 프랑스 대혁명에 정신적인 밑거름을 제공했던 루소의 말이다. 더불어, 그동안 우리에게 지성인으로만 여겨져 왔던 성 아우구스티누스, 콩트, 발자크 등이 모두 보부아르의 심판대 앞에 불려 나온다. 저자는 이들의 여성 비하적 발언들을 소개함으로써 지성사知性史의 최전선에서조차 여성 평등 사상은 요원遙遠했다는 사실을 적시摘示하고 있다.

유년기에서부터 노년기에 이르기까지의 여성 모습을 세세히 되짚어 가는 2부에선 암묵적인 차별과 '여성다움'의 강요를 통해 사회가 어떻게 여성을 만들어 가는지 속속들이 밝혀내고 있다. 교육과 놀이에서부터 남성과 구별되기 시작하는 여성은 연애와 결혼, 사교생활에서까지 언제나 수동성을 내재內在하길 요구 받는다. 저자는 따라서, "여성은 언제나 여성이야"와 같이 여성이 자연에 의해 만들어졌다는 신념을 가진 이들에게 회의懷疑해 볼 것을 권한다. 인간 사회에는 자연에 의해 지어진 것이 하나도 없으며 여성은 문명이 점차로 만들어 낸 것임을 재차 강조한다. 끝으로, 여성의 해방을 천명闡明하는 자리에서 보부아르는 진정한 남녀평등을 실현시키기 위해서는 무엇보다도 남녀가 자연의 구별을 초월해 분명한 우애를 확립해 나가야 한다고 말한다.

책을 덮으면 독자들(특히 남성들)은 서서히 침묵의 성찰 속에 잠기게 된다. 우리가 그동안 너무나도 당연하게 여겨왔던 생각들이 어쩌면 사회와 제도에 의해 주입돼 온 것은 아닐까? 남성들은 이제껏 '자연스러움'의 이름으로 여성을 속여 왔던 것은 아닐까? 성찰의 깊이가 더욱 무겁게 느껴질 수 있는 것은 보부아르가 보여준 치열한 문제 의식과 끈질긴 분석 과정에 있다. 마치 여성과 관련된 연구 자료들은 죄다 끌어온 듯, 인용에 인용을 더하며 자신의 주제의식을 극명하게 펼쳐 나간다. 그녀가 끌어다 쓴 학문 분야만 해도 문학, 사회학, 인류학, 생물학, 역사학, 정신분석학, 현상학 등으로 일일이 열거하기조차 힘들다.

다만, 논의를 펼치는 과정에서 보여주는 반복적인 설명은 글을 읽어 나가는

데 있어 방해 요소가 된다. 특히, 여성의 타자 개념이나 내재-초월의 관계성에 대한 해석은 곳곳에서 반복돼 독서의 진행을 더디게 한다. 더불어, 보부아르가 설파한 실존주의적 여성관도 좀 더 폭넓은 배경 설명이 요구되는 부분이다. 저서의 많은 부분을 여성 이론 비판에 할애했던 데 반해, 정작 실존주의적 여성관인 자신의 사상에 관해서는 이렇다 할 설명이 눈에 띄지 않는다. 하지만, 가장 아쉬운 점은 "인도나 중국에 있어서 여성의 역사는 오래도록 움직이지 않는 노예상태의 역사였다"(1권 123쪽, 각주)며, 동양 여성에 대해 큰 관심을 보이지 않는다는 것이다. 만일, 시간과 공간을 초월하는 여성 담론을 구축했더라면 책이 지니는 의미는 더욱 배가됐을 것이라는 생각이다.

※ 둘 다 같은 책을 대상으로 글을 썼음에도 자신만의 평評을 곁들여야 하는 서평적인 관점에 있어서는 종착역이 극명하게 갈린 글이다. 무엇보다 A글이 「제2의 성」에 대한 줄거리를 장황하게 나열한 반면, B글은 줄거리 요약과 함께 자신만의 시각으로 「제2의 성」에 대한 장, 단점을 날카롭게 지적하고 있다. 이에 따라, A글의 경우에는 책을 주체적으로 소화하지 못했다는 생각이 들지만, B글의 경우에는 서평 작성자가 책을 읽으면서 저자와 대화하려고 노력했다는 생각이 든다. 한 가지 가장 큰 아쉬운 점이 있다면, B글에서는 책에 대한 총체적인 평가가 빠져 있다는 점이다. 영화평에서와 같이 '별점'을 매기자면 별 몇 개에 해당하는 책인지, 서적 구입 비용과 독서 시간, 지적 성장 등을 따져 보았을 때, 주위에는 권할 만한 가치가 있는 책인지에 대한 평가 따위 말이다. 그런 관점에서 볼 때, 한두 가지 사항을 추가한다면 100점에 해당하는 서평으로 도약할 수 있을 것이다.

차별화된 글쓰기 II 5장

"|비판| = |대안|, 동량同量의 법칙"

비판 못지않게 합리적인 대안代案 내놓아야
독자가 공감하며 실질적으로 수용할 수 있어

"현재의 입시 위주 교육 체계로는 안 된다."

"공교육이 기능을 상실한 지 오래다."

"사교육비가 나라 경제를 갉아먹고 있다."

대한민국 국민이라면 한 번쯤은 들어 봤을 교육 문제. 너도나도 문제투성이의 공교육에 메스를 들이대며 칼질하기 바쁘다. 하지만, 비판만 가할 뿐, 정작 난국難局을 어떻게 풀어나가야 할지에 대한 해결책 제시는 없다. 폭력을 휘두른 아이에게 손가락질만 할 뿐, 사태 재발을 방지하기 위해 앞으로 어떻게 해야 할지에 대한 고민은 뒷전인 것처럼.

언론사의 창窓은 사설이요, 문門은 칼럼이라 볼 수 있다. 대내외적으로 뛰어난 글발을 인정받는 화려한 필진筆陣이 사지社志 또는 사념社念을 전달하는 대외 창구인 까닭에서다. 하지만, 그런 사설과 칼럼에 비판만 무성할 뿐, 구체적인 대안이 없다면? 시쳇말로 '오아시스 없는 사막'이요, '팥 없는 찐빵'이란 얘기다.

사실, 넘치는 비판, 빈곤한 해결책 제시는 한국 언론이 보편적으로 안고 있는 고질병이다. 문제는 소모적인 비판만 늘어놓고 건설적인 조언은 제시하지 못하기에 비판받는 이가 '소 귀에 경 읽듯' 처신한다는 데 있다. 생각해 보라. 비판을 달게 받아들이고 싶어도 어떻게 처신해야 할지 알 길이 없으니 어찌하겠는가? '빨리 시간이나 흘러라!'라는 생각으로 몸을 잔뜩 움츠리며 비판을 견디는 수밖에.

해서, 사람을 움직이고 싶으면, 제도를 바꾸고 싶으면, 세상을 변화시키고 싶으면 보다 구체적인 해결책을 제시해야 한다. 반복되는 학교 폭력의 원인이 어디에 있는지, 폭력 방지를 위해서는 학교와 선생, 학부모와 학생 간에 어떤 노력이 필요한지, 이웃 학교나 선진국의 구체적인 성공 사례에는 어떤 것들이 있는지를 면밀히 살펴가며 대안代案책을 제시해야 학생도 살고, 선생도 살고, 학교도 살 수 있다.

그런 의미에서, 남들과 다른 글로 인정받고자 한다면, 비판 못지않게 해결책도 진중하게 살펴보고 제시하는 혜안慧眼이 필요하다. 이와 관련한 필자의 경험 한 가지.

필자가 매년 봄에 강의하는 '탐사 보도 기사 작성'이란 수업이 있다. SBS의 '그것이 알고 싶다'나 KBS의 '추적 60분'과 같은 방송물의 대본 기사 작성 수업 정도로 생각하면 되겠다. 그런 강의에서 몇 해 전, 학생들이 '유명무실한 강의 평가제'에 대한 주제를 들고 왔다. 학기 말에 수강 과목에 대한 평가를 온라인 상으로 매겨야만 자신의 성적을 확인할 수 있는 '강의평가제'에서 강의만족도를 아무리 낮게 매겨도 수준 낮은 강의는 변함없이 매년 되풀이된다는 내용이었다. 주제가 워낙 좋았기에 "잘 취재해 보라"며 격려를 아끼지 않았다. 하지만, 몇 주가 흐른 뒤 학생들이 들고 온 기사는 '강의 평가제'가 제 역할을 하지 못해 학생들의 불만이 크다는 인터뷰 내용이 주를 이루고 있었다. 결국, 학생들에게 물었다.

"이 기사에는 상황 묘사만 있고 해결책은 없는데, 어떻게 하면 유명무실한 '강의평가제'를 바꿔나갈 수 있을까?"

"학교 교무과에 물어봤더니 현재로선 딱히 방법이 없다네요."

"왜 그렇지?"

"강의평가제의 평가 결과가 워낙 민감한 사안이다 보니 교수들에게 자신의 강의에 대한 평가를 개별 통보할 수는 있어도, 그 이상의 조치는 취할 수는 없다고 합니다. 교수들의 예상되는 반발이 거세기 때문이래요."

"그럼, 이 기사가 의미하는 바는 뭔가?"

"……."

"강의평가제가 유명무실한 이유가 뭘까?"

"물론, 선생님들이 강의를 성의 없이 하셔서이지요."

"그럼, 선생님들은 왜 강의를 성의 없이 하실까?"

"학교에서 별다른 '제재'를 가하지 않으니까요."

"그렇다면 학교에서는 왜 '제재'를 통해서만 강의의 수준을 높여야 할까? 이를테면, 상금이나 보너스, 호봉 승급, 또는 강의시간 경감 등과 같이 여러 가지 '인센티브'를 주면 선생님들의 강의 준비에 더욱 많은 동기를 부여할 수 있지 않을까?"

"그렇겠네요."

"학생들도 전적으로 책임이 없다고 볼 수 있을까?"

"네?"

"민주주의란 자신의 권리를 자신이 찾아나갈 수 있도록 보장하는 제도인데, 학생들은 언제까지 학교 탓만 할 텐가? 혹시, 다른 학교의 경우에는 학생들이 어떤 식으로 유명무실한 강의평가제에 대해 자신들이 직접 대처하는지 알아본 적은 없나?"

"그것까지는 미처 생각하지 못했습니다."

"그럼, 관련 분야를 취재해 기사에 첨가하도록 하게. 그러면 이 기사의 의의가 살 테고, 무엇보다 학교 측에서는 유명무실한 강의평가제를 탈피하기 위해 구체적으로 노력할 수 있는 답을 얻게 될 테니."

앞에서 평생평사評生評死에 대한 이야기를 했었다. 날카로운 평으로 차별화된 글을 쓰라는 의미에서. 마찬가지로, 보고서와 리포트, 작문, 기획서 등 모든 종류의 글에는 자신만의 비평과 해결책 제시가 어우러져야 예리하면서 실용적인 글로 평가받을 수 있다. 하지만, 자신만의 해결책 제시가 말처럼 쉽게 얻어지는 것은 아닐 터. 해서, 남들보다 많이 읽고, 많이 생각하며 많이 적어보는 노력이 필요하다.

그렇다면, 한국 교육—특히 고등학교 교육—의 문제점을 비판할 경우, 여러분이 내놓을 수 있는 여러분만의 해결책은?

알아두기

자신만의 해결책을 제시할 수 있는 방법으로는 먼저 다른 이들의 지혜를 빌리는 것을 들 수 있다. 즉, 책이건, 신문이건, 인터넷을 통해서건 다른 이들의 해결책을 접한 후, 여러 현실적인 상황을 고려해 해당 현실에 가장 적합한 대안代案을 고르는 것이 그것이다. 하지만, 말이 쉬워서 다른 이들의 지혜를 빌리는 것이지, 이것도 그리 쉬운 작업은 아니다. 무비판적으로 수용하기보다 이것저것 따져가며 자신의 이름을 내걸고 가장 그럴듯한 대안을 낙점落點해야 하기 때문이다.

이러한 방법이 계속 진행된다면 어느 순간부터 독창적인 아이디어들이 힘을 받기 시작하면서 어디에서도 구할 수 없는 자신만의 해결책이 탄생하게 된다.

연습문제

가. 장문 연습

다음은 비판만 있고, 대안代案 제시가 실종된 글입니다. 찬찬히 읽어보고 난 후, 글의 말미에 여러분이 생각해 낼 수 있는 '구체적인' 해결책을 덧붙여 끝맺어 보기 바랍니다. 물론, 평소에 생각해 온 바가 아니라면 당연히 관련 자료를 뒤져가며 적절한 대안代案을 추려보는 것이 필요하겠지요. 만일, 글의 논지論旨가 본인의 생각과는 상관없거나 정반대인 경우라도 '구체적인' 해결책 제시를 손에 익힌다는 차원에서 대안代案을 제시해 보기 바랍니다.

1. 한국의 인구가 급속도로 줄어들고 있다. 매년, 출산율을 조사하면 결과가 "역대 최저"라며 난리다. 부부가 낳는 아이의 수는 평균 2명이 안 되기에 이대로 가다가는 역사상 인구가 가장 빨리 줄어드는 국가가 될 것이라는 보도도 심심찮게 나오고 있다. 이에 따라, 정부에서는 저출산 현상에 보다 적극적으로 나서는 자세가 필요하다. 아직 발등에 불이 떨어지지 않았다는 이유로 머뭇거렸다가는 불과 수십 년 뒤에 인구 감소에 따른 결과가 국가적 재앙으로 다가올 수 있기 때문이다. 생각해 보라. 고령 인구는 갈수록 늘어나는데, 이들을 부양할 청년 세대는 오히려 줄어들 테니 그들의 부담이 얼마나 늘어나겠는가? 더욱이 세수稅收•가 적게 걷히는 상황에서 고령 인구를 먹여 살리기 위한

재정 지출은 천문학적으로 늘어날 테니, 아무리 수출을 잘한들 얼마만큼의 예산이 국가 발전의 재투자를 위해 가능하겠는가?

결론적으로 말하자면, 정부에서는 신혼부부들이 안심하고 아이를 낳을 수 있는 사회 환경을 조성해야 한다. 그래야만 인구 분포도가 역삼각형으로 변해가는 사회에서 고령 인구를 먹여 살릴 미래의 산업 일꾼들이 많이 나올 테니까. 하지만, 현재의 이러한 사태를 수수방관한 채 멀리 내다보지 못하는 우愚를 범한다면, 한국의 위상은 초라하게 오그라들 것이다. 따라서, 정부는 다른 무엇보다 인구 늘리기, 아니 인구 유지하기에 모든 역량을 집중시킬 필요가 있다.

2. 북한에 대한 햇볕 정책은 얻는 것보다 잃은 것이 많은 전형적인 적자赤字 무역이다. 그동안 햇볕 정책이 북한 정권을 연명延命시켜준다는 비난은 끊임없이 계속돼 왔다. 그런 와중에 북한은 되려 큰소리를 치며 어떻게 해서든 더 많은 것을 얻어내려고 사사건건 트집을 잡고 있다. 더욱이, 동해안에 대한 미사일 발사, 서해상에서의 국지전 도발, 봉인된 원자로의 봉인 폐기 등 지속적인 긴장 조성의 강도는 해를 거듭할수록 높아지고 있는 실정이다.

그러고 보면, 90년대 이후부터 20여 년 동안 북한이 대한민국으로부터 받은 도움은 인적, 물적 차원뿐만 아니라 심리적인 차원에서도 이루 말할 수 없이 크다. 하지만, 제공된 인적, 물적 도움들이 북한 주민들에게 어떻게 전달되고 어떻게 사용됐는지 등에 대한 진행 상황은 단 한 번도 제대로 밝혀진 적이 없다. 이에 따라, 기부자의 고마움을 느껴보라는 의미에서 산발적으로, 때론 통합적으로 진행되고 있는 대북 원조를 전면 재고해야 한다. 대한민국이 호락호락하지 않고, 그러한 사실을 북측에서 충분히 인지한다면, 비로소 고마움을 깨닫고 협상 테이블에 나올 테니, 우리는 일방적인 수세守勢에서 벗어나 좀 더 많은 요구를 관철시킬 수 있을 것이다. 따라서, 이렇듯 은혜를 모르는 북한에 대한 햇볕 정책을 다시 훑어봄으로써 '퍼주기' 식 원조를 지향하고 보다 건전하고 바람직한 남북 관계를 형성하도록 하자.

• 세수稅收: 세금 수입.

3. 공무원들이 열심히 일하다 실수로 발생한 일들은 "본인이 다 책임지겠다"는 대통령의 발언이 며칠 전 있었다. 사실, 공무원들의 무사안일無事安逸• 과 보신주의保身主義•• 는 이미 정평이 나 있다. 어떻게 해서든지 자신에게 피해가 가지 않으면서 일은 하나라도 적게 하려는 공무원들의 자기중심적인 생각은 정작, 공복公僕••• 으로서 국민을 위해 일하고자 한다는 그들의 다짐과 너무나 동떨어져 있다. 따라서, 요즘같이 시국이 어수선할 때일수록 흐트러진 기강을 다잡아 다시 초심初心으로 돌아가는 마음이 필요하다.

돌이켜 보면, 요즘 같은 취업 대란 속에 수많은 공무원 지망생들은 누구보다 겸손하고 겸허한 마음으로 불철주야不撤晝夜•••• 학업에 정진하고 있다. 모르긴 해도, 그들의 마음속엔 '뽑아만 준다면 누구보다 열심히 봉사하겠다'는 각오가 철철 넘칠 터. 하지만, 그런 각오도 공무원 시험에 합격한 이후에는 봄 바람 앞의 서리마냥 스멀스멀 사라지고, 어느덧 자신의 안위安危••••• 를 가장 먼저 챙기는 구태의연舊態依然•••••• 을 되풀이하게 된다.

그런 점에서 볼 때, 이 땅의 공무원들은 거듭나야 한다. 진정 국민을 위해 봉사하고 국민을 위한 행정을 펼쳐 나가기 위해서는 뼈를 깎는 심정으로 끊임없이 반성하고 반성해야 한다. 국가의 기둥이자 동량棟梁••••••• 인 공무원들이 어수선한 시기에 앞장서서 국민을 위해 열심히 봉사해 보길 기대해 본다.

• 무사안일無事安逸: 아무런 일 없이 편안함만을 누리려 함. 편안할 '일逸.'

•• 보신주의保身主義: 개인의 지위나 명예, 행복만을 추구하려는 이기주의적 태도.

••• 공복公僕: 국가나 사회의 심부름꾼이라는 뜻으로, '공무원'을 달리 이르는 말. 종 '복僕.'

•••• 불철주야不撤晝夜: 어떤 일에 몰두하여 조금도 쉴 사이 없이 밤낮을 가리지 아니함. 거둘 '철僕.'

••••• 안위安危: 편안함과 위태함. 위태할 '위危.'

•••••• 구태의연舊態依然: 조금도 변하거나 발전한 데 없이 예전 모습 그대로임. 옛 '구舊,' 태도 '태態,' 의존할 '의依,' 그럴 '연然.'

••••••• 동량棟梁: 기둥과 들보를 아울러 이르는 말. 마룻대 '동棟,' 대들보 '량梁.'

4. 부동산 투기投機는 망국병亡國病이다. 역대 어느 왕조, 어느 정권을 망라하고 집권 말기에는 부동산 투기가 기승氣勝을 부리며 국가의 존망存亡을 뿌리째 흔들었다. 한국의 경우에는 통일신라를 비롯, 고려와 조선 모두 부동산 정책에서 귀족과 세도가들의 발호跋扈•를 누르지 못하며 멸망을 맞이하고 말았다. 세계사의 경우도 사정은 마찬가지로 로마를 포함해, 원元, 명明, 청淸 등 중국의 모든 제국들이 똑같은 과정을 거치며 종말을 맞이하고 말았다. 비싼 세금을 감당하지 못하는 백성들은 자신의 땅을 귀족들에게 팔아버리고 아예 귀족 소유의 장원莊園에서 농노農奴와 같은 형태로 의식주를 해결했는데, 이는 귀족 소유의 장원이 면세免稅 대상이었기 때문이었다. 결국, 토지를 구입하면 구입할수록 떼돈을 벌게 되는 부동산 정책이 귀족들의 투기投機를 부채질하며 중산층의 몰락을 초래해 1000년 제국과 500년 왕조王朝를 모조리 무너뜨렸다.

그런 의미에서, 부동산 투기는 국가의 해악을 좀먹는 제1의 병균이다. 때문에 대한민국 정부 역시, 역대 어느 공화국을 막론하고 부동산 투기를 막으려고 노력해 왔다. 문제는 경제가 어려움을 겪게 되면 가장 손쉽게 동원하는 정책 역시, 재건축 허용 및 투기 지정 지구 해제 등을 통한 부동산 경기 부양이었다는 것이다. 그러다 보니, 잡을 만하면 다시 놓쳐버리는 것이 부동산 투기라는 토끼였다.

이에 따라, 이제 그 어느 때보다 강력한 부동산 투기 억제책이 요구된다. 하지만, 경기에는 영향을 미치지 않는 범위 내에서 보다 신중하게 부동산 투기 억제책을 마련해야 한다. 규제를 통해서만 부동산 투기를 억제하는 것이 능사能事는 아니기 때문이다.

명심하자. 부동산 투기를 막지 못하는 것은 망국亡國으로 가는 지름길임을.

• 발호跋扈: 권세나 세력을 제멋대로 부리며 함부로 날뜀. 밟을 '발跋,' 따를 '호扈.'

정답

가. 장문 연습

아래의 글은 정답이라기보다 독자의 이해를 돕기 위해 필자가 나름대로 제시해 본 해결책입니다. 두 번째 연습문제부터는 여러분 스스로의 힘으로 대책을 제시해보라는 의미에서 첫 번째 것에만 필자 나름의 해결책을 내놓아 보았습니다. 개인적인 생각으로는 대안책의 분량이 너무 적지도, 또 많지도 않고 적당한 것이 좋다고 생각합니다. 그럼, 읽어 본 후 연습문제에 제시된 것과 그 글맛을 비교해 보기 바랍니다.

1. 한국의 인구가 급속도로 줄어들고 있다. 매년, 출산율을 조사하면 결과가 "역대 최저"라며 난리다. 부부가 낳는 아이의 수는 평균 2명이 안 되기에 이대로 가다가는 역사상 인구가 가장 빨리 줄어드는 국가가 될 것이라는 보도도 심심찮게 나오고 있다. 이에 따라, 정부에서는 저출산 현상에 보다 적극적으로 나서는 자세가 필요하다. 아직 발등에 불이 떨어지지 않았다는 이유로 머뭇거렸다가는 불과 수십 년 뒤에 인구 감소에 따른 결과가 국가적 재앙으로 다가올 수 있기 때문이다. 생각해 보라. 고령 인구는 갈수록 늘어나는데, 이들을 부양할 청년 세대는 오히려 줄어들 테니 그들의 부담이 얼마나 늘어나겠는가? 더욱이 세수稅收가 적게 걷히는 상황에서 고령 인구를 먹여 살리기 위한 재정 지출은 천문학적으로

늘어날 테니, 아무리 수출을 잘한들 얼마만큼의 예산이 국가 발전의 재투자를 위해 가능하겠는가?

결론적으로 말하자면, 정부에서는 신혼부부들이 안심하고 아이를 낳을 수 있는 사회 환경을 조성해야 한다. 그래야만 인구 분포도가 역삼각형으로 변해가는 사회에서 고령 인구를 먹여 살릴 미래의 산업 일꾼들이 많이 나올 테니까.

그렇다면, 어떤 대책이 실질적으로 거론될 수 있을까? 일단 신혼부부들이 안심하고 아이를 낳을 수 있는 환경으로는 역시 육아 문제와 함께 교육 정상화를 꼽아볼 수 있다. 부모의 등골을 휘게 하는 사교육이 넘쳐나는 대한민국에 공교육을 바로 세운다면 공교육도 살리고, 출산율도 끌어올리는 1석 2조의 효과를 거둘 수 있기 때문이다. 문제는 정부의 재원財源이 턱없이 부족하다는 것이다. 해서, 천문학적 자금이 소요될 재원 마련을 위해 사용처가 불투명한 각종 특수세를 폐지하는 대신 인구세(가칭)라는 특수세를 신설해 재원을 마련하는 것이 필요하다.

현재의 사태를 수수방관한 채 멀리 내다보지 못하는 우를 범한다면, 한국의 위상은 초라하게 오그라들 것이다. 따라서, 정부는 다른 무엇보다 인구 늘리기, 아니 인구 유지하기에 총력을 기울여 모든 역량을 집중시킬 필요가 있다.

6장 구성 이야기

가장 어려운 글쓰기는 흐름이 자연스런 글
문단 소제목 통해 유기적인 연결 점검해야

한 '글' 하던 친구가 있었다. 중학교 때는 백일장白日場• 에서 상도 타며 나름대로 재능을 꽃피웠던 녀석이다. 그러다, 입시에 파묻혀 연필을 놓고 여느 고교생들처럼 책만 들여다보기 시작했다. 결국 원하던 대학에 들어가게 됐고, 이후부턴 자연스레 소식이 끊겼다. 그러기를 어언 20여 년. 어느 날, 그로부터 갑작스레 연락이 왔다. 신문을 통해 필자가 "책 낸 사실을 알게 됐다"며 "부탁 하나 할 게 있다"는 말과 함께.

이야기를 들어보니 조그만 신문사에 정기적으로 칼럼을 기고하게 됐단다. 하지만, 글 쓴 지가 너무 오래돼 나서 "자신이 없다"며 자신의 원고를 "교정해 줄 수 있느냐?"는 조심스런 이야기였다. 옛 추억도 있고 해서 흔쾌히 수락했다. 무엇보다 어릴 적, 한 가닥 하던 그의 글솜씨가 어찌됐는지 궁금했다. 얼마 뒤, "월요일 오후가 마감"이라는 이메일과 함께 첫 번째 원고가 일

• 백일장白日場: 국가나 단체에서 글짓기를 장려하기 위해 실시하는 글짓기 대회.

요일 저녁에 도착했다. 들여다보니, 오·탈자나 띄어쓰기, 주-술-목 호응 등과 같은 기초적인 문법에서는 역시 손볼 곳이 없었다. 정작, 문제는 머리말에서부터 맺음말에 이르기까지 글이 자연스레 전개되는 '구성'이었다. 글의 첫머리에서 언급한 이야기는 도무지 본문과 이어지질 않았고, 결말과는 더더욱 동떨어져 있었다. 무엇보다 '가장' 하고 싶은 말이 무엇인지 짐작할 수조차 없었다. 결국, 문단문단 간의 배치를 바꾸며 글의 구성을 완전히 뜯어 고쳤다. 눈앞에서 느껴지는 친구의 안타까움은 뒤로한 채.

그러기를 10여 회. 어느덧, 1년이 흘러 버렸다. 얼마 전, 예나 다름없이 그의 원고를 받아 읽는 순간, 깜짝 놀라고 말았다. 처음부터 마지막까지 물 흐르듯 자연스레 전개되는 친구의 글이 모니터 앞에 펼쳐져 있었기 때문이었다. 바로 수화기를 들어 전화를 걸었다.

"어떻게 그리 자연스런 글을 쓰게 됐냐?"

"왜? 이젠 좀 읽을 만해?"

"이제 이 정도면 하산下山해도 되겠어."

"짜식, 지가 무슨 무림의 고수라고. 그래, 정말, 하산해도 되겠냐?"

"그럼, 이 정도 흐름이면 이제 어디에서도 빠지지 않는 글을 쓸 수 있을 거야."

"고맙다, 친구야……."

"고맙긴, 뭘."

"그런데, 어떻게 그리 구성이 좋아지게 됐냐?"

"응, 자네가 항상 글의 '흐름'과 '전개'가 중요하다고 했잖아. 그래서, 내가 하고 싶은 말이 정말 무엇인지를 고민하며 머리말에는 그와 관계된 것을 배치하려고 계속 신경 써 봤지."

"그렇구나. 이제 요령을 터득했으니, 앞으론 원고 보내지 않아도 돼."

이후, 친구는 필자로 인해 유년 시절의 자신을 되찾았다며 무척 기뻐했다. 하지만, 친구만 소중한 것을 얻은 것이 아니었다. 필자 역시, 마찬가지였다. 1년여 동안 친구의 글을 봐주면서 기초가 어느 정도 닦여진 이들에겐 글의 '구성'이 얼마나 중요하고 힘든지를 절실히 깨달았기 때문이었다.

이쯤에서 조언助言 하나. 단단하면서도 자연스런 옹글• 을 쓰기 위해서는 각 문단마다 소제목을 붙여보는 요령이 필요하다. 만일, 소제목들이 서로 유기적으로 연결돼 있다면 그 글은 좋은 흐름을 유지하고 있을 터. 하지만, 일관성 없이 병렬식으로 나열돼 있다면 한 번쯤 글의 흐름을 재고해 봐야 한다. 이와 함께, 글 전체에 한 줄 제목을 붙이는 것도 매우 중요하다. 뒤에서 다시 자세히 언급하겠지만, 글에서의 '제목'은 배에서의 '나침반'에 해당하기 때문이다. 해서, 자신의 글이 어디로 향하고 있는지, 항로航路는 일관성을 띠고 있는지 점검하는 가장 좋은 방법이 제목을 붙이는 것이다. 그럼, 다음 장章에서는 제목 짓는 요령에 대해 좀 더 자세히 알아보기로 하자.

• 옹글: 옹골찬 글.

가. 장문 연습

다음 글은 구성 및 흐름 면에서 적잖은 문제점을 안고 있습니다. 찬찬히 읽어본 후, 각 문단마다 소제목을 달아봄으로써 어느 부분을 제거하거나 바꾸어야 하는지 살펴보기 바랍니다.

1. 얼마 전, 초등학교에 다니는 아이의 체육대회에 갔다가 요즘 유행한다는 노래와 율동을 배웠다. 종이에 적힌 가사를 보지 않아도 따라 부르기 쉬운 노래인데다 율동도 간단해서 다행이었다. 그러고 보니, 얼마 전부터 TV에서, 대형 마트에서, 주유소에서 온통 그 노래와 율동들이 쉴 새 없이 펼쳐지고 있었다.

   시위 같이 과격한 행동을 제외하고는 좀처럼 같이 행동하는 한국인들의 모습을 볼 일이 없는 나로서는 노래와 율동에서나마 같이 보조를 맞춘다는 것이 그렇게 좋아 보일 수가 없었다. 정치는 물론이거니와 경제, 사회에 이르기까지 어느 하나 자신의 주장을 쉬 굽히지 않으며 하나라도 더 얻기 위해 다투는 모습에 이젠 진저리가 났기에.

   그러고 보면 데모나 시위가 절망에 비례하는 것과 달리, 노래와 율동은 희망에 비례하는 듯하다. 노래를, 춤을 함께 함으로써 희망을 구축構築하고 그

희망을 실현해나가는 것이 인간일 테니. 하지만, 이러한 노래와 춤마저 사라진 사회는 한 줌의 희망조차 없는 암울한 사회일 터. 따라서, 아직까지 우리 사회는 희망이 사라지지 않고 있다는 생각이다. 하지만, 그런 노래와 춤도 해가 갈수록 줄어들며, 유행 주기 역시 계속해서 짧아지는 것을 보면 희망 역시 점차 사그라들고 있는 것 같아 안타깝기 그지없다.

이 땅에서 대한민국 국민으로 살아간다는 것은 과연 무엇을 의미할까? 좌익과 우익, 남과 여, 노인과 어린이 할 것 없이 모두가 어울려 행복하게 살 가능성이 있기는 한 것일까? 그런 의미에서 온 국민이 한데 어울려 함께 부르고 춤출 수 있는 노래가 있으면 좋겠다. 단순히, 월드컵에서의 승리나, 통일을 염원하는 목적 지향적이 아닌, 아무런 사심私心 없이 희망의 주술처럼 우리를 하나로 묶어줄 수 있는 그런 노래와 춤이 있으면.

2. 험한 파도가 넘실대는 성난 바다와 같은 사회에서 자신 자신은 외줄타기를 하는 광대 같은 존재다. 균형을 잡지 못하고 밑으로 떨어지면 거센 파도에 휩쓸리거나 망망대해茫茫大海의 미아迷兒가 되어버리는 것처럼, 자신을 바로잡지 못하면 사회에 적응하지 못하는 주변인이 되기 십상이다. 따라서, 인생살이에서 자신을 바로잡는 것이 무엇보다 중요하다.

일찍이 소크라테스는 '너 자신을 알라'고 말했다. 자신의 무지함을 자각自覺하라는 의미의 이 말은 결국 어떠한 문제든 '자신'으로부터 출발한다는 점을 전제하고 있다. '자신을 안다는 것.' 누구보다 잘 알 것 같지만 자신을 바로 가늠하기만큼 어려운 일도 없을 것이다. 해서, 잘못된 자기 과신過信 또는 자기 폄하貶下•로 수많은 과오過誤를 저지르는 것이 인간이다.

사람은 누구나 시간을 '소비'하면서 살아간다. 전쟁터 같은 사회 속에서 치열하게 경쟁하며 살다 보면 시간의 의미는 잊을 때가 많다. 그럴 때, 지나온 시간 속에서 자신을 돌아볼 수 있는 방법이 있다. 바로, '사진'이라는 매체를 접하는 것이다.

몇 주 전의 일이다. 집안의 신문 등을 모아놓는 쓰레기통에 과거의 사진들

• 폄하貶下: 가치를 깎아내림. 떨어뜨릴 '폄貶,' 아래 '하下.'

이 수북하게 쌓여 있는 것을 보았다. 알고 보니 어머니께서 사진들을 스캔해 컴퓨터에 저장하시면서 스캔한 사진들은 모두 버린 것이었다. 그 이야기를 듣고 아버지는 적잖이 화가 나서 어머니를 타박하기 시작했다. 심하게는 '사이버 세계의 노예'가 되었다는 말까지 서슴지 않으면서 과거의 편린片鱗• 들을 내버렸다는 사실에 적잖이 분노하였다. 어머니께서 버리신 사진과 컴퓨터에 고스란히 저장된 사진은 분명 다른 것이었기 때문이다.

사진은 지나온 과거의 행적이다. 자신을 돌아볼 수 있는 방법 중에서 '기억'과 '향수,' 혹은 '추억'과 연결시킬 수 있는 중요한 고리가 된다. 지금은 많이 볼 수 없는, 아날로그 사진기에서 인화한 네모반듯한 종이는 커다란 사진첩에 첩첩이 쌓이게 된다. 그중 더러는 지갑 속으로, 또 더러는 오려져서 냉장고나 책상 위에 붙여지기도 한다. 말하자면 사이버 세계와는 별도로 인화와 현상이라는 단계를 거쳐 한 장의 추억으로 우리에게 기억된다는 것이다. 그런 의미에서 컴퓨터의 전원을 켜야만 볼 수 있고, 문제라도 생기면 전혀 되찾을 수 없는 사이버 상의 사진은 제약투성이의 조건부 과거일 뿐이다.

3. 서울중앙지법은 10일 '미네르바'라는 필명으로 인터넷 경제 관련 글을 써온 30세 무직 청년 박대성 씨에 대해 "허위 사실을 퍼뜨려 외환시장과 국가 신인도에 타격을 줬다"는 혐의 사실을 인정해 구속영장을 발부했다. 사회적으로 큰 혼란과 피해를 주는 허위 사실까지 '표현의 자유'로 허용할 수 없고 인터넷이 성역聖域이 될 수 없다는 판단이다.

우리 사회의 병리病理현상이 미네르바를 '경제대통령'이라고까지 키웠다. 그 사회 병리현상이 자칭 미네르바 박대성 씨가 구속된 뒤 더욱 기승을 부리고 있다. 박씨를 체포한 검찰에 대한 비난에 이어 영장 발부 결정을 한 판사에 대한 인신 공격이 쏟아지고 있다. 그 판사의 경력과 그동안 심사한 영장사건들을 나열한 글이 미네르바의 무대였던 포털 다음의 아고라에 올라왔고 다른 사이트로 번지고 있다. 글은 이 판사가 주요 신문 광고주를 협박한 네티즌들과 노건평 씨에 대한 영장은 발부하고, 공정택 서울시교육감 선거후원금 관련

• 편린片鱗: 한 조각의 비늘이라는 뜻으로, 사물의 극히 작은 한 부분을 이르는 말. 조각 '편片,' 비늘 '린鱗.'

자, 대선 때 이명박 후원회 관계자 영장은 기각시킨 사실을 대비시켰다. 그러면서 이 판사가 보안법 위반으로 영장이 청구됐던 오세철 연세대 명예교수, 횡령 혐의를 받았던 최열 환경재단 대표 영장을 기각한 사실은 뺐다. '한쪽 편만 드는 사람'으로 보수 진영 인사들에게만 관대한 판사처럼 몰아가게 하려고 교묘하게 조작한 것이다. 글에는 '차기 법무부장관감'이라는 식의 조롱과 욕설을 담은 댓글 수백 개가 붙었다.

이런 행태는 지난해 7월 촛불시위 와중에 여대생이 사망했다는 거짓말을 퍼뜨린 사람이 구속된 지 한 달이 지나고도 일부 네티즌들이 "여대생이 전경들에 목 졸리는 장면을 목격한 사람을 찾는다"는 신문 광고를 낸 사건을 따라가고 있다. 진실에 부합하는 사실관계에 대해 자신들이 믿고 싶은 것과 다르다고 '왜곡' '조작'이라는 말을 서슴지 않는다. 인터넷에선 이번에 구속된 인물이 진짜 미네르바가 아니라 '가짜'이고, 네티즌을 탄압하기 위해 공권력이 만들어낸 '조작된 인물'이라는 말이 나돌고 있다. 지금 우리 사회의 정신상태가 중증重症이라는 이야기다.

여야與野는 미네르바가 구속된 뒤 작년 5~6월 광우병사태 때와 똑같은 모습을 보여주고 있다. 여당은 제대로 된 논리조차 내놓지 못하고, 야당은 어떻게든 미네르바 구속의 '곁불'을 쬐려고 '인터넷 공안公安' 운운하고 있다. 우리 사회가 뒤틀린 인터넷 세상과 지식인들의 허위 의식이 결합한 미네르바사건의 본질에서 교훈을 얻지 못하고 여기에서 어떻게 정치적 이득이나 챙길까 두리번거리는 한 제2, 제3의 가짜들이 이 사회를 다시 한 번 크게 어지럽힐 것이다.

—2008년 1월 12일, 〈조선일보〉 사설

가. 장문연습

1. 아이의 초등학교에서 유행하는 노래와 율동을 배움

↓

노래와 율동에서 '같이' 보조를 맞추는 것이 좋기만 한 필자

↓

희망에 비례하는 노래와 춤이 사라지는 사회

↓

온 국민을 하나로 묶어주는 노래와 춤을 염원함

※ 본 글에서는 일관적인 추진력이 결여돼 있다. 위의 소제목을 통해 하나씩, 그 원인을 짚어보며 살펴보자. 먼저, 본 글의 가장 중요한 주제는 마지막 단락의 "온 국민을 하나로 묶어주는 노래와 춤을 염원하는 것"이다. 그렇다면, 앞서 설명한 대로, 모든 앞뒤 문단들은 이 주제를 향해 유기적으로 연결돼 있어야 한다. 특히, 첫 번째 문단에서는 잠시나마 많은 구성원들, 또는 아이의 초등학교에 있었던 아이들과 학부모들 '모두를' 끈끈하게 이어줬던 노래와 율동에 대한 이야기를 소개해야 한다. 하지만, 글쓴이는 단지 아이의 초등학교에서 유행하는 노래와 율동을 '배웠다'는 데 강조점을 둠으로써 이후 글을 읽는 독자로 하여금 말하

고자 하는 바가 무엇이지 이해하는 데 혼란을 주고 있다. 다시 말해, 핵심어가 '모두들' 이 되어야 함에도 불구하고, '배웠다'는 사실이 더욱 부각됨으로써 논지論旨가 흐려지고 있다는 것이다. 물론, 두 번째 문장에서는 "같이 보조를 맞추는 것이 좋다"고 이야기를 했지만, 몇 명이 얼마나 오랜 시간 동안의 노력에 걸쳐 보조를 맞추게 됐는지에 대한 설명은 전무全無한 실정이다. 이에 따라, 보다 유기적이고 일관성 있는 글로 탈바꿈하기 위해서는 두 번째 문장 뒤에,

> 처음에는 노래와 율동 모두 불협화음을 냈지만, 몇 번의 연습 끝에 수백 명의 학부모가 일사불란하게 움직일 수 있었다. 모두 조화롭게 하나가 되는 광경이 그렇게 보기 좋을 수 없었다.

는 사실이 적시摘示돼야 후반부의 주제문과 일맥상통一脈相通하게 된다.
글의 흐름이 이렇게만 이어진다면, 이후부터는 각각의 문단에서 말하고자 하는 바가 맺음말 부분에서 자연스럽게 어우러져 보다 일관성 있고 흐름이 부드러운 글이 된다.

2.

자기 바로잡기의 중요성

↓

자기 알기의 어려움

↓

사진은 과거의 자신을 돌아보는 방법

↓

컴퓨터 사진과 실제 사진

↓

사이버 사진은 조건부 과거

※ 위의 소제목을 통해서 보는 바와 같이 윗글은 문단 간의 연결이 유기적으로 이뤄져 있지 않다. 이에 따라, 전체 구성이 탄탄하지 못한 약점을 보이며 독자로 하여금 작가가 말하고자 하는 바가 무엇인지 짐작하기 힘들게 한다. 만일, 결말의 '사이버 사진은 조건부 과거'라는 것이 작가가 말하고자 하는 것이라면, 첫 번째와 두 번째 문단의 '자기 바로잡기의 중요성'과 '자신 알기의 어려움'은 주제에서 벗어나는 글들이다. 따라서, 글의 구성이 탄탄해지려면 머리말에는 '사

이버 사진이 조건부 과거'라는 주제를 뒷받침할 만한 에피소드를 배치하거나 글의 허리에 해당하는 소주제— '사진은 과거의 자신을 돌아보는 방법'—로 자연스럽게 넘어가도록 '자신의 과거를 돌아보는 여러 가지 방법' 등을 배치함으로써 글의 구성이 보다 유기적으로 연결되도록 해야 한다. 예를 들면, 다음 글을 살펴보자.

가

컴퓨터 고장으로 데이터를 날린 아픈 경험

↓

사이버 세계의 허망함을 깨달음

↓

사진은 과거의 자신을 돌아보는 방법

↓

컴퓨터 사진과 실제 사진

↓

사이버 사진 역시 언제든 허망해질 수 있는 조건부 과거

또는

나

자신의 과거를 돌아보는 여러 방법들

↓

일기와 추억들

↓

사진 역시 과거의 자신을 돌아보는 방법

↓

컴퓨터 사진과 실제 사진

↓

하지만, 사이버 사진은 조건부 과거

'가' 글에서는 '사이버 사진이 조건부 과거'라는 결론과 연결될 수 있는 범위 내에서 보다 포괄적인 이야기를— '사이버는 조건부'—내세우고 있다. 이후, 사진이라는 소재와, 컴퓨터 상의 사진 역시 사이버이기에 조건부일 수밖에 없다는, 보다 구체적인 이야기로 진행하는 방식을 취함으로써 문단 간의 긴밀도를 높이고 있다.

'나' 글의 경우에는 '사진은 과거를 돌아보는 방법'이라는 허리 문단에 다다르기 위해, 들머리에서 '과거를 돌아보는 방법'으로 이야기를 풀어 나가고 있다. 이후, 허리에서부터는 그러한 사진에 관한 필자의 주장이 일화를 통해 전개되고 있다. 필자가 펴낸 「A⁺ 글쓰기」에 따르면, '가' 글의 경우는 첫머리가 필자 직접 경험을 담은 '일화성' 들머리에 해당하며, '나' 글의 경우에는 사례형 가운데 '상황 소개'에 해당한다고 볼 수 있다. 하지만, 더욱 중요한 사실은 "어떤 종류의 들머리를 맨 앞에 배치하느냐?"보다 "어떤 종류의 소주제를 들머리에 배치하느냐?"에 있다. 결국, 본 장章에서 이야기했다시피 작가의 '의도'와 '주제'가 유기적인 글의 탄생에 가장 중요하다는 말이다.

3. 사회적인 혼란과 피해를 야기하는 '표현의 자유'는 허용 불가

↓

미네르바에 대해 영장 발부 결정을 한 판사에 대한 인신 공격 난무

↓

'왜곡'과 '조작'이 넘치는 우리 사회의 정신상태는 중증重症

↓

여야가 합심해야 제2, 제3의 '미네르바' 사라져

※ 마지막 문단의 소주제를 결정하기조차 쉽지 않은 글이다. 이 글은 네 문단의 소제가 제각각이어서 일관성 있는 글의 흐름을 이루지 못하고 있다. 따라서, 글쓴이가 진정으로 말하고 싶어하는 것이 무엇인가를 파악하는 일이 급선무이다. 하지만 글을 보면, 각각의 문단이 모두 주제인 것 같아 결국에는 갈팡질팡하는 글이 되고 말았다. 만일, 글쓴이가 마지막 문단에 힘을 실어주고 싶다면, 앞선 문단들은 모두 여야가 합심해서 제2, 제3의 '미네르바' 같은 사태를 방지해야 하는 데 초점을 두어야 한다. 따라서, 보다 자연스런 글의 흐름은

사회적인 혼란과 피해를 야기하는 '표현의 자유'는 허용 불가

↓

'표현의 자유'에 대한 역사적인 이견異見들

↓

하루빨리 혼란 야기하는 '표현의 자유'에 대한 입장 정리해야

↓

이후, 여야가 합심해야 제2, 제3의 '미네르바'가 사라져

처럼 진행돼야 한다. 윗글은 평생 글쓰기를 업으로 삼아온 언론사의 기자들조차 일관성 있는 글쓰기를 유지하기가 얼마나 힘든지를 잘 보여주는 사례이다. 더욱이 사설의 출처가 대한민국 최고라는 조선일보라는 사실은 이에 대한 힘을 더욱 실어주고 있다. 따라서, 여러분도 무작정 사설을 글의 모범으로 삼고 베껴쓰기보다 글의 논리가 자연스럽게 전개되는 글을 골라 읽는 눈을 키워야 한다.

7장 한 줄 제목을 뽑아라 I

‘제목’은 주제 알려줄 최고의 ‘나침반’

3·4·3·4조 운율로 15자 이내
내용의 70% 담는 것이 요령의 핵심

사뮤엘 모르스가 1836년에 발명한 유선有線 전신은 지구촌에 일대 혁신을 몰고 왔다. 역마차와 전서구傳書鳩,* 정기선으로 배달되던 뉴스는 빛의 속도로 전파되기 시작했고, 몇 달씩 걸리던 대륙간 소식 왕래는 한나절로 단축됐다. 빠른 정보를 위한 대가代價 역시 만만치는 않았다. 대양을 가로지르는 유선 케이블의 설치가 천문학적 투자를 필요로 했기에, 전신 이용료 역시 엄청나게 비쌌기 때문이었다. 결국, 살인적인 통신료에 애를 먹던 신문사들이 아이디어를 냈다. 사건 발생 순서에 따라 이야기를 풀어나가던 관습에서 벗어나, 가장 중요한 결과만 간단하게 송고하기 시작한 것이다. 현대 뉴스의 모태인 ‘역삼각형’ 기사 작성법이 탄생하는 순간이었다.

그로부터 한 세기가 지난 오늘날, ‘역삼각형’ 기사는 언론사 내에서 여전히 맹위를 떨치고 있다. 예를 들어, 기자들은 언론사에 들어서는 첫 순간부

* 전서구傳書鳩: 귀소歸巢 본능을 이용해 편지를 배달하도록 훈련된 비둘기.

터 역삼각형 기사 쓰기를 배워야 한다. 필자가 수습 기간 내내 들었던 "이게 제대로 된 리드•(첫머리)냐?"라는 고참의 호통은 그야말로 노이로제, 그 자체였다. 보도자료를 훑어보고 전화통을 한참 동안 붙든 뒤, 나름대로 고민해서 쓴 기사 앞에서도 선배와 부장은 첫머리부터 챙기기 바빴다. 당시에는, 취재를 하면서도 과연 무엇이 가장 중요한지, 그것을 어떤 식으로 기사 앞머리에 써야 하는지를 정하기가 너무 난감했다.

그렇다면, 역삼각형 기사 작성법이 「글쓰기 콘서트」와는 무슨 상관일까? 사실, 역삼각형 기사의 첫머리는 신문사의 편집부••에 있어서 '나침반'과 같은 존재다. 제목의 내용은 물론, 제목의 크기와 위치, 제목 색깔과 글자체까지 결정해야 하는 편집부의 입장에서 글의 첫머리는 모든 것을 함축적으로 알려주기 때문이다. 한두 줄만 읽어도 기사 내용은 물론, 사건의 경중輕重까지 챙길 수 있으니 금지옥엽金枝玉葉•••이 이만할까? 반면, 글을 읽어도 좀처럼 제목이 떠오르지 않는 기사들은 편집 기자들에게 악몽, 그 자체다. 확신 없는 '주제목,'•••• 어정쩡한 '부제목,'••••• 애매모호한 '기사 사이 제목'•

• 리드lead: 역삼각형 기사의 첫머리 부분. 기사의 가장 중요한 부분이 담겨 있어야 한다. 예를 들어, 화재 사건에 대한 과거와 현재의 기사 작성 양식을 비교해 보면, 과거에는 시간 순서에 따라 어떻게 해서 불이 났는지를 이야기하듯 풀어나간 반면, 현재는 인명과 재산 피해가 어느 정도인지 결론부터 이야기하는 식이다.

•• 편집부: 정치, 경제, 사회, 국제, 문화, 체육부 등 여러 부서의 기자들이 건넨 기사를 받아지면 배치를 결정하고 기사 크기 및 기사 제목 등을 전문적으로 다루는 부서. 상품으로 치자면, 포장 및 진열에 해당하는 최종 단계를 책임지는 부서다.

••• 금지옥엽金枝玉葉: 금으로 된 가지와 옥으로 된 잎이라는 뜻. 귀한 자손을 이르는 말이기도 하다.

•••• 주제목: 가장 큰 제목. 이 글로 치자면 "제목은 주제 알려줄 최고의 나침반"에 해당하는 것이다.

••••• 부제목: 주 제목 밑에 부가적인 정보 제공을 위해 조금 작게 첨가한 제목. 여기에서는 '3 · 4 · 3 · 4조 운율로 15자 이내, 내용의 70% 담는 것이 요령의 핵심'에 해당하는 것이다.

들은 그런 상황 속에 탄생하는 결과물일 뿐이다.

따라서, 자신의 글에서 역삼각형 리드에 해당하는 문장을 뽑아 제목으로 챙길 수 있다면, 그 글은 이미 7부 능선을 넘었다고 볼 수 있다. 그렇다고, 주제문을 그대로 제목에 갖다 붙이는 것이 능사能事**가 될 수는 없다. 제목 역시, 톡톡 튀는 신선함과 호기심을 자극하는 문구로 무장돼야 하기 때문이다. 그런 면에서 볼 때, '경제는 국력이다,' '교육은 백년지대계百年之大計', '세계는 넓고 할 일은 많다' 따위의 제목들은 평이하다 못해 진부하기까지 하다. 생각해 보라. 오죽, 반영할 말이 없으면, 글의 제목이 '경제는 국력이다'가 되겠는가? '명장名將 밑에 약졸弱卒 없다'지만, '졸장拙將 밑에 명졸名卒도 없는 법.' 결국, 별 볼일 없는 제목 아래 좋은 글이 따라줄 리 만무하다.

어떤 제목이 잘됐다고 볼 수 있을까? 필자의 기준에 따르면, 주제목은 '15자 이내'의 한 줄 제목이어야 하며 '내용의 70%' 정도를 함축하고 있어야 한다. 하지만, 말이 쉬워 '15자 이내'이고, 숫자로 따져 70%이지 실제로 해보면 얼마나 어려운지 뼈저리게 느낄 수치이다. 글자 수를 굳이 '15자'로 한정 짓는 이유는 우리 글의 가락이 3·4·3·4조의 리듬감을 타야 맛깔스럽기 때문이다. 그렇게 본다면, 앞서 언급한 '경제는 국력,' '강한 것이 아름답다,' '세계는 넓고 할 일은 많다' 류의 제목들은 3·4·3·4조 리듬의 축약형에 속한다고 볼 수 있다. 이와 함께, 내용의 '70%'라는 수치는 그야말로 필자의 주관적인 기준치에 속한다. '심지 있고 전달력 강한' 글이 되려면 적어도 그 정도의 함축성을 한 줄 제목에 담아내야 한다는 의미에서다. 이쯤에서

* 기사 사이 제목: 기사의 본문 중간 정도에 넣는 제목. 여기에는 없지만 신문 기사에서 흔히 찾아볼 수 있다.

** 능사能事: 잘하는 일.

필자의 부탁 하나. 앞으로는 글을 쓰기 전이나 글 쓰는 동안만이라도 한 번쯤 한 줄 제목을 달아보는 습관을 붙여보도록 하라. 정 어렵다면, 쓰고 난 후라도 좋다. 어차피 밑져야 본전 아닌가? 적어도 시간 말고 잃은 것을 없을 터이니.

알아두기

제목에는 마침표를 넣지 않는다. 이와 함께, 제목에서 작은따옴표와 큰따옴표를 적극적으로 활용할수록 제목과 글 전체에 생기가 돌게 된다.

연습문제

가. 중문 연습

다음 글에서 본문을 읽지 않아도 내용의 70%를 짐작할 수 있는 한 줄 제목을 뽑아보기 바랍니다. 물론 정답은 없지만, 자신이 단 한 줄 제목을 주변에 들려주며 자신이 무슨 말을 하고자 하는지 물어보면 제목의 적절성에 대한 평가를 내릴 수 있을 겁니다.

1. '한 줄 제목'을 잘 뽑아야 한다. 이는 수년간의 경험을 통해, 구체적인 제목을 지니고 있어야 글이 일관성을 유지한 채 추진력을 얻는다는 사실을 자주 접하면서 얻은 결론이다. 사실, '한 줄 제목'을 뽑아야 한다는 의미는 글의 주제 및 전개 방향을 확고하게 못 박아 두는 것을 의미한다. 이러한 과정을 거치면 자연스레 자신이 말하고자 하는 바를 조리 있고 옹골차게 전개해 나갈 수 있다.

   반면, 글을 써 놓고도 '한 줄 제목'을 뽑지 못할 경우는 작가 자신이 말하고자 하는 바를 뚜렷이 내세우지 못하고 있음을 의미한다. 때문에, 얼마나 일관성을 지니고 있는지, 전달하고자 하는 메시지는 얼마나 뚜렷한지는 '한 줄 제목'을 통해 가늠할 수 있다.

2. 라스베이거스는 매년 15만 쌍이 결혼식을 올리는 '결혼의 도시'이기도 하다. 수많은 사람이 결혼하기 위해 이곳을 찾는다. 애초에는 결혼 수속이 간단하기 때문이었지만 요즘은 라스베이거스에서 결혼한다는 상징성도 크다. 차를 탄 채 결혼식을 올리는 '드라이브 스루 결혼식'에서 최고급 호텔의 호화판 결혼식까지 도시 곳곳에서 일 년 내내 다양한 예식이 거행된다. 이혼 수속도 간단해서 미국에서 이혼하려는 커플이 가장 많이 찾는 곳이기도 하다. 프랑스의 수학자이자 철학자였던 파스칼은 "도박은 확실한 것을 내거는 행위"라고 꼬집었다. 일생의 반려자를 찾는 것은 도박과 닮은 점이 있을까. 도박과 결혼의 도시 라스베이거스가 우리에게 던지는 질문이다.

3. 혁신적인 고가高價 기술의 등장은 해당 사회에 변혁을 몰고 왔다. 기술 결정론적 시각에서 보자면 테크놀로지가 사회 변화의 실마리를 제공하기 시작한 것이다. 예를 들면, 살인적인 송신료를 견디다 못한 뉴욕의 6개 일간지는 소모적인 경쟁을 펼치기보다 유럽 뉴스를 공동으로 다루는 활로活路를 모색했다. 세계 최대, 최고의 뉴스 통신사인 AP는 그렇게 탄생됐다. 신문의 기사 작성 방식 역시, 혁신적으로 바뀌었다. 관련 자료에 따르면, 1865년 링컨 대통령의 암살을 특종 보도했던 영국의 로이터 통신은 단어당 2파운드의 송신료를 지불했다고 한다. 당시, 런던의 최고급 레스토랑에서 와인을 곁들인 호화 식사 비용이 2파운드였다는 사실을 감안하면, 단어 한 개가 수십만 원은 족히 나갔던 셈이다. 때문에 터무니없이 비싼 기사 송신료는 소설마냥 늘어지게 기사를 작성하던 구시대적 관행에 철퇴를 가했다. 훗날, 역삼각형 방식으로 불리게 된 "Lincoln was shoot in a theatre" ("링컨 대통령, 극장에서 피격 당하다")라는 역사적인 다섯 단어는 그렇게 지구촌 곳곳으로 타전打電* 되기 시작했다.

---

* 타전打電: 무선이나 전보를 침. 두드릴 '타打,' 전기 '전電.'

나. 장문 연습

앞에서 연습한 대로, 본문을 읽지 않아도 내용의 70%를 짐작할 수 있는 한 줄 제목을 뽑아보기 바랍니다.

1. 원래 종교에 대해서 아는 것도 별로 없었지만 막상 책상 앞에 앉아 종교에 대한 생각을 해보려니 더더욱 감이 오지 않는다. 정말 종교란 무엇일까? 나에게 있어 종교는 어떤 의미를 가질까? 세상을 알아 갈수록, 지식이라는 것이 쌓여 갈수록, 점점 더 무엇 하나 정의하기가 쉽지 않다는 것을 느낀다. 특히 종교와 같이 복잡 미묘한 그 무엇을 생각하는 것은 나에게 정말 힘겨운 일이다. 따라서 나는 이 글을 통해 또다시 나의 머릿속에서 부유浮游* 하고 있는 편린片鱗** 들을 종교라는 주제 아래에서 재구성해 볼 뿐이다.

일단 종교는 믿음이 아닐까? 유아기, 유년기를 거쳐 자기 자신을 자각할 수 있는 시점에 이르게 되면, 인간은 자신의 유한有限함에 대해 인식하게 된다. 그리고 시·공간의 광대함 앞에서 다시 한 번 자신의 유약함을 체험하게 된다. 그래서 인간은 이러한 유약함을 자연스럽게 감싸주고, 자신의 삶을 의지할 수 있는 대상을 찾아나가게 된다. 더불어, 믿음이라는 것을 통해 믿음을 바치는 대상과 교감하게 된다. 이러한 교감 속에서 인간은 존재 근원에 대한 불안감에서 벗어나게 되고 삶의 의미를 되찾아간다. 그런데 그 믿음의 대상은 형이상학적인 존재로부터 구체적인 물상物像에 이르기까지 제한이 없다. 그리고 역사의 기나긴 흐름 속에서 그 대상에 대한 인간의 믿음이 구체적인 행위나 언어로 상징화되고 체계화된 것을 종교라 일컬을 수 있을 것이다. 물론 상징화와 체계화는 지금도 진행 중이다.

나는 지난 학기에 〈사회현상과 사회이론〉이라는 사회학 과목을 수강한 적이 있다. 그리고 그 과목을 공부하게 되면서 사회현상을 바라보는 나의 시각에도 약간의 변화가 생겼다. 수업 내용 중에는 현상학을 통해 사회현상을 다루는 부분이 있었다. 수업 내용의 요지는 각 개개인의 인식과 관념에 따라 각

* 부유浮游: 물 위나 물 속 또는 공기 중에 떠다님. 뜰 '부浮,' 헤엄칠 '유游.'

** 편린片鱗: 한 조각의 비늘이란 뜻으로, 사물의 극히 작은 한 부분을 이르는 말. 조각 '편片,' 비늘 '린鱗.'

각의 다른 현실들이 존재한다는 것이었다. 즉, 우리가 사회현상 내지는 현실을 인식하는 과정과 결과가 각 개인마다 다르며, 하나의 사실 속에서도 여러 차원의 해석과 의미를 산출해 낸다는 것이다. 따라서 하나의 절대적인 본질을 상정하여 거기에 인간의 모든 삶을 꿰어 맞추기보다는, 각각의 현실들이 하나의 큰 틀 안에서 공존하는 것이 중요하다. 물론 그 하나의 틀이란, 사회의 유지를 위한 인간의 보편적인 상식이다.

나는 종교도 이와 같은 맥락에서 생각하고 논의하고 싶다. 즉, 세상에는 정말 다양한 종교가 있다. 그리고 각각의 종교인들은 현실을 인식하고 삶을 영위해 나가는 방식에 있어서도 차이가 있다. 특히, 종교 활동이라는 것이 인간의 확고부동한 이성에 의해서 이루어지기보다는 계시나 체험이라는, 개개인의 구체적인 경험에 의해서 이루어지기에, 그 차이 자체도 느낌이 다를 수 있다. 결국, 모든 종교인들의 종교 활동이 유지되고 존중받기 위해서는, 그 활동들이 보편적이라 여겨지는 인간의 상식 안에서 행해지고 정제될 필요가 있다. 이를 위해 종교인들은 자신들의 종교 활동과 함께 타 종교에 대해서도 관심과 이해를 가질 필요가 있다. 그리고 더 나아가 비종교인, 반反종교인에 대해서도 열린 사고로써 함께 살아갈 방법들을 모색해야 할 것이다. 물론 그러한 사고와 노력들이 그 역逆방향에서도 행해져야 함은 당연한 귀결이다.

– 어느 대학생의 리포트

2. 얼마 전, 초등학생인 맏아이의 운동회가 열렸다. 삼삼오오 모여든 이웃집 엄마들은 자기 아이를 응원하며 열심히 사진을 찍어댔다. 물론, 필자도 예외는 아니었기에 사진기를 들고 왔다갔다하며 아들을 찾아다녔다. 이윽고 다가온 쉬는 시간. 엄마들의 화제는 단연 '멜라민'으로 모아졌다. 바로 얼마 전까지만 해도 식품영양학자인 필자에게조차 생소하던 유기화학 물질인데, 어느덧 아이들의 건강을 위협하는 최대의 적으로 각광(?)받고 있었다. 중국산 분유와 중국산 과자 덕분에 엄마들은 그렇게 멜라민을 중요하게 대접하고 있었다. 하지만 정작 더 큰 문제는 멜라민보다 무서운 '공공의 적들'이 그날의 운동장에 출현했다는 사실이었다. 곳곳에서 어렵잖게 눈에 띄는 '어린이 비만'이 그것이다. 비만 아동들이 사방팔방에서 1년에 한 번뿐인 운동회로는 도저히 해결할 수 없는 살덩이를 안고서 걷는 둥 마는 둥 하고 있었던 것이다.

그러고 보면, 우리나라 어린이의 비만율 증가가 심각한 수준임은 이미 여러 경로를 통해 알려진 바 있다. 지난 2005년의 국민건강영양 조사 결과에 따르면 우리나라 초 · 중 · 고생의 비만율은 18% 수준으로, 대략 5~6명 중 1명이 비만인 것으로 나타났다. 이런 수치는 조사 시점에서 7년 전인 1998년의 조사 결과와 비교해 볼 때 1.5배 이상 늘어난 것으로 그 증가 속도가 경이로울 정도다.

그렇다면 어린이의 비만이 최근 들어 왜 급증하고 있을까? 현재, 학계의 보편적인 입장에서 보자면 잘못된 생활 습관과 지나친 영양 섭취가 주된 원인으로 꼽히고 있다. 사실이 그렇다. 닌텐도와 플레이스테이션, MP3와 DMB에 익숙해진 아이들은 더 이상 밖으로 나와 놀지 않는데다 집에서는 김치와 된장찌개보다 햄버거와 피자, 감자튀김을 더 많이 찾으니 제아무리 마른 체질이라 하더라도 어떻게 버텨 내겠는가? 결국, 단발성에 그칠 멜라민 파동과는 비교도 되지 않을 정도의 심각한 문제들이 소리 없이 우리 아이들의 건강을 위협하고 있는 것이다. 멜라민의 경우에는 의심 제품들을 검사하고, 유통을 금지함으로써 문제의 심각성을 줄일 수 있다. 하지만 비만의 경우에는 결코 간단한 노력만으로 해결할 수 없는 사회적, 문화적 현상이라는 데 문제가 있다.

인체에 대한 유해 여부만 놓고 봐도 멜라민은 어린이 비만에 비할 바가 못 된다. 과도한 멜라민 복용이 신장염, 신장결석을 유발할 수 있다고는 하지만 우리나라의 식품 유통체계와 식이섭취 현황을 감안할 때 그러한 수준까지 멜라민을 섭취하기란 솔직히 불가능하다는 게 필자의 생각이다. 반면, 어린이 비만은 성인 비만으로 이어질 확률이 80%가 넘는 것으로 보고되고 있다. 어른이 돼서 고혈압, 고지혈증, 지방간, 당뇨병과 같은 만성질환에 시달릴 가능성이 그만큼 높다는 뜻이다.

일본의 경우에는 어린이 비만문제를 포함, 국민 영양문제의 심각성을 국가 차원에서 인지해 지난 2005년에 고이즈미 내각이 6개 부처와의 협력 아래 식육食育기본법을 만들었다. 식육食育이란 올바른 식품을 선택할 수 있는 능력을 기르는 것을 의미하는데, 지난달 일본에서 열린 국제영양사협회의 학술대회를 방문한 자리에서 필자는 새로 바뀐 내각 아래에서도 이 법이 일관되게 추진되고 있음을 확인할 수 있었다. 어린이의 식생활 개선을 위해 이전 정권에서 수립 · 시행해 오던 영양교사제도의 시행을 손바닥 뒤집듯이 엎어버린 현 정권을 경험하고 있기에 이웃 일본의 저력이 더욱 돋보였는지도 모르겠다.

이번 국감에서 정치권이 보이고 있는 멜라민과 어린이 건강에 대한 관심은 감동스러울 정도다. 하지만 나무보다 숲을 보고자 한다면, 다음 세대의 건강을 평생 볼모로 잡을 수 있는 어린이 비만에 적극적인 관심과 실효성 있는 대책을 내놔야 할 터. 아니, 새로운 관심과 대책은 둘째 치고서라도 지난 정권에서 심은 씨앗들이 무사히 발아發芽될 수 있도록 들쑤시지나 말았으면 하는 바람이다.

—윤지현, 〈세계일보〉

정답

가. 중문 연습

다음에 제시하는 제목들은 참고의 의미에서 필자가 나름대로 붙여본 것들이다.

1. 글의 일관성 챙겨줄 나침반, '한 줄 제목'

※ '한 줄 제목이 전부다' 와 같은 정도의 제목으로는 부족하다. 무엇보다 이 제목만 가지고는 글의 방향만 짐작할 뿐, 지은이의 주장에 대해서는 알 수 있는 바가 전혀 없다. 따라서, 내용의 70% 이상을 담아내는 제목을 고려해야 한다. 위에 필자가 제시한 답 가운데, 강조하고 싶은 말에 작은따옴표를 첨가하는 것도 제목을 생기 있게 만드는 포인트이다. 이에 관해 좀 더 자세히 알고 싶다면, 글쓰기의 '기초,' '실력,' '고급' 가운데 '실력' 편에 해당하는 「A+ 글쓰기」를 참조할 것.

2. '도박과 결혼의 도시, 라스베이거스'

※ 2005년 5월 15일자 동아일보에 실렸던 기사이다. 당시, 제목이 '1905년 미 라스베이거스 탄생' 이었기에 필자의 입장에서 납득이 가지 않아 스크랩해 놓았던 기사이기도 하다.

3. 고가高價의 송신료가 역삼각형 기사 탄생 불러

※ 제목을 달기가 쉽지 않은 글이다. 그럼에도 불구하고, 굳이 15자 내외로 본문의 내용을 최대한 반영하는 제목을 달아 보았다.

나. 장문 연습

참고하라는 의미에서 다음에 제시하는 제목들은 필자가 나름대로 붙여본 것들이다.

1. '열린 종교와 그 적들'

※ 어느 학생이 '종교'에 관해 제출한 리포트이다. 당초, 학생이 붙였던 제목은 '나는 종교를 이렇게 생각한다'였다. 아마, 학생 역시 일관성이 분명치 않은 글의 제목을 다느라 고생했겠지만, 역시 내용의 70%를 포함하면서 독자들의 호기심을 끌기에는 역부족이었다는 생각이다. 이에 따라, 비록 내용의 70%를 포함하지는 못하지만 글의 방향을 어느 정도 제시해 줌과 동시에 독자의 호기심을 불러일으키는 차원에서 칼 포퍼의 명저, 「열린 사회와 그 적들」을 본따 제목을 붙여 보았다. 제목에 대한 인상과 느낌은 여러분의 판단에 맡긴다.

한 가지 덧붙이자면, 본 글에서는 '그' 계열의 접속사가 많이 등장한다. 따라서, 이 같은 접속사들을 접속부사로 대체하거나, 제거하는 연습도 해보기 바란다.

2. '멜라민'보다 더 위험한 '어린이 비만'

※ 신문에 실렸던 칼럼으로, 속칭 '제목이 잘 빠진' 글이다. 내용을 한눈에 알 수 있을 뿐만 아니라, 글자도 15자 내외로 잘 요약돼 있다.

8장 한 줄 제목을 뽑아라 II

"호기심을 자극해야 독자가 읽는다"

내용 간추려 소개하는 '요약형'은 모범생
속담, 대화 내세우는 '인용형'은 인기생

'지구를 지켜라' (2003) vs. '내겐 너무 가벼운 그녀' (2002).

필자가 국내 영화사상 최고의 작품으로 꼽는 '지구를 지켜라'는 흥행면에서 전혀 재미를 보지 못했던 실패작이었다. 입소문만 탔다 하면 관람객 수 1백만 명은 쉽사리 뛰어넘는 추세에서 3주 동안 6만5천 명을 동원한 것이 고작이었다. 결국, 패인敗因을 놓고 다소 유치해 보였던 영화 제목이 한참 동안 구설수에 오르고야 말았다. 반면, 뚱녀와의 사랑 이야기를 담았던 미국 영화, '내겐 너무 가벼운 그녀'는 같은 기간 동안 무려 40만의 관객을 동원하는 A+급 성적표를 선보였다. 원 제목이 '천박한 할shallow Hal'이었고, 일본에서의 개봉 제목 역시 '사랑스런 로즈마리'로 매우 고루했다는 사실을 감안해 본다면, 타이틀 하나로 20만 관객은 더 끌어 모았다는 것이 필자의 B급 견해다.

앞 장章에서 '제목'에 관한 이야기를 소개했다. 배의 항로航路를 잡아주고, 자신의 현 위치를 끊임없이 알려주는 나침반처럼 제목도 글쓰기에 있어서 마찬가지의 역할을 수행한다는 내용이었다. 그렇다고, '제목'이 '나침반'

역할만 하는 것은 아니다. 앞서 소개한 영화 제목처럼 독자들의 원초적인 호기심을 자극하는 '인트로intro' 역할도 겸하고 있기 때문이다. 여러분의 글이 '무제無題'냐 '유제有題'냐에 따라 싸이와 블로그, 리포트에 대한 독자와 채점자들의 반응이 달라질 수밖에 없는 이유가 여기에 있다. 해서, 이번 장章에서는 자신의 글과 관련해 뽑아볼 수 있는 제목들에 어떤 종류가 있는지 소개해보고자 한다.

신문사에서는 표현에 따라 크게 '객관적 제목'과 '주관적 제목' 등 두 종류를 즐겨 사용하고 있다. '객관적 제목'이란 사실을 축약해 전달하는 '한국 대표팀, 월드컵 4강 진출'과 같은 '요약형'과 "아직도 우리는 배고프다"와 같이 취재원(히딩크)의 말을 딴 '인용형'을 예로 들 수 있다. 그러나 주관적 제목의 경우에는 '빈둥빈둥 空교육'에서와 같이 한자의 동음이의어同音異義語를 빌리는 음차音借• 나, 의성, 의태어를 활용한 대조, 대구를 자주 쓰는데, 주관적 제목을 설정하는 것 자체가 숙련을 요하는 작업이기에 상당한 공력功力을 필요로 하는 대상이기도 하다. 이에 따라, 여기에서는 객관적 표현의 두 종류인 '요약형'과 '인용형'에 대해서 간단히 설명하고자 한다.

먼저, '요약형'은 일종의 모범생으로 웬만해도 '중간은 가는 존재'이다. 글의 내용을 잘 요약한 경우, 못해도 80점은 받지만 왠지 독자들의 눈을 확 끌어당기는 맛은 약한 것이 사실이다. 반면, '인용형'은 사용하기가 약간 까다롭지만, 제대로 사용할 경우에는 독자들의 시선을 효과적으로 끌 수 있는

• 음차音借: 소리를 빌림. 어떤 언어의 소리를 그 언어에서 사용하지 않는 다른 문자로 나타내는 방식. 쉬운 예로 '倍高波'라는 글을 소리 내서 읽으면, '배고파'가 된다. 하지만, 한자어로 '倍高波'라는 말이 없다는 것을 감안하면, 이는 단순히 소리음을 빌려 단어를 만든 경우에 해당한다.

대상이기도 하다. 요령은 본문 가운데 '대화'가 있는 경우, 중요한 일부분을 큰따옴표로 엮어 내세우는 것이다.

그렇다면, 본 글의 제목은 '인용형'과 '요약형' 가운데 어디에 속할까? (정답은 253쪽에)

알아두기

필자가 즐겨 사용하는 제목 유형으로는 다음과 같이 크게 다섯 가지 군群을 들 수 있다. 그렇게 볼 때, '요약형'과 '인용형'까지 포함한다면, 여러분들이 당장 활용할 수 있는 제목 유형으로는 7가지 정도를 꼽아볼 수 있다.

1 'ABC 이야기'

예) 'MIT 이야기' (「한국인의 글쓰기」, 1부 1장)
'한자 이야기' (「A+ 글쓰기」, 2부 7장)
'사이시옷 이야기' (「글쓰기 콘서트」, 2부 1장)
'구성 이야기' (「글쓰기 콘서트」, 3부 7장)

2. 'A와 B' 또는 'A와 B, 그리고 C'

예) '매트릭스와 네오, 그리고 글짱' (「한국인의 글쓰기」, 1부 2장)
'졸업 논문과 자기 소개서' (「한국인의 글쓰기」, 1부 4장)
'아이언 셰프'와 「미스터 초밥왕」 (「A+ 글쓰기」, 1부 2장)
'공력과 필력' (「글쓰기 콘서트」, 1부 1장)

3. 'A는 B다'

예) '글은 요리다' (「A+ 글쓰기」, 1부 1장)
'TV는 가정교사' (「A+ 글쓰기」, 1부 4장)
'들머리가 전부다' (「A+ 글쓰기」, 3부 6장)

4. 'A? B!,' 'A, B' 또는 'A vs B' (대조, 대구 유형)

예) "견통령犬統領? 대통령大統領!" (「한국인의 글쓰기」, 2부 1장)
피해야 할 단어들, 취해야 할 단어들 (「한국인의 글쓰기」, 2부 6, 7장)
"녹차는 마시고, 잠은 푹 자자" (「A+ 글쓰기」, 2부 4장)

e-book vs. 종이책 (「A+ 글쓰기」, 4부 2장)
"폼생폼사? 평생평사!" (「글쓰기 콘서트」, 3부 4장)

5. 영화 제목 패러디

예) '엉터리 문장 죽이기' (「한국인의 글쓰기」, 2부 4장)
'내 머리 속의 지우개' (「한국인의 글쓰기」, 2부 5장)
" '셜록홈즈'의 이름으로" (「A+ 글쓰기」, 1부 3장)
'용서받지 못한 자' (「 A+ 글쓰기 」, 3부 2장)
"사무라이의 이름으로" (「A+ 글쓰기」, 3부 4장)

연습문제

가. 중문 연습

가게의 간판은 글에 있어 제목에 해당하리만큼 중요합니다. 이는 손님들의 시선을 한 번이라도 더 끌 수 있기에 경쟁업체 사이에서 남다른 차별성을 확보할 수 있기 때문입니다. 그런 의미에서, 114 상담원들의 이목을 집중시키는 데 성공했던 가게 이름에 관한 다음 글을 읽고, 역시 독자의 시선을 끌 수 있는 적절한 제목을 달아 보기 바랍니다.

1. ______________________

'돈내고돈豚먹기,' '탄다디비라,' '진짜루…'

114 전화번호 안내 회사인 코이드가 지난달 20일부터 이달 4일까지 각 지역 본부 114 상담원 2,520명에게 조사한, '전화번호 안내를 하며 접한 특이하고 웃긴 가게 이름'들이다. 설문 조사에 따르면 '돈내고돈먹기'(돼지고기구이), '진짜루'(중국집), '마님을 보쌈해'(보쌈집), '그놈이라면,' '김밥찐빵놀랄만두하군'(이상 분식집) 등이 가장 웃기는 상호로 뽑혔다. 사투리를 이용한 고깃집 '탄다디비라'를 비롯해 만화 '광수생각'을 패러디한 '선영아노래해'(노래방), 사투리를 이용한 '버르장머리'(미용실) 등도 웃기는 상호로 뽑혔다.

코이드 측은 "전국적으로 '닭과 오리가 한약을 만났을 때,' '닭과 오리의 만남,' 등 '만남' 시리즈와 '난칼국수넌수제비,' '난자장넌돈가스,' '난피자넌치킨' 등 '나와너' 시리즈가 웃기는 상호 리스트에 가장 많이 올라왔다"고 밝혔다.

—김선우, 〈동아일보〉

※ 위의 말줄임표는 신문에 표기됐던 원문을 그대로 옮긴 것입니다.

다음 글을 읽고 적절한 제목을 뽑아보기 바랍니다.

2. ________________________________

신문사의 편집 기자들은 '주관 제목'을 애용愛用한다. 이는 모범생의 냄새가 물씬 나는 '객관 제목'보다 독자들의 이목을 확 끌 수 있는 '주관 제목'의 구독률이 훨씬 높기 때문이다. 그런 주관적 제목에는 10여 가지가 있지만, 학교나 직장에서 활용 가능한 제목으로는 4~5개 정도를 꼽아볼 수 있다. 그 가운데 으뜸은 '조어造語형'인데, 말 그대로 사전에 없는 단어나 문구를 만들어 내는 것을 의미한다. 이를테면, '크리스마스 증시, 올해도 찾아올까?'나 '公기업은 空기업?'과 같이 일상생활에서는 쓰이지 않는 용어들을 동원해 독자의 호기심을 자극하는 제목이다. 하지만, '조어造語형' 제목의 경우, 웬만한 내공內功을 쌓지 않고서는 감당하기 힘들다는 단점을 지니고 있다.

두 번째로 자주 쓰이는 제목으로 '톤tone형'을 들 수 있다. '톤tone형'은 주로 '의성어'나 '의태어,' '첩어,' '준첩어'를 동원해 대조, 대구를 사용하는 제목의 일종이다. 「글쓰기 콘서트」의 경우에는 3부, '문단론'의 "폼생폼사? 평생평사!"(대구)가 그 예에 속한다고 볼 수 있다.

역시, 적당한 제목을 찾아 달아보기 바랍니다.

3. ________________________________

「우리 말글살이 바꾸는 평범한 글쓰기」의 저자, 박진욱과 김동기에 따르면, 제목에는 크게 드러내는 제목, 둘러치는 제목과 손에 잡히는 제목, 어름어름한• 제목이 있다. 다시 말해, 제목을 읽을 경우, 내용이 한눈에 들어오는 것과

의표를 찌르는 것, 대충 감은 잡히는 것, 그리고 궁금증을 자아내지도 못하면서 유추類推만 강요하는 것이 있다는 것이다. 이러한 예로 박진욱, 김동기는 '오뇌의 무도,' '혈의 누' 등과 같이 한자어를 과다하게 동원한 제목이나 '포스트모던 패밀리 로망스' 등과 같이 영어 발음을 그대로 표기한 제목들을 들고 있다. 이와 함께, '콜럼버스의 달걀에 대한 문명사적 반론'에서처럼 지나치게 학구적이어서 본문을 읽지 않고는 내용을 짐작하기 힘든 제목들도 섣불리 사용해서는 안 되는 대상으로 경계하고 있다.

나. 장문 연습

아래의 글에는 부적절한 제목이 붙어 있습니다. 본문을 읽어본 후, 내용을 적절히 반영하는 '요약형'으로 제목을 다시 붙여보도록 하세요.

1. **자신을 값어치 있는 사람으로 만듭시다**

어느 골동품 경매장에서 일어난 일입니다. 여러 가지 골동품들이 그 가치에 따라 좋은 가격으로 팔린 후, 낡은 바이올린 한 대만 쓸쓸히 남았습니다.

"만 원으로 경매를 시작하겠습니다." 경매사가 외치자, 터무니없이 싼 가격에 참가자들은 바이올린을 쳐다보며 냉소冷笑를 지었습니다. 경매사가 장내를 둘러보며, "아무도 사는 사람이 없다면, 여기에서 끝을 맺도록 하겠습니다"라고 말했습니다. 순간, "제가 그 바이올린으로 연주 한 번만 해도 되겠습니까?"하는 소리가 들렸습니다. 목소리의 주인공은 낡은 옷 때문에 속살이 보이고 신고 있는 신발은 짝이 맞지 않으며 푹 눌러쓴 모자는 구멍이 뚫려 머리카락이 쑥 나오는 등 초라하기 그지없는 모습의 할아버지였습니다. 경매사는 물건을 하나라도 더 팔 요량으로 "한번 연주해 보세요"라며 할아버지의 요구를 승낙했습니다.

할아버지가 낡은 바이올린을 잡고 연주하기 시작하자 아름다운 음악 소리가 흘러나왔습니다. 경매장 여기저기에 흩어져 웅성거리던 사람들이 숨죽인

• 어름어름하다: 말이나 행동을 똑똑하게 분명히 하지 못하고 우물쭈물하는 모양.

채, 할아버지 앞에 모여들었습니다. 얼마나 시간이 흘렀을까? 한참 동안 바이올린을 켜던 할아버지의 연주가 끝나자 아름다운 소리에 심취했던 사람들은 뜨거운 박수를 보냈습니다. 바이올린의 경매가격은 어떻게 되었을까요? 할아버지의 연주 전에는 상상할 수도 없었던 아주 높은 가격에 팔렸습니다.

여러분, 단 한 번의 훌륭한 연주로 낡고 지저분한 바이올린의 가치가 올라간 것에서 알 수 있듯이, 사물을 겉모습만 보고 판단하지 맙시다. 중요한 것은 그 물건의 가치를 이해하고 제대로 활용할 줄 아는 능력입니다. 때문에, 남들이 신경 쓰지 않는 초라한 물건이라도 어떻게 잘 활용할 수 있을까를 생각해 보는 습관을 키울 수 있는 어린이가 되도록 합시다.

—어느 초등학교 1학년 학생의 유인물에서

대구對句를 이용해 아래 글에 적절한 제목을 달아보기 바랍니다.

2. ______________________

1826년, 독일의 물리학자 게오르그 옴은 전류의 세기가 강해질수록 전류의 흐름을 방해하는 힘 또한 강해진다는 사실을 발견했다. 이른바 '옴의 법칙'으로 더욱 잘 알려진 '저항의 법칙'이 세계 과학사에 등재登載되는 순간이었다. 이에 앞서, 1590년 '피사의 사탑' 실험을 통해 갈릴레오 갈릴레이가 입증한 물체 낙하 운동 역시, 가벼운 공기조차 움직이는 물체에 대해 저항력을 가진다는 자연 섭리를 입증했다. 마찬가지로, 힘과 변형 간의 비례 관계를 입증한 후크는 탄성 법칙으로 작용에 따른 반작용현상을 경쾌하게 설명해 냈다.

재미있는 사실은 이 같은 물리적 저항들이 실생활에서 반드시 악재惡材로만 작용하지는 않는다는 것이다. IT 강국으로서의 대한민국 주가를 한창 높이는 데 혁혁한 공헌을 세우고 있는 반도체는 전기 저항을 효율적으로 응용한 대표적인 사례에 해당한다. 수천, 수만 톤에 달하는 화물을 실어 나르는 비행기 역시 공기 저항의 도움으로 이, 착륙이 가능하며, 지진에 대비한 건축물의 내진 설계는 후크에게 큰 빚을 지고 있다.

문제는 이러한 자연법칙이 인간사에도 그대로 적용된다는 사실이다. 인간이 로보트가 아닐진대, 일방적인 요구와 지시에는 필연적으로 저항이 따를 수밖에 없기 때문이다. 따라서, 주문이 강해지면 강해질수록, 급하면 급할수록 이에 반하는 저항은 더욱 거세지게 마련이다. 초기 로마사에서 중요한 위치를 차지하는 그라쿠스 형제의 개혁은 이들 형제가 집권 세력과의 타협보다 대결에 치중한 나머지 종국에는 실패로 돌아가고 말았다. 로마 역사상 최대, 최고의 영웅이었던 카이사르 역시 대중적 지지기반이 확고했음에도 불구하고 로마 원로원의 미움을 사 결국엔 암살당하고 말았다. 카이사르가 애써 가꿔놓은 로마 번영의 과실은, 이후 그의 양자養子였지만 냉철한 현실주의자였던 로마의 초대 황제, 아우구스투스가 거둬들였다.

중세는 둘째 치고서라도 역사의 눈을 현대사로 옮겨 오더라도 개혁과 저항 간의 조율 성패成敗는 여기저기서 드러나고 있다. 1930년대 공황기의 루스벨트 대통령은 국민들의 전폭적인 지지 아래 언론을 등에 업는 설득의 정치를 편 끝에 미국에 사회주의 정책을 이식시키는 데 성공했다. 반면, 세계 혁명 사상 최악의 실패 사례로 거론되는 중국의 문화혁명文化革命은 모택동의 독단으로 시작돼, 무려 10여 년 동안 중국 대륙을 피바람 속에 몰아 넣었다. 가장 중국적인 사회주의를 구현하고자 했던 모택동의 이상은 이후, 말하기보다 듣기에 더 많은 관심을 기울였던 등소평에 의해 바뀌고 말았다.

노벨 물리학상 수상자로 어느 누구보다 '자연법칙'에 밝았을 로버트 러플린 카이스트대 총장도 정작, 이런 '역사법칙'에는 둔감했던 것 같다. 과학 기술 인재를 양성할 목적으로 설립된 과학기술대학(KAIST)에서 학교의 종합 대학화 추진, 등록금 대폭 인상 등을 줄기차게 밀어붙이다 구성원들의 거센 반발에 밀려 연임連任의 꿈을 포기해야 했기 때문이다. 노벨상을 타내는 능력도 중요하고 소신껏 밀어붙이는 결단력도 필요하지만, 구성원들의 동의와 참여 없는 개혁은 이미 출발부터 그 결과가 예정돼 있게 마련이다. 더욱이, 상아탑으로 대표되는 지성知性의 장場에서 대화와 타협이 실종된다면, 파국破局은 당연지사當然之事일 수밖에 없다.

그런 면에서, 조상들의 슬기로운 여러 윤리 강령 가운데 일상생활에서 으뜸으로 거론되는 관용寬容과 인내忍耐는 이 같은 마찰과 저항을 최소화할 실천적인 덕목으로 꼽힐 수 있다. 아이디어도 좋고, 취지도 훌륭하지만, 관용 없는 결정, 인내 없는 추진은 그래서 더더욱 신중히 이뤄져야 한다. 상대방을 인정하는 태도는 고래도 춤추게 만든다는데, 개혁을 둘러싼 작금昨今의 한국 사태가 하도 답답해서 하는 말이다.

—강태진, 〈매일경제신문〉

정답

가. 중문 연습

1. '배꼽 빼는 가게 이름…한 번 보면 못 잊어'

   ※ 신문 기사에서 붙인 제목이다. 따라서, 굳이 정답에 구애받을 필요는 없다.

2. '호기심 자극에는 조어造語형 제목이 최고'

   ※ 글에서 이야기한 대로 함부로 조어造語형 제목을 달려다 내공內功만 상할 수 있기에 요약형으로 제목을 달아 보았다. 여러분의 좋은 조어造語형 제목을 기대해 본다.

3. '한자, 영어, 전문 용어는 제목 망치는 3대 마왕'

   ※ 역시, 조어造語형이나 톤tone형을 시도하기보다 요약형으로 제목을 단 경우이다.

나. 장문 연습

1. 외면보다 내면의 가치 찾는 사람이 되자

2. '개혁'의 법칙, '저항'의 법칙

제4부

아이디어와 자료

1장. '신문'은 글짱 교과서!

2장. '속續 메모광 시대'

3장. '분류광 시대'

4장. "사전辭典이 전부다"

5장. "무소의 뿔처럼 혼자서 가라!"

6장. '고증考證 이야기'

1장 '신문'은 글짱 교과서!

혹독한 훈련 받은 기자들이 발로 뛰며 취재해
온갖 종류의 글쓰기를 선보이는 것이 신문

"언론고시가 왜 고시입니까? 그런, 고시는 듣도 보도 못했습니다. 고시라면 당연히 사법고시, 행정고시, 외무고시같이 국가에서 주관하는 시험들을 일컫는 것이 아닌가요?"

백 번 지당한 말이다. 그래서 필자가 재직하는 대학의 한 건물에 여러 고시반들이 개설되기 시작했을 때, '언론고시'반 신설을 놓고 여타 단과대학에서 반발한 적이 있다. 가뜩이나 공간도 모자란 판에, 왜 '언론고시반'까지 만들어야 되겠느냐며…….

정부 부처나 공공기관은 아니지만 어느 직장보다 취업 문턱이 높은 곳, 열망과 환상 속에 21세기의 젊은이들이 한 번쯤 일할 기회를 가져보고 싶은 곳이 언론사이다. 언론 자유화와 함께 80년대 후반부터 불어 닥치기 시작한 언론사 취업 열풍은 사반세기四半世紀•가 가까워 오는 동안에도 좀처럼 수그러

• 사반세기四半世紀: 1세기의 4분의 1. 곧, 25년을 이른다.

들지 않고 있다. 입사入社 경쟁이 갈수록 치열해지다 보니 언론사 역시 각양각색의 지원자들 가운데 최고의 인재들을 가려내기 위해 오만 가지 관문關門을 내세우게 마련이다.

하지만, 몇 개월에 걸친 여러 관문들을 무사히 통과한 최종 선발자들 역시, 당장 취재 전선에 뛰어들 수 있는 것은 아니다. 현장 실습보다는 강의실 이론을 중시하는 한국 대학의 교육 특성상, 기사 생산 능력에서 취약할 수밖에 없는 이들에게 당장 기사 작성을 맡길 수는 없기 때문이다. 따라서, 험난한 선발 과정을 헤쳐온 병아리 기자들을 기다리고 있는 다음 순서는 '수습'이라는 직위 아래 행해지는 실무 습득 과정이다.

현재, 대부분의 중앙 일간지들은 6개월 동안 병아리 기자들에게 기초적인 작문 요령을 포함해, 취재, 인터뷰, 기사 작성법 등에 대한 기본적인 훈련을 반복적으로 학습시키고 있다. 이 기간 동안, 언론사들은 후일을 기약하기 위해 금쪽 같은 시간을 쪼개 가며 양계장에서 병아리를 키우듯, 인내로 수습 기자들을 길러낸다.

수습 교육 기간 동안에는 '1진' 또는 '사수'로 불리는 고참 기자들이 개인 교사처럼 수습 기자 한 명당 한 사람씩 달라붙어 글과 함께 기사 작성의 'ABC'를 가르쳐 주게 된다. 주로 마감 시간 이후인 초저녁에 편집국 내 여기저기서 과외처럼 진행되는 이 같은 교육 방식은 수습 기자들에게 말 그대로 공포의 대상이다. 꼭두새벽부터 저녁때까지 시내 구석구석을 돌아다니며 기사를 취재한 후, 회사에 들어와 낑낑거리며 기사를 작성하다, 역시 어둑할 때 귀사歸社하는 고참 앞에 불려가 혼쭐나며 퇴고 받는 심정이 오죽하겠는가? 이 기간 동안에 수습 기자들은 주로 글을 짧게 쓰는 법, 주어–목적어–술어 간의 호응을 이루는 법, 반복 어구를 생략하는 법 등을 눈물로 익히게 된다.

그러한 가운데 6개월이 지나 '어느 정도' 자기 앞가림을 하게 될 무렵, '수습'이라는 꼬리표는 자연스레 사라진다. 공식적으로 회사 이름과 소속 명을 밝힐 수 있는 명함도 비로소 이때부터 만들 수 있다. 한 명의 쓸만한 기자는 그렇게 길고 눈물겨운 과정 속에 탄생된다.

이후, 기자는 해를 거듭할수록 취재와 기사 작성 능력이 향상되면서 '금값'으로 치솟게 된다. (보통 7~8년 차가 넘어가면 수석 기자로 승진하게 되는데, 이때부터는 기사 아이템 개발 및 취재 지시, 후배 기사의 교정 작업 등에 주력하게 된다.) 죽어라 키워 놓았더니 더 좋은 직장을 찾아 떠나려는 중견 기자의 사표 앞에 부장과 편집국장의 장탄식長歎息은 그래서 더더욱 길어질 수밖에 없다.

매일매일 휘휘 훑어보고 쓰레기통에 던져버리는 일류 신문들은 그런 기자들의 피땀 어린 발품으로 만들어진다. 해서, 한국의 일류 신문들은 재미있고 유익하며 무궁무진한 화제話題를 전달하는 최고의 이야기꾼들이다. 모르긴 해도, 전 세계 어디에서도 우리만큼 신문을 오사바사하게* 만드는 나라는 없을 것이다. 여간해선 남을 인정하려 들지 않는 한국인의 까다로운 유전적 속성이 언론사들의 극강極强을 유도했기 때문이라면 지나친 비약일까? 신문기사의 기본인 사건기사와 사설, 해설 기사는 둘째 치고서라도 사건 현장의 뒷이야기를 담고 있는 기자 칼럼, 전문가들의 비평과 수필, 언론사 논설위원들의 칼럼, 특집면을 통해 제공되는 각종 서평書評과 문화평, 만화와 TV 프로그램 소개 등은 그래서 더욱 무궁무진無窮無盡한 콘텐츠를 제공하고 있다.

그렇다면, 4부의 첫 주제로 기자 이야기를 언거번거** 꺼낸 이유는 무엇

---

* 오사바사하다: 재미있게 이야기를 하거나 사근사근한 모양을 표현한 의성어. 잔재미가 있거나, 재미가 쏠쏠하다는 뜻이다.

** 언거번거: 말이 번잡스럽고 수다스런 모양.

일까? 답은 간단하다. 글짱을 지향하는 이들에게 있어 신문은 최고의 '교과서'이기 때문이다. 독후감으로 고민하는 이들은 주말에 제공되는 '북 섹션,' '북 리뷰' 코너에서 최고의 서평들을 만나볼 수 있다. 논술과 작문으로 밤잠을 설치는 이들에게 칼럼과 사설은 살아 숨쉬는 지표指標를 제공한다. 전문 기자와 자유 기고가들이 소개하는 여행 순례기와 맛집 기행은 여행기와 감상문의 훌륭한 표본이 된다. 그렇게 본다면, 초등학생들이 실력 향상을 위해 학습지를 구독하듯, 월 2만 원대 비용으로 글짱 교과서를 다달이 구독해 보는 것은 어떨는지?

240쪽 정답: '요약형' 제목이다. 비록, 제목을 큰따옴표로 처리했지만, 본문에 "호기심을 자극해야 독자가 읽는다"라는 대화 내용은 없다. 여기에서의 큰따옴표는 본문의 대화 내용을 따왔다는 의미보다 '요약형' 제목을 강조하는 형식으로 쓰였다.

2장 '속續 메모광 시대'

시대마다 최고의 글쟁이들은 언제나 '메모광'
평소 꼼꼼히 기록하고 정리하는 습관이 관건

어느 때부터인지 나는 메모에 집착하기 시작하여, 오늘에 와서는 잠시라도 이 메모를 버리고는 살 수 없는, 실로 한 메모광狂이 되고 말았다 …… 생각났던 것을 생각하나, 그것이 무엇인지를 알아내지 못할 때의 괴로움과 안타까움은 거의 나를 미치기 직전에까지 몰아가곤 한다. 그러므로 목욕이나 이발 시간같이, 명상의 시간이 주어지면서도 연필과 종이가 허락되지 않는 때처럼, 나 같은 메모광에게 있어서 부자유한 시간은 없는 것이다 …… 요컨대 내 메모는 내 물심양면物心兩面의 전진하는 발자취며, 소멸해 가는 전 생애의 설계도設計圖이다. 여기에 기록되지 않는 어구語句의 종류가 없다 해도 과언이 아닐 만큼 광범위한 것이니, 말하자면 내 메모는 나를 위주로 한 보잘 것 없는 인생 생활의 축도縮圖라고도 할 수 있는 것이다.

쇠퇴해 가는 기억력을 보좌하기 위하여, 나는 뇌수腦髓의 분실分室을 내지 않을 수 없었던 것이다.

—이하윤•의 '메모광' 중에서

한때 중·고등학교 교과서에도 실렸던 이하윤의 '메모광'은 독특한 소재와 재치 있는 묘사로 널리 사랑받아 온 '국민 수필'이다. 그런 수필에서 주인공은 자신의 저주받은(?) 습관 탓에 낮과 밤을 평범하게 지내지 못하는 고충을 실감나게 토로吐露하고 있다. 「글쓰기 콘서트」가 이하윤의 수필에 주목하는 이유는 메모 역시 좋은 글쓰기의 밑거름이라는 명제命題**를 역설力說***하기 위함에서다.

'네티즌이 만나고 싶은 사람 1위,' '닮고 싶은 여성 2위,' '여성 특위特委가 뽑은 신지식인 5명 중 한 명.' 더불어, 우리 시대 최고의 글쟁이로 꼽히는 한비야는 두말이 필요 없는 메모광이다. 적게는 20만 부(「바람의 딸, 우리 땅에 서다」)에서부터 많게는 100만 부(「바람의 딸 걸어서 지구 세 바퀴 반」)에 이르기까지 내놓는 족족 수십만 부가 팔린 한씨의 책이 메모를 바탕으로 한 이유 때문이다. 저술가라기보다 '현장 리포터'로 스스로를 칭하는 그녀는 생생한 느낌을 오래도록 간직하기 위해 닥치는 대로 기록해 대는 '메모홀릭'****이다. 기자와 인터뷰할 때조차 기자를 취재하며 메모 해대는 통에, 외려 기자가 인터뷰를 당하게 만드는 그녀의 습관이 베스트셀러의 원천源泉이 됐음은 말할 나위조차 없다.

18세기 고전문학 전도사인 한양대의 정민 교수 역시, 웬만한 사관史官*****

---

* 이하윤(1907~1975): 시인. 영문학자 겸 기자.

** 명제命題: 어떤 문제에 대한 하나의 논리적 판단 내용과 주장을 언어 또는 기호로 표시한 것.

*** 역설力說: 힘주어 설명함.

**** 메모홀릭(momoholic): 중독자를 뜻하는 접미사 'holic'을 뒤에 첨가한 합성 조어. 비근한 예로 알코올 중독자인 알코홀릭(alcoholic)이나 일중독자인 워커홀릭(workaholic)이 있다. 참고로 '비근하다'는 흔히 주변에서 보고 들을 수 있을 만큼 알기 쉽고 실생활에 가까운 것을 뜻하는 순 우리말.

***** 사관史官: 조선 시대, 왕과 백관百官의 언행言行을 모두 기록한 관리.

은 명함도 못 내미는 메모의 달인達人이다. 불쑥불쑥 떠오르는 아이디어들을 저술의 근간根幹으로 삼는 그이기에 메모 없는 삶은 상상할 수조차 없다. 언젠가는 볼펜 없이 지하철을 탔다가 불안함을 이기지 못해 볼펜을 산 뒤, 지하철에 다시 탔다고 하니 더 말해 무엇하겠는가? 「미쳐야 미친다」, 「책 읽는 소리」 등 무려 200여 년 전의 고전문학을 버무린 책들이 베스트셀러로 등극한 저력은 그래서 더더욱 메모의 중요성을 빛나게 한다. 그러고 보면, 그가 흠모해 마지않는 18세기의 선조들 역시, 메모의 달인達人들이었다. 북경北京 다녀오는 길에 목도目睹* 한 모든 것들을 메모했다 일기 형식으로 펴낸 박지원의 「열하일기熱河日記」, 국정 최고 책임자의 자리에서도 틈틈이 기록한 메모를 모은 정조 임금의 「일득록日得錄」** 모두, 시대를 초월한 메모의 산물産物이었다. 헌데 정민 교수 역시, 메모가 밑바탕이 돼 탄생한 책들을 다시 메모로 정리해 베스트셀러를 내고 있으니 '메모가 메모를 확대 재생산하는 격'이라고나 할까?

사실, 메모는 사장死藏되기 쉬운 기억의 편린片鱗*** 들에 생명을 불어넣어 주는 고마운 존재다. 컴퓨터로 따지자면 전원이 나가거나 소프트웨어가 말썽을 일으켜도 새로 구축한 정보를 고스란히 저장해 주는 롬(ROM)이란 얘기이다. 메모는 또, 하루가 지나건 백 년이 지나건 기록 당시의 상황과 느낌을 고스란히 전해주는 마력魔力을 지니고 있다. 그런 의미에서 민속 문화 저술가이며 「우리 문화의 수수께끼」라는 베스트셀러로 유명한 주강현은 메모

---

* 목도目睹: 목격. 눈 '목目,' 볼 '도睹.'

** 「일득록日得錄」: 정조의 어록語錄.

*** 편린片鱗: 한 조각의 비늘이라는 뜻으로, 사물의 극히 작은 한 부분을 이르는 말. 조각 '편片,' 비늘 '린鱗.'

의 마력을 영원히 간직하려는 또 다른 메모광이다. 아이디어를 처음 떠올렸을 때의 감정까지 생생하게 살리기 위해, 메모 보관함을 따로 만든 그는 메모 원본들을 항목별로 비닐봉지 속에 밀봉해 보존하고 있다.

하지만, 대하大河도 실개천이 모여야 위용威容을 드러내듯, 메모 역시 처음부터 위력을 발휘하는 것은 아니다. 때문에, 메모를 통해 일가一家를 이루기 위해서는 꾸준히 기록하고 지속적으로 모으는 노력이 절대적으로 필요하다. 그렇게 수집한 메모가 노트를 채우고, 노트 한 권 한 권이 쌓여 서가 한 켠을 차지하기 시작하면, 어느 순간부터 위력은 배가倍加되게 마련이다. 언급하고 인용할 대상이 풍부해지는 까닭에 웬만한 글쓰기가 두렵지 않게 됨은 물론이고. 그렇다면, 이런 메모를 기록하는 요령으로 무엇을 꼽아볼 수 있을까?

「메모의 기술」을 저술한 사카토 켄지(2005)에 따르면, '언제 어디서든 메모할 수 있도록 준비'하는 것이 메모의 '제1 법칙'이다. 아이디어와 명구名句란 결코, 정해진 시간, 정해진 장소에 찾아오지 않기 때문이다. 그런 연유로 필자 역시 머무는 곳과 이동 수단을 중심으로 상시, 필기도구를 마련하고 있다. 자동차는 물론이거니와 가방과 배낭, 화장실과 컴퓨터 앞에는 항상, 연필과 지우개, 메모지와 포스트잇의 4종 세트가 마련돼 있다.

사카토 켄지가 건네는 두 번째 조언은 바로 메모하는 시간을 따로 마련하라는 것이다. 그러고 보면, 앞서 소개한 한비야는 날마다 일기 형식으로 메모하는 습관을 통해 그녀만의 '행복 바이러스'를 대한민국 구석구석에 전파한 경우다. 그렇다면, 극강極強의 글쓰기를 꿈꾸는 여러분이 해야 할 또 하나의 과제는? 이제부터라도 메모지와 볼펜을 몸에 지니며 미래를 위한 자료 은행을 구축해 나가는 것은 아닐는지.

3장 '분류광 시대'

효율적인 메모 관리 위해선
자신만의 분류 방식 고안해야

앞 장章에서 메모의 중요성에 대해 역설했다. 이번에는 그 후속 편에 해당하는 '분류광 시대' 이야기다.

"구슬이 서 말이라도 꿰어야 보배"란 속담처럼 메모를 아무리 많이 해도 적절히 분류해 놓지 않으면, 정작 필요한 순간에는 해당 메모를 찾지 못해 고생할 수 있다. 그렇다면, 기억 재생과 함께 정보 검색에 따른 시간을 절약하기 위해 모아온 메모는 말짱 도루묵이 될 수밖에. 해서, 이 시대의 타고난 글쟁이들은 꾸준히 모아온 메모를 자신만의 방식으로 분류하는 요령조차 예사롭지 않다.

먼저, 「미쳐야 미친다」의 저자, 정민 한양대 교수다. 평소, 늘어만 가는 메모들을 효율적으로 관리하지 못해 골머리를 앓아오던 그는 어느 날, 눈에 번쩍 띄는 물건을 발견하게 된다. 의료기기상 앞을 지나다, 병원에서 의사들이 환자 차트를 꽂아두는 원통형 거치대를 발견한 것. 고가高價였음에도 불구하고, 메모한 기록지를 주제별로 분류해서 원통형으로 꽂아놓을 수 있다는 점이 그의 마음을 사로잡았다. 결국, 과감하게 구입을 결정한 후, 자신의 연구실에 거치대를 들여놓은 정교수는 환자 차트를 이름순으로 분류하듯 주제별로 메모를 분류하며 수많은 아이디어를 효율적으로 관리하기 시작한다. 때문에, 거치대를 자신의 '씨앗 창고'라고 부르는 정교수는 아이디어와 관련된 1차 자료를 차트로 정리해 거치대에 꽂아두었다가 점차 분량이 많아지면—그의 표현대로라면 발아發芽하여 싹이 트면—책으로 묶어서 발간하는 작업을 되풀이 중이다. 지난 10여 년간 「책 읽는 소리」, 「한시미학산책」, 「죽비소리」, 「다산선생 지식경영법」, 「18세기 조선 지식인의 발견」, 「스승의 옥편」 등 열거하기조차 힘든 양서良書와 베스트셀러를 줄줄이 양산해 낸 그만의 저력이 여기에 있다.

이 시대 최고의 이야기꾼인 이어령 이화여대 명예교수 역시, 웬만한 글쟁이는 발꿈치에도 미치지 못하는 메모광이자 분류광이다. 「흙 속에 저 바람 속에」, 「축소 지향의 일본인」, 「디지로그」 등으로 우리에게 잘 알려진 이 교수는 서재에서부터 거실에 이르기까지 무려 6대의 컴퓨터를 작업용, 메모용, 이미지 보관용 등으로 구분해 배치해 놓고 있다. 목수에게 연장이 하나가 아니듯, 자신에게도 여러 종류의 작업 도구가 필요하다는 이어령 교수는 "수백 개의 파일과 수십만 개의 단어들 가운데 자신이 원하는 것은 몇 초 만에 찾을 수 있는" 컴퓨터의 마력魔力을 이용해 방대한 정보들을 주옥같이 꿰매는 솜씨를 발휘하고 있다.

그런 면에서 볼 때, 몇 해 전에 작고한 조선일보의 이규태 대기자大記者도 분류에 있어 둘째가라면 서러운 글쟁이다. 숱한 시행착오를 거친 끝에 평생 모아온 방대한 자료를 자연, 인생 등 주제에 따라 다섯 가지 색깔로 분류한 뒤, 다시 수백 가지 하위 항목으로 나눈 '이규태식 분류법'을 개발해 냈기 때문이다. 덕분에, '안락사'라면 스파르타와 로마제국에서부터 여진족의 안락사 풍습에 이르기까지 방대한 사료史料를 바탕으로 오사바사한• 글을 쓸 수 있게 됐다. 그의 이 같은 분류 방법 개발에는 이화여대 도서관학과 출신이었던 아내의 내조도 컸다는 후문이다. 마찬가지로, 「누구나 글을 잘 쓸 수 있다」의 저자, 로버타 진 브라이언트는 소설가답게 묘사와 관련된 자료들을 '인물,' '자연,' '심리,' '정경' 등으로 나눠 필요할 때 즉시 이용할 수 있도록 관리하고 있다.

그렇다면, 아직 햇병아리에 불과한 필자의 경우는? 전공인 '언론'과 함께 관심 분야인 문학, 역사, 철학, 예술 등을 기준으로 총 36개 장르에 걸친 자료들을 마분지 상자 안에 보관해 수집하고 있다. 이와 함께, 이들 자료를 디지털화한 문서는 도서, 저널, 칼럼, 비평, 이미지 등으로 재분류해 데이터베이스화하고 있다. 예를 들어, 신문에서 이어령 교수의 분류 방식에 대한 기사를 읽었을 경우, 이를 워드프로세서로 베껴 쓴 후, '도서'→'기획'→'글쓰기 콘서트'로 이어지는 폴더 아래, '이어령식 분류'란 이름으로 저장한다. 이와 함께, 오려 놓은 기사는 '문학' 장르의 '글짱'으로 명명된 마분지 상자에 분류해 넣고.

물론 이 같은 보관 방식은 많은 시간과 정성을 요구하게 마련이다. 하지만 투자 없인 수확도 없는 법. 극강極强의 글쓰기를 지향하는 글짱 후보생들이 '메모광'을 넘어 '분류광'을 지향해야 하는 이유다.

• 오사바사하다: 잔재미가 있다. 재미가 쏠쏠하다.

"사전辭典이 전부다" 4장

자신만의 단어장 만들거나 특수 사전
구입하는 게 어휘력 늘리는 '지름길'

"언어는 나 자신이다. 그러므로, 내 언어의 한계는 내 세계의 한계다."

오스트리아 태생의 루드비히 비트겐슈타인은 철학자인 버트란트 러셀 밑에서 수학受學한 공학도工學徒였다. 수학에 흥미를 보이다 뒤늦게 철학에 빠져들며 언어에 남다른 관심을 보인 끝에, 스승의 예언대로 언어철학 분야에서 독보적인 입지를 구축한 이다. 그런 그가 남긴 세기의 명제命題는 '개개인의 언어가 곧 개개인 자신'이라는 것이었다.

글도 마찬가지다. 내면內面을 바깥으로 드러내는 창窓인 까닭에서다. 자연히, 내 글의 한계 역시 내 세계의 한계를 의미할 수밖에 없다. 글짱 지망생들이 문장력과 함께 어휘력을 늘리려고 애면글면* 하는 이유가 여기에 있다. 재미있는 사실은 문장력과 달리 조금만 신경 쓰면 짧은 기간에도 짭짤한 성과를 올릴 수 있는 것이 '어휘력'이라는 것.

* 애면글면: 몹시 힘에 겨운 일을 이루려고 갖은 애를 쓰는 모양.

어떻게 해야 단시일 내에 어휘력을 높일 수 있을까?

먼저, 신문이나 잡지, 방송에서 낯선 단어와 마주쳤을 때, 그 의미를 찾아보는 습관을 들이는 것이 가장 중요하다. 예를 들어, "'내홍內訌'을 겪는다"라는 말을 접하면, 그 뜻이 무엇인지 찾아보는 자세를 길러야 한다는 것이다. 이와 함께, 의미를 찾는 데서 멈추지 않고 이들 단어를 모은 자신만의 낱말집을 만들어 나가는 것도 놓치지 말아야 할 사항이다. 글을 쓰면서 적당한 어휘가 떠오르지 않을 경우에는 자신이 구축해 놓은 낱말집을 뒤적거리면서 단어 사용을 넓혀 나갈 수 있을 테니까! 그러고 보면, 필자는 언론사에 재직하던 시절, 비슷한 단어만 사용하는 데 한계를 느낀 나머지, 신문을 읽다가 표현이 다른 동사나 명사를 만날 경우에는 따로 옮겨 적으며 관리했던 기억이 난다.

두 번째로 사전事典을 구비해야 한다고 권하고 싶다. 인터넷 사전을 통해 단어를 개별적으로 확인하기보다 해당 어군語群* 전체를 눈과 손으로 훑어 가며 두루 살펴보는 것이 어휘력 향상에 득得이 되기 때문이다. 물론, 사전은 자신의 쓰임새에 맞는 것을 고르는 것이 좋다. 예를 들어, 속담을 자주 인용하고픈 경우라면 속담 사전을, 구태의연한 단어를 더 이상 사용하길 원치 않는다면 유의어/반의어 사전을, 말의 어원語源이나 갈래로 첫머리를 열고자 한다면 어원사전이나 갈래 사전 등을 구입해 볼 수 있다. 참고로, 대형 서점일수록 일반 서점에서는 찾기 힘든 희귀 사전을 갖춰놓고 있는 경우가 많다. 이는 동네 서점의 경우, 1년에 한 권도 채 팔리지 않는 특수 사전을 웬만해선 갖다 놓지 않기 때문이다.

* 어군語群: 같은 어파語派 가운데 서로 친족 관계를 이루는 여러 언어를 통틀어 이르는 말.

그렇게 특수 사전이 하나 둘씩 쌓이기 시작하면, 사전을 들춰보는 횟수 또한 시나브로* 늘면서 새로운 낱말들을 더 써보려는 노력 역시 자연스레 증가하게 마련이다. 문제는, 이들 특수 사전의 가격이 2~3만 원대로 구입 비용이 결코 만만치 않다는 사실. 하지만, 앞서 얘기했듯 투자 없인 수확도 없는 법. 그런 의미에서 지금부터 사전과 단어장으로 자신의 언어 세계를 넓혀보는 것은 어떨는지?

참고로, 필자가 지니고 있는 사전들을 소개해보면 다음과 같다. (사용빈도가 높은 순 정렬; 가격은 구입 당시 기준)

김광해(2000). 「비슷한 말 반대말 사전」. 도서출판 낱말. 20,000원.

박용수(1997). 「우리말 갈래 사전」. 서울대학교 출판부. 28,000원.

박숙희(2003). 「뜻도 모르고 자주 쓰는 우리말 사전」. 책이 있는 마을. 25,000원.

이재운, 조규천(2005). 「뜻도 모르고 자주 쓰는 우리 한자어 사전」. 책이 있는 마을. 18,000원.

서정범(2003). 「국어어원사전」. 보고사. 30,000원.

고정욱(2007). 「다시 살려 써야 할 우리말 사전」. 자유로운 상상. 17,500원.

박남일(2006). 「좋은 문장을 쓰기 위한 우리말 풀이 사전」. 서해문집. 14,900원.

마지막으로, 여러분들에게 던지는 질문 하나. 혹시, '내홍內訌'의 뜻과 한자어 풀이는 찾아봤는지?

---

* 시나브로: 모르는 사이에 조금씩 조금씩.

알아두기 – 특수 사전의 종류와 구입방법

자신의 입맛에 맞는 특수 사전은 발품을 팔면서 구입하는 수밖에 없다. 절판된 경우가 많은데다 대형서점이라 하더라도 보유하고 있는 책의 수와 종류가 천차만별이기 때문이다. 다음은 필자가 찾아본 특수 사전들이다.

속담 사전
관용어 사전
유의어/반의어 사전
갈래 사전
용례 사전
형용사 사전
역순 사전

"무소의 뿔처럼 혼자서 가라!" 5장

좋은 글을 쓰려면 홀로 생각할 시간 필요해
지하철, 침대, 화장실은 최고의 사색 장소

「즐거운 나의 집」, 「우리들의 행복한 시간」(우행시)으로 잘 알려진 공지영은 이 시대 최고의 여류 소설가다. 그런 그녀가 지난 1993년에 발표한 소설, 「무소의 뿔처럼 혼자서 가라」는 제목만큼 내용도 인상적인 작품이다. 불교 최초의 경전, '숫타니파타'에 나오는 구절을 모티브로 삼은 소설은 결코 교차하지 않고 제각기 자라는 코뿔소의 뿔처럼 여성들도 남에게 기대거나 얽매이지 말며 살아갈 것을 권하고 있다.

글쓰기 역시, '무소의 뿔처럼 혼자서' 써야 한다. 글이 옹골차면서도* 미끈하기** 위해서는 차분히 사유思惟하는 시간이 절대적으로 필요하다는 얘기다. 해서, '무소의 뿔처럼 혼자서' 글을 쓰는 행위는 남의 도움 없이 글을 써 나간다기보다 홀로 생각할 시간과 공간을 마련해야 함을 뜻한다. 소재에서부터 들머리는 물론, 펼치기와 마무리에 이르기까지 모든 것이 색다른 글

* 옹골차다: 실속이 있게 속이 꽉 차 있다.
** 미끈하다: 흠이나 거친 데가 없이 부드럽고 번드럽다.

은 그런 가운데 시나브로 완성되게 마련이다.

그렇다면, 어떤 장소가 '무소의 뿔처럼 혼자서' 글을 쓰기에 좋을까? 1천 년 전, 중국 송宋나라의 대문인大文人이었던 구양수歐陽脩는 이를 위해 삼상三上을 꼽은 바 있다. 이른바 마상馬上, 침상寢上, 측상厠上이 그것이다. 마상馬上이란, 말 위를 뜻하는 것으로 말을 타고 이동하는 시간이 많았던 옛 선비들이 하릴없는* 생각으로 시간을 때우기보다 말 위에서 글감을 떠올리거나 이미 쓴 글을 되새기라는 권유가 숨어 있다. 21세기의 시쳇말** 로 바꾸자면, 전철이나 버스, 승용차 안에서 보다 의미 있게 시간을 보내라는 의미라고나 할까?

다음으로, 침대를 일컫는 침상寢上을 들 수 있다. 역시, 하루의 피로를 푸는 장소로, 꽉 막혀 있던 생각이 의외로 술술 풀려나오는 곳이기도 하다. 근대 철학의 아버지로 추앙받는 데카르트는 그의 철학적 사고 대부분을 침대에 누워 구상했기에, 좋은 글을 구상하는 장소로 마상馬上에 버금간다*** 볼 수 있다.

마지막은 화장실을 의미하는 측상厠上이다. 시골 어른들이 측간厠間이라 부르기도 하는 측상厠上은 몸의 경직을 풀어야만 일(?)을 치를 수 있는 비밀 장소다. 어느 서양학자는 실험을 통해 암모니아 냄새가 근육의 긴장을 이완시킨다는 생물학적 근거를 제시하기도 했지만, 어렵게 갈 것도 없이 우리 조상은 1천 년 전부터 구양수의 조언助言 아래 측상厠上을 최고의 사유 장소로 애용해 왔다.

그렇다면, 이쯤에서 드는 짓궂은 생각 하나. 기차나 버스 화장실에서 졸다가 구상하는 글은 어떤 글?

---

* 하릴없다: 달리 어떻게 할 도리가 없다.

** 시쳇時體-말: (주로, '시쳇말로' 꼴로 쓰여) 그 시대에 유행하는 말.

*** 버금간다: 으뜸의 바로 아래가 되다.

알아두기

장소는 아니지만, 긴장을 이완시키는 또 하나의 대상으로는 산책을 꼽아 볼 수 있다. 눈코 뜰 새 없이 바쁜 현대인들에게 호사豪奢•로 비춰질지 모르지만, 5분간의 짬으로 마련되는 산책이 의외로 많은 생각과 해결책을 제시해 주기 때문이다. 여기서, 명심해야 할 사실은 반드시 홀로 산책해야 좋은 생각이 떠오른다는 것. 그런 까닭에 정해진 시간에 언제나 홀로 산책했던 칸트는 인간의 이성에 관해 전무후무한 업적을 세계사에 남길 수 있었다. 지금도, 독일에는 칸트가 거닐었던 독일 쾨니히스베르크의 산책로를 본따 '철학자의 길'로 명명된 산책로들이 전국에 즐비하게 흩어져 있다.

• 호사豪奢: 호화롭게 사치함. 또는 그러한 사치.

6장 '고증考證 이야기'

만년 2인자였던 허영만이 이현세를 제친,
픽션보다 더 극적인 논픽션을 만드는 힘

일본에 밀려 국산 만화가 고전을 면치 못하던 1980년대 시절, 국내 만화계는 이현세와 허영만이 양강兩强 구도를 형성하고 있었다. 재미있는 사실은 국내 만화계를 양분兩分했다고는 하나, 허영만이 만년 2인자였다는 것. '공포의 외인구단'(1986)을 필두로 '지옥의 링'(1987), '테러리스트'(1995-원제 '카론의 새벽'), '아마게돈'(1995) 등에 이르기까지 수많은 영화 콘텐츠를 제공했던 이현세는 당시, 누구도 부인할 수 없는 한국 만화계의 지존至尊이었다. 반면, 1970년대 말의 '철면객'(원작-각시탈) 이후, '48+1'(1995)로 간간히 영화 콘텐츠를 제공하던 허영만은 그나마 두 작품 모두 흥행에서 죽 쑤는 바람에 좀처럼 가시밭길에서 헤어나지 못했다. 그러던 그가 영화 '비트'(1997)로 달라진 모습을 예고하더니 10년간의 절치부심切齒腐心• 끝에 '타짜'(2006)와 '식객'(2007)으로 우뚝 서게 된다.

• 절치부심切齒腐心: 몹시 분하여 이를 갈며 속을 썩임. 끊을 '절切,' 이 '치齒,' 썩을 '부腐,' 마음 '심心.'

「글쓰기 콘서트」에서 난데없이 허영만을 들먹이는 이유는 이번 주제가 '고증考證'에 관한 이야기이기 때문이다. "예전에 있던 사물들의 시대, 가치, 내용 따위를 옛 문헌이나 물건에 기초하여 이론적으로 밝힌다"는 뜻의 고증考證은 만년 2인자, 허영만이 한국 최고의 만화장이로 등극하게 된 원동력이자 비결이었다. 관련 자료를 찾아가며 현장을 답사하고 사진 촬영 및 인터뷰 등을 바탕으로 이야기를 재구성하는 허영만식 고증考證이 이야기에 탄탄함을 더하면서 그의 인생 가도 역시 탄탄한 길로 접어들게 되었다고나 할까?

그러고 보면, 중앙 일간지에 연재돼 온 '식객'을 비롯해 '꼴,' '부자사전' 등은 모두 백과사전事典 수준의 정보가 밑바탕이 된 허영만표 '논픽션'들이었다. 일례一例로, 만화 '식객'의 취재 일기 편에는 조선 시대의 왕실 요리사였던 '대령숙수'에 관한 필화筆畵* 과정이 자세히 기술記述돼 있다. 당시만 해도 일반인들에게는 무척이나 생소한 대상이었기에 의복衣服을 포함한 '대령숙수'의 그 모습을 정밀하게 그려내기 위해 일제 시대 전문요리사와 함께 대령숙수 후손들의 증언은 물론, 박물관의 자료까지 곁들여 인물을 재현했다는 것이 그의 설명이었다. 더불어, '식객'에 등장하는 유명 음식점들의 묘사 역시 "소름 끼칠 정도로 정확하다"는 해당 지역 누리꾼들의 반응을 접해 보면 '허영만'이라는 '브랜드'가 결코 우연히 이뤄지지 않았음을 알 수 있다.

마찬가지로 보고서나 영화평을 작성해도 고증考證을 토대로 글을 써야 탄탄한 내용을 이룰 수 있다. 고증考證이라고 하니, 어렵게만 생각하기 쉬운데 따지고 보면 그리 거창할 것도 없다. 인터넷이나 관련 서적을 뒤져가며 연관 정보들을 찾아내 수치와 명칭 등만 확인해도 고증考證은 고증考證이니까!

---

* 필화筆畵: 그림으로 그림.

예를 들면, 본 글의 첫 번째 문단에는 필자가 나름대로 인터넷을 뒤져가며 확인한 사실들이 몇몇 열거돼 있다. 이현세, 허영만 원작의 영화와 제작 연도가 그것들이다. 물론, 나머지 정보들은 평소 만화에 관심을 갖고 있는 필자가 놓치지 않고 모아 놓은 자료들을 활용해 재구성한 내용들이고.

그러고 보면, 생생하면서도 구체적인 글을 쓰기 위해서는 반드시 고증考證이 필요하다. 이에 관한 에피소드 하나 더. 「오래된 정원」, 「장길산」, 「개밥바리기별」 등으로 우리에게 널리 알려진 소설가 황석영은 창작 활동에 따른 피로가 쌓이면 전국을 유람하며 머리를 식히곤 했다. 하지만, 그 와중에서도 소설을 써나가야 했기에 트럭을 구입해, 짐칸에 한가득 자료뭉치를 싣고 전국 방방곡곡을 돌아다녔다. 인터넷은커녕 컴퓨터라는 단어조차 낯설기만 하던 30여 년 전 이야기이니, 작품 활동에 필요한 고증考證을 위해 황석영은 움직이는 도서관을 몸소 끌고 전국을 유람遊覽했던 셈이다.

사실, 집필자의 시간과 정성을 배倍 이상 요구하는 하는 고증考證은 결코 쉽게 이뤄지는 작업이 아니다. 하지만, 귀찮고 몸에 배지 않았다는 이유로 뭉뚱그려 글을 쓴다면? 모르긴 해도 지금의 허영만은 없었을 터. 그런 의미에서 신선한 글감에 철저한 고증考證을 더함으로써 비단 위에 꽃을 더하는 효과(錦上添花-금상첨화)를 얻어보도록 하자.

알아두기

시간이 없거나, 몸에 배지 않아서, 또는 미처 깨닫지 못해서 고증考證을 소홀히 한다면? 모르긴 해도 앞글의 머리말 역시 다음과 같이 전개되지는 않을는지?

일본에 밀려 국산 만화가 고전을 면치 못하던 시절, 국내 만화계는 이현세와 허영만이 양강兩强 구도를 형성하고 있었다. 재미있는 사실은 국내 만화계를 양분兩分했다고는 하나, 허영만이 만년 2인자였다는 것. '공포의 외인구단,' '아마게돈' 등 수많은 영화 콘텐츠를 제공했던 이현세는 당시, 누구도 부인할 수 없는 한국 만화계의 지존至尊이었다. 반면, '48+1' 등과 같이 간간이 영화 콘텐츠를 제공하던 허영만은 좀처럼 1인자의 자리에 오르지 못했다. 그러던 그가 오랜 세월 끝에 마침내 '타짜'와 '식객'으로 우뚝 서게 된다.

[참고 문헌]

강진영 (2006). 「나물」. 김영사.

강태진 (2006.4.11). 개혁의 법칙, 저항의 법칙. 〈매일경제신문〉, 30쪽.

〈경남도민일보〉 '씨' 의 띄어쓰기, 따옴표 속 마침표 논쟁 :
http://blog.naver.com/dino999?Redirect=Log&logNo=130005495027

고정욱 (2007). 「다시 살려 써야 할 우리말 사전」. 자유로운 상상.

구본준 (2008). 「한국의 글쟁이들」. 한겨레 출판.

김기철 (2002, 4.4). 고바야시 교수는 각필 권위자… 일 최고영예 은사상 수상. 〈조선일보〉, 25쪽.

김기철 (2007.1.13). '아우슈비츠의 성인.' 〈조선일보〉, D2쪽.

김기철, 최흡 (2002. 4.4). "신라 문헌서 가나 닮은 문자" 日 언론 집중 보도. 〈조선일보〉, 25쪽.

김범석 (2006.1.13). '성공 '원천기술' 은 메모!' 〈중앙일보〉, W3쪽.

김선우 (2007.7.6). '배꼽 빼는 가게 이름… 한번 보면 못 잊어'. 〈동아일보〉, B1쪽.

김윤종 (207.2.15). "고향 맛-정 찾는 길… 벌써 5년 걸었네요." 〈동아일보〉, A15쪽.

김제동 (2005.4.2). '왕따' 가 아니라 '깍두기' 를. 〈조선일보〉, A31쪽.

나물은 우리말의 보고 (2005.3.15). 〈한겨레 21〉, 79쪽.

니시무라 아키라 지음, 최정윤 옮김 (2001). 「5분 안에 YES를 얻어내는 설득술」. 이손.

따옴표(Question Marks):
http://grammar.ccc.commnet.edu/grammar/marks/quotation.htm

레이 몽크. 김병화 옮김 (2007). 「How to read 비트겐슈타인」. 웅진지식하우스.

로버타 진 브라이언트. 승영조 옮김 (2004). 「누구나 글을 잘 쓸 수 있다」. 예담.

로버트 스탬 외. 김병철 외 옮김 (2003). 「어휘로 풀어 읽는 영상기호학」. 시각과 언어, 10~11쪽.

리처드 도킨스 (2006). 「이기적 유전자」. 을유문화사.

미네르바 구속의 떡고물 챙기려는 무리들 (2009.1.12). 〈조선일보〉, A31쪽.

박경리 (1988). 「토지」. 지식산업사.

박경미 (2006). 「수학 콘서트」. 동아시아.

박완서 (2002).「내 안의 언어사대주의 엿보기」. 『두부』

박진욱, 김동기 (2004). 「우리 말글살이를 바꾸는 평범한 글쓰기」. 우리교육.

박창원 (1997). 사잇소리와 사이시옷(I). 이화어문논집, Vol.15, 461-482쪽.

배병만 (2007.11.19). 도박의 나라. 〈스포츠 월드〉, 13쪽.

배상복 (2007). 「일반인을 위한 글쓰기 정석」. 경향 미디어.

사카토 겐지. 고은진 옮김 (2005). 「메모의 기술」. 해바라기.

서현 (2004). 「건축, 음악처럼 듣고 미술처럼 보다」. 효형.

신영복 (2004). 「나의 동양 고전 독법: 강의」. 돌베개.

심훈 (2007). 「한국인의 글쓰기」. 파워북.

심훈 (2008). 「A+ 글쓰기」. 파워북.

심훈 (2007.3.5). 초심(初心)을 잃지 말자. 〈한림학보〉, 2쪽.

안광복 (2005). 「철학, 역사를 만나다」. 웅진지식하우스.

안배근 (1997). 중세 국어에 나타난 사이시옷의 기능. 「전주대 논총」, Vol. 8, 147-170쪽.

안정효 (2006). 「안정효의 글쓰기 만보」. 모멘토.

앙드레 모로아. 신용석 옮김 (1998). 「미국사」. 기린총서.

오명철 (2009.2.7). [인터뷰] 만화 꼴 연재 1년… 허영만-신기원 선생을 만나다. 〈동아일보〉, 23쪽.

오주석 (2003). 「한국의 미 특강」. 솔.

유종호 (2007). 「시읽기의 방법」. 삶과 꿈.

윤지현 (2008.3.18). 항암식품 효과 진실은. 〈세계일보〉, 30쪽.

윤지현 (2008.11.18). '멜라민' 보다 더 위험한 '어린이 비만.' 〈세계일보〉. 30쪽.

이문호 (2001). 「뉴스에이전시란 무엇인가」. 커뮤니케이션북스.

이상복 (2005.10.3). "한글이 내 목숨이다." 〈중앙일보〉, 32쪽.

이성복 (2007). 「한국어 맛이 나는 쉬운 문장」. 세창미디어.

이어령 (2000). 이어령의 명문론. 「월간조선」 7월호, 별책 단행본.

이외수 (2008). 「글쓰기의 공중부양」. 해냄.

이지연 (2007.10.10). 직장인 68% "입사 뒤 국어능력 떨어져." 〈동아일보〉, B3쪽.

이하윤 (1982). 「이하윤선집」. 한샘.

임재춘 (2004). 「한국의 이공계는 글쓰기가 두렵다」. 마이넌.

장진한, 후타쓰기 고조 (2003). 「글쓰기 잘라서 읽으면 단숨에 통달한다」. 행담.

정민 (2002). 「책 읽는 소리」. 마음산책.

정민 (2004). 「미쳐야 미친다」. 푸른역사.

정주리, 박영준, 시정곤, 최경봉 (2006). 「역사가 새겨진 우리말 이야기」. 고즈윈.

정형모 (2006.10.19). 영화판에서도 단연 '타짜' 허영만표 만화의 매력은? 〈동아일보〉, 24쪽.

조너선 글랜시. 강주헌 역 (2007). 「사진과 그림으로 보는 건축의 역사」. 시공사.

조선일보 사람들 (2004). 랜덤하우스 중앙.

조성태 (2005. 6.10). 임금님 애태운 초여름 보양식 준치. 〈뉴스 메이커〉.

조용헌 (2005.8.23). [조용헌 살롱] 필독 해소법. 〈조선일보〉, A30쪽.

조이한 (2007). 「위험한 미술관」. 웅진지식하우스.

조정래 (1989). 「태백산맥」. 한길사.

채지영, 김윤종, 유성운 (2007.11.7). 정보+재미 '허영만 브랜드'의 힘. 〈동아일보〉, A2쪽.

한국기자협회 (2001). 「신문편집」. 한국편집기자협회.

한글학회. 한글맞춤법-문장부호: http://www.hangeul.or.kr/2.htm

한비야 (2005). 「지도 밖으로 행군하라」. 푸른 숲.

한수진의 선데이 클릭 (2007.7.26). SBS. 오전 7시 50분.

허영만 (2003). 「食客 2」. 김영사.

홍명희 (1985). 「林巨正」. 사계절.

황광우 (2006). 「철학콘서트」. 웅진지식하우스.

황성규 (2006.4.14). 이경윤 화첩과 수염. 〈문화일보〉, 30쪽.

황소웅 (2005). 「바른 글 좋은 글」. 랜덤하우스 중앙.

M.K. 뮤니츠. 박영태 옮김 (1997). 「현대분석철학」. 서광사.

Schudson, M. (1978). Discovering the News. New York: Basic Books.

'1905년 미 라스베이거스 탄생' (2005.5.15). 〈동아일보〉, A27쪽.